写给市民大众的——"安居万事通"丛书

编委会主任　董藩

房屋买卖知识问答

周小萍　张健铭　刘人莎　编著

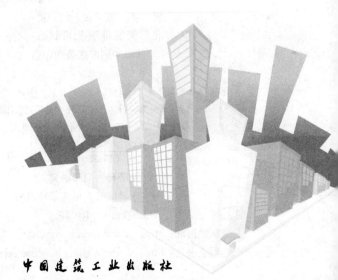

中国建筑工业出版社

图书在版编目(CIP)数据

房屋买卖知识问答/周小萍,张健铭,刘人莎编著.
北京:中国建筑工业出版社,2006
("安居万事通"丛书)
ISBN 978-7-112-08465-4

Ⅰ.房… Ⅱ.①周…②张…③刘… Ⅲ.房地产商品交易—中国—问答 Ⅳ.F299.233-44

中国版本图书馆 CIP 数据核字(2006)第 113607 号

"安居万事通"丛书
房屋买卖知识问答
周小萍　张健铭　刘人莎　编著
*
中国建筑工业出版社出版、发行(北京西郊百万庄)
新 华 书 店 经 销
北京天成排版公司制版
北京蓝海印刷有限公司印刷
*
开本:850×1168毫米　1/32　印张:9¼　字数:248千字
2006年11月第一版　2007年6月第二次印刷
印数:3001—4500册　　定价:**18.00**元
ISBN 978-7-112-08465-4
(15129)
版权所有　翻印必究
如有印装质量问题,可寄本社退换
(邮政编码　100037)

本社网址:http://www.cabp.com.cn
网上书店:http://www.china-building.com.cn

"安居万事通"丛书包括《房屋买卖知识问答》、《房屋租赁知识问答》、《房屋中介知识问答》、《家居装修知识问答》、《物业管理知识问答》、《置业安居法律知识问答》6册,基本囊括了城市居民安居置业可能遇到的所有常规问题。本书以问答的形式,按照房屋买卖发生的实际流程,从基础知识、前期准备、房屋购买、购房贷款、交房验收、产权过户、纠纷处理等方面全面介绍了房屋买卖的相关知识,最后还用近20个房屋买卖纠纷案例来提示交易双方在房屋买卖过程中常见的问题和可能出现的纠纷。

本书可为市民进行房屋买卖时提供具体的指导,还可作为相关从业人员的操作指南。

* * *

责任编辑:吴宇江　封　毅
责任设计:赵明霞
责任校对:张树梅　孙　爽

"安居万事通"丛书
编 委 会

（按汉语拼音为序）

顾问	胡代光	胡健颖	胡乃武	饶会林
	王健林	邬翊光	杨　慎	郑超愚
主任	董　藩			
编委	刘　毅	王宏新	姚蓉蓉	周小萍
作者	丁　宏	丁　娜	董　藩	范　萍
	李　静	李亚勋	刘人莎	刘　毅
	秦凤伟	王　昊	王宏新	武　敏
	徐　轲	姚蓉蓉	张健铭	周小萍

顾问简介（按汉语拼音为序）

胡代光 著名经济学家、教育家，北京大学经济学院、西南财经大学经济学院教授、博导，曾任北京市经济总会副会长、民革中央第六届、第七届常委，第七届全国人大常委，享受国务院特殊津贴。

胡健颖 著名经济学家、统计学家、营销管理专家、房地产管理专家，北京大学光华管理学院教授、博导，北京大学房地产经营与管理研究所所长，建设部特聘专家，北京布雷德管理顾问有限公司首席顾问。

胡乃武 著名经济学家、教育家，中国人民大学经济学院教授、博导，中国人民大学学术委员会副主任，北京市经济总会副会长，国家重点学科国民经济学学术带头人，享受国务院特殊津贴。

饶会林 著名经济学家，东北财经大学公共管理学院教授、博导，中国城市经济学会副会长兼学科建设委员会主任，中国城市经济学的开拓者之一，享受国务院特殊津贴。

王健林 著名企业家，中国房地产业协会副会长，大连万达集团股份有限公司董事长兼总裁，中国西部地区开发顾问，多个省、市政府顾问，入选"20年20位影响中国的本土企业家"，为中国房地产业旗帜性人物。

邬翊光 著名地理学家、土地资源管理专家、房地产管理专家，北京师范大学地理学与遥感科学学院教授，中国房地产估价师学会顾问，中国土地估价师学会顾问。

杨　慎 著名房地产管理专家，原建设部副部长、中国房地产业协会会长，中国住房制度改革、房地产业发展和中国房地产法制建设的主要设计者、推动者之一。

郑超愚 著名经济学家，中国人民大学经济研究所所长、教授、博导，霍英东青年教师研究基金奖和中经报联优秀教师奖获得者，美国福布赖特基金高级访问学者。

序　言

　　2005年年底，曾接到中国建筑工业出版社吴宇江、封毅两位编辑的邀请，他们希望北京师范大学房地产研究中心与其一起对普及房地产基础知识、推动房地产财经教育做些事情。虽然至今未能同两位编辑面对面畅谈，但多次的电话和E-mail联系使我深深感到：已经很少有这样执着、认真、坦诚的编辑了，如果没有合作的机会，是很遗憾的。

　　对于写些什么样的书，我思考了很长时间。按理说教材销量稳定，在业内的影响大，也算正经的科研成果，是值得考虑的。但我和我的合作者讨论后最终决定给普通市民写一套关于安居知识的简易读物。做出这种决定不是源于收益或者科研成果方面的考虑，而是希望为普通市民做些事情。

　　由于我和我的同事是从事房地产教学和科研工作的，所以朋友、同学、邻居们经常就安居置业问题向我们问这问那。有些问题并不难，只是大家不知道一些专业上的规定；有些则需要具备比较系统的专业修养才能回答；有些我们也需要仔细查阅规定或者整理各方意见才能准确回答。有时我们到楼盘或小区调查，看到看房者拿着材料茫然地看着，或者看到楼盘销售人员不停地忽悠看房者，或者看到一家人在认真地讨论着并不重要或者不是那么回事的事情，或者看到要求退房的人与售楼人员争吵，或者看到业主们从楼上垂下维权条幅，并与物业管理人员争吵着，我就想，如果广大市民对安居置业的专业知识掌握得多一些，或者有一些针对这些问题的简明专业手册可以事先查阅，许多问题的解决思路就很清楚，许多矛盾就可以避免，大家在许多事情上就会更有主见。虽然我们有时可以给身边的咨询者提供零星帮助，但一个人的时间、精力都有限，而且有时找我们不方便，不认识的人甚至无法直接从我们这里获得帮助。如果我们把相关规定、解释以及一些经验性知识整理成书，一切问题就会迎刃而解。这就是我们编写这套"安居万事通"丛书的基本目的。

这套丛书包括《房屋买卖知识问答》、《房屋租赁知识问答》、《房屋中介知识问答》、《家居装修知识问答》、《物业管理知识问答》、《安居置业法律知识问答》6册，基本囊括了城市居民安居置业可能遇到的所有常规问题。编写工作由北京师范大学房地产研究中心的各位同事、我在北京师范大学和东北财经大学两校的高素质学生以及房地产实业界声誉颇高的从业者共同完成。由于时间、精力原因，这套丛书可能还存在这样那样的问题，我们欢迎大家批评指正，以便进一步修订、完善。

董 藩
2006年8月

前　言

　　随着人们收入水平的普遍提高，购房需求和购房能力不断增强。不可否认，广大老百姓已经逐渐成为我国房地产交易大军中一股不可忽略的力量。然而，在购房过程中，信息不对称使得购房者处于劣势地位，而且房屋买卖又是一门非常专业的学问，没有专业的指导，普通百姓往往无从下手，稍有不慎，就会陷入开发商所精心设置的"陷阱"中。从近年来大量涌现的房地产纠纷案件就可见一斑。此外，由于我国房地产业还处于发展进程之中，各种与房屋买卖相关的法律、法规和新的政策陆续出台，特别是一些具体操作细则不断更新，对于绝大多数非本专业的民众而言，全面追踪把握难度很大，也没有必要。为此，我们编写了这本《房屋买卖知识问答》，希望给予广大购房者切实的指导和帮助。

　　本书按照房屋买卖的一般程序设置章节，以问答的形式，简明扼要地介绍了房屋买卖的基础知识、前期准备、房屋购买、购房贷款、交房验收、产权过户及房屋买卖纠纷处理等内容，详细解答了大众普遍关心的房屋买卖热点问题。不仅可以为购房者提供具体的指导，还可以为相关从业人员提供操作指南。

　　本书由北京师范大学管理学院周小萍、张健铭、刘人莎编写。在写作过程中，我们参考了许多学者的著作、教材和论文，也参考了很多网络佚名资料，在此对这些作者致以深深的谢意。由于时间和水平所限，错误和不妥之处在所难免，欢迎广大读者批评指正。

周小萍

2006 年 8 月

目 录

第1章 基础知识 ……………………………………………… 1
- 1.1 什么是房屋买卖? ………………………………………… 1
- 1.2 什么是房屋出卖人和房屋买受人? …………………… 1
- 1.3 什么是房屋的所有权? ………………………………… 2
- 1.4 什么是房屋的他项权利? ……………………………… 3
- 1.5 什么是房屋的租赁权? ………………………………… 3
- 1.6 什么是公有住宅和私有住宅? ………………………… 3
- 1.7 什么是使用权房? ……………………………………… 4
- 1.8 什么是共有房屋? ……………………………………… 4
- 1.9 什么是商品房? ………………………………………… 4
- 1.10 什么是经济适用房? …………………………………… 5
- 1.11 什么是廉租房? ………………………………………… 5
- 1.12 什么是集资房? ………………………………………… 5
- 1.13 什么是期房和现房? …………………………………… 6
- 1.14 什么是普通住宅? ……………………………………… 6
- 1.15 什么是二手房? ………………………………………… 7
- 1.16 什么是"房改房"? ……………………………………… 7
- 1.17 什么是"央产房"? ……………………………………… 7
- 1.18 什么是"内部认购房"? ………………………………… 8
- 1.19 什么是单元式住宅? …………………………………… 8
- 1.20 什么是公寓式住宅? …………………………………… 8
- 1.21 什么是花园式住宅? …………………………………… 9
- 1.22 什么是板楼? 什么是塔楼? …………………………… 9
- 1.23 什么是 TOWNHOUSE? ………………………………… 10

目 录

1.24 什么是宽 HOUSE? ……………………………… 11
1.25 什么是低层、多层、中高层、高层住宅? ……… 11
1.26 什么是剪力墙结构? …………………………… 12
1.27 什么是框架结构住宅? ………………………… 12
1.28 什么是框架—剪力墙结构? …………………… 12
1.29 什么是钢混结构住宅和砖混结构住宅? ……… 13
1.30 什么是住宅的套型和户型? …………………… 13
1.31 什么是复式住宅? ……………………………… 14
1.32 什么是跃层式住宅? …………………………… 15
1.33 什么是错层式住宅? …………………………… 16
1.34 什么是房屋建筑面积? ………………………… 16
1.35 什么是房屋套内建筑面积? …………………… 17
1.36 什么是房屋公用建筑面积和房屋公摊面积? … 18
1.37 什么是房屋的开间和进深? …………………… 18
1.38 什么是房屋层高和净高? ……………………… 19
1.39 什么是建筑容积率和建筑密度? ……………… 20
1.40 什么是印花税? ………………………………… 20
1.41 什么是契税? …………………………………… 20

第 2 章 前期准备 …………………………………………… 21

2.1 购房一般应该遵循什么样的流程? …………… 21
2.2 购房前应该做好哪些准备工作? ……………… 22
2.3 购房时应该着重考虑哪些方面? ……………… 23
2.4 什么是商品房的起价和均价? ………………… 23
2.5 为什么看中的房子往往与均价相差甚远? …… 24
2.6 如何做好购房预算? …………………………… 25
2.7 购房要交哪些税费? …………………………… 26
2.8 购房时是选择期房好还是现房好? …………… 27
2.9 选择购买现房时应该注意什么? ……………… 28
2.10 选择购买期房时应该注意什么? ……………… 29
2.11 购买期房应该从哪些方面回避风险? ………… 29

11

2.12	哪几类房屋最好不要买？	30
2.13	购房者应该怎样收集房源资料？	32
2.14	购房时如何判断开发商的实力以及楼盘的合法性？	32
2.15	如何选择适合自己的一套房屋？	32
2.16	在开发商处购房时，开发商应当明示哪些事项？	33
2.17	购买商品房应该查看哪"五证"？	33
2.18	如何读懂预售许可证？	34
2.19	如何选择最佳的购房时机？	35
2.20	选择在冬季购房有哪些好处？	36
2.21	什么情况下，开发商不得刊登售楼广告？	36
2.22	房地产销售广告应当包括哪些内容？	37
2.23	在房地产广告中，不得包含哪些内容？	37
2.24	什么是楼书，包括哪些内容？	37
2.25	购房者看房地产销售（预售）广告应该关注哪些内容？	39
2.26	房地产广告中关于项目周边环境配套的具体介绍构成要约吗？	41
2.27	样板房在商品房交易中具有怎样的效力？	43
2.28	开发商"零首付"的促销承诺可信吗？	44
2.29	开发商"返本销售"的承诺可信吗？	45
2.30	开发商对商品房"售后包租"的承诺可信吗？	46
2.31	购房时如何看小区的物业管理？	47
2.32	购房时如何看小区的规划？	48
2.33	购房时需要考虑哪些气象因素？	49
2.34	购房时如何挑选楼型？	52
2.35	多层住宅与高层住宅哪种更好？	53
2.36	选购高层住宅有什么窍门？	54
2.37	房屋使用率越高就越合算吗？	55
2.38	绿化覆盖率与绿地率是一回事吗？	55

第3章 房屋购买 ····································· 57

- 3.1 什么是商品房现售和商品房预售？ ············· 57
- 3.2 什么是商品房认购书？ ························ 57
- 3.3 商品房认购书具有怎样的法律性质？ ··········· 58
- 3.4 购房者在签署认购书时应注意什么问题？ ······· 59
- 3.5 签订认购书时也需要看开发商的预售许可证吗？ ··· 60
- 3.6 购房前必须签购房意向书或认购书吗？ ········· 60
- 3.7 签了商品房认购书，必须交定金吗？ ············ 61
- 3.8 "定金"与"订金"是一回事吗？ ················ 61
- 3.9 什么是"诚意金"？ ···························· 63
- 3.10 什么是购房合同？ ···························· 63
- 3.11 购房合同一般包括哪些内容？ ················· 63
- 3.12 房屋买卖合同的订立和履行需要遵循什么？ ····· 64
- 3.13 哪些购房合同属无效合同？ ··················· 65
- 3.14 房屋买卖合同怎样签？ ······················· 67
- 3.15 对房地产广告中所承诺的内容，购房人是否有权要求在购房合同中约定？ ···················· 68
- 3.16 如何办理房屋买卖合同公证？ ················· 68
- 3.17 小区环境规划能否写进合同？ ················· 69
- 3.18 签了认购书后，正式合同有些条款不能接受怎么办？ ····································· 69
- 3.19 内部认购行为具有法律效力吗？ ··············· 70
- 3.20 建筑面积售房与套内建筑面积售房有何异同？ ··· 71
- 3.21 按套内建筑面积售房，政府主管部门如何把关"分摊公共面积"部分？ ······················ 72
- 3.22 实行套内建筑面积售房，物业管理费的收取是否会改变？ ······································ 72
- 3.23 购房者购房，开发商应该明示哪些事项？ ······· 72
- 3.24 购房时如何与开发商"侃价"？ ················ 73
- 3.25 如何防止所购房屋"产权期限缩水"？ ·········· 74

3.26	如何知道所购房屋是否被抵押？	75
3.27	对已预售的商品房，开发商是否可以设定他项权？	75
3.28	经济适用房是如何产生的？	75
3.29	经济适用房与商品房有什么区别？	76
3.30	购买经济适用房需要具备什么条件？	77
3.31	购买经济适用房的程序是什么？	77
3.32	购买经济适用房需要公示吗？	79
3.33	不符合条件的购买了经济适用房会有什么后果？	80
3.34	经济适用房转手出售需要办理哪些手续和交纳哪些费用？	81
3.35	哪些已购经济适用住房不得上市出售？	81
3.36	预售的经济适用住房可以转让吗？	81
3.37	二手房买卖能不能直接交易？	82
3.38	二手房买卖合同应该包括哪些条款？	82
3.39	二手房交易中有哪些典型陷阱？	83
3.40	购买二手房要严把哪几道关？	85
3.41	购买二手房，如何审察房屋产权？	87
3.42	如何购买二手经济适用房？	87
3.43	二手房交易的避税手段容易出现哪些问题？	88
3.44	哪些已购公房可以直接上市交易？	89
3.45	哪些已购公房不能上市交易？	90

第4章　购房贷款 …… 91

4.1	如何选择购房付款方式？	91
4.2	什么是个人住房商业性贷款？	92
4.3	什么是个人住房公积金贷款？	92
4.4	什么是个人住房组合贷款？	92
4.5	什么是抵押贷款方式？	93
4.6	如何选择个人住房贷款？	93
4.7	购房首付款多少才好？	94

目 录

- 4.8 申请个人住房商业贷款的条件是什么？ ⋯⋯⋯⋯ 94
- 4.9 个人住房商业贷款的期限一般是多长？贷款的额度和利率是多少？ ⋯⋯⋯⋯⋯⋯⋯⋯⋯⋯⋯⋯⋯⋯ 95
- 4.10 申请个人住房商业贷款的流程有哪些？ ⋯⋯⋯⋯ 95
- 4.11 如何办理房地产保险？ ⋯⋯⋯⋯⋯⋯⋯⋯⋯⋯⋯ 96
- 4.12 申请个人住房商业贷款应该向银行提供哪些材料？ ⋯⋯⋯⋯⋯⋯⋯⋯⋯⋯⋯⋯⋯⋯⋯⋯⋯⋯⋯⋯ 97
- 4.13 申请个人住房商业贷款需要签署的文件有哪些？ ⋯ 97
- 4.14 申请个人住房商业贷款时要交哪些费用？ ⋯⋯⋯ 98
- 4.15 申请个人住房商业贷款要担保吗？ ⋯⋯⋯⋯⋯⋯ 99
- 4.16 住房公积金贷款对贷款对象有什么要求？ ⋯⋯⋯ 99
- 4.17 公积金贷款与商业性个人住房贷款有哪些区别？ ⋯ 100
- 4.18 公积金贷款有几种？什么人能申请？ ⋯⋯⋯⋯⋯ 101
- 4.19 公积金贷款的程序是什么？ ⋯⋯⋯⋯⋯⋯⋯⋯⋯ 101
- 4.20 公积金贷款都需要准备哪些材料？ ⋯⋯⋯⋯⋯⋯ 102
- 4.21 公积金贷款要哪些证件担保？ ⋯⋯⋯⋯⋯⋯⋯⋯ 103
- 4.22 住房公积金如何支取和使用？ ⋯⋯⋯⋯⋯⋯⋯⋯ 103
- 4.23 公积金提前还款手续及办理程序有什么规定？ ⋯ 104
- 4.24 公积金贷款过程中，需要支付哪些费用？ ⋯⋯⋯ 105
- 4.25 自由职业者可否缴纳公积金贷款？ ⋯⋯⋯⋯⋯⋯ 106
- 4.26 在外地购房可以支取住房公积金吗？ ⋯⋯⋯⋯⋯ 106
- 4.27 住房公积金贷款的第一年能提前还贷吗？ ⋯⋯⋯ 106
- 4.28 什么是住房政策性贴息贷款？ ⋯⋯⋯⋯⋯⋯⋯⋯ 106
- 4.29 怎样申请住房政策性贴息贷款？ ⋯⋯⋯⋯⋯⋯⋯ 107
- 4.30 住房政策性贴息贷款对贴息对象有哪些条件限制？ ⋯⋯⋯⋯⋯⋯⋯⋯⋯⋯⋯⋯⋯⋯⋯⋯⋯⋯⋯⋯ 107
- 4.31 贴息贷款可以提前还款吗？其利息会随着贷款利率的变化而变化吗？ ⋯⋯⋯⋯⋯⋯⋯⋯⋯⋯⋯⋯ 108
- 4.32 如何申请住房组合贷款？ ⋯⋯⋯⋯⋯⋯⋯⋯⋯⋯ 108
- 4.33 办理住房组合贷款的程序是什么？ ⋯⋯⋯⋯⋯⋯ 109

- 4.34 申请住房组合贷款应该注意什么? …… 110
- 4.35 有哪几种常用的分期还贷法?哪种还贷法合算? …… 110
- 4.36 提前还贷合适吗? …… 112
- 4.37 还贷期限多长为宜? …… 112
- 4.38 提前还贷需要交违约金吗?提前还贷后保险费怎么办? …… 112
- 4.39 住房贷款的还贷时间能延长吗? …… 113
- 4.40 按揭购房后能不能转让? …… 114
- 4.41 什么是转按揭? …… 114
- 4.42 如何办理转按揭? …… 114
- 4.43 购买二手房如何付款对购房者更有利? …… 115
- 4.44 申请二手房贷款需具备哪些条件? …… 115
- 4.45 申请二手房贷款的基本操作流程是什么? …… 115
- 4.46 申请二手房贷款需要哪些资料? …… 116

第5章 交房验收 …… 119

- 5.1 在什么情况下,住宅项目可以交付使用? …… 119
- 5.2 综合验收包括哪些方面? …… 119
- 5.3 房屋入住谁说了算? …… 120
- 5.4 交房验收的一般程序是什么? …… 120
- 5.5 常见的房屋质量问题有哪些? …… 121
- 5.6 收房时应从哪些方面验收房子? …… 123
- 5.7 验房时要看的"两书一表"是什么? …… 124
- 5.8 基础设施不符合合同和法定交付条件的有哪些情形? …… 124
- 5.9 签收房屋验收单应该注意什么? …… 125
- 5.10 交房时开发商可能会有哪些无理行为? …… 126
- 5.11 什么情况下逾期交房不能认定是开发商违约? …… 127
- 5.12 交房时间是否与收房时间一致? …… 127
- 5.13 关于房屋保修期的规定是什么? …… 128
- 5.14 如何对所购商品房进行面积验收? …… 128

5.15 关于合同约定面积和实测面积不符有何规定? …… 130
5.16 验房时需要缴纳的费用及对策? …… 130
5.17 哪些情况下可依法拒绝收房? …… 132
5.18 商品房小区为什么会出现临时水电呢? …… 133
5.19 验收房屋不合格如何处理? …… 134
5.20 二手房收房中应该注意哪些细节? …… 134
5.21 冬季收房应注意哪些方面? …… 135
5.22 验收毛坯房应该注意哪些方面? …… 136
5.23 验收室内工程应该注意哪些方面? …… 136
5.24 验收公共设施部分应该注意哪些方面? …… 138
5.25 验收隐蔽工程应该注意哪些方面? …… 139
5.26 验收饰面板(砖)工程应该注意哪些方面? …… 141
5.27 验收油漆工程应该注意哪些方面? …… 141
5.28 验收门的具体细节包括哪些方面? …… 142
5.29 验收窗的具体细节包括哪些方面? …… 143
5.30 验收地面需要注意哪些方面? …… 144
5.31 验收天花板应该注意哪些方面? …… 144
5.32 验收木地板需要注意哪些方面? …… 146
5.33 验收厨厕应该注意哪些方面? …… 147
5.34 验收"电"应该注意哪些方面? …… 148
5.35 验收橱柜应该注意哪些方面? …… 149
5.36 验收木作工程应该注意哪些方面? …… 150

第6章 产权过户 …… 152

6.1 居住权与产权有什么区别? …… 152
6.2 房屋产权有多少种? …… 153
6.3 什么是国有房产? …… 153
6.4 什么是私有房产? …… 154
6.5 私人享有的房产权属有哪些种类? …… 154
6.6 什么是住宅的"全部产权"和"部分产权"? …… 155
6.7 什么情况下不能转移房屋所有权? …… 155

6.8　土地使用权期满后，房屋产权还属于购房者吗？ …… 156
6.9　什么是房产登记？ …………………………………… 156
6.10　为什么要进行房产登记？ ………………………… 157
6.11　房产登记有什么样的法律效力？ ………………… 157
6.12　房产登记的程序是怎样的？ ……………………… 157
6.13　房产登记的权利人名称是如何确定的？ ………… 157
6.14　申请房产登记，可以委托他人代理吗？ ………… 158
6.15　房产登记的种类有哪些？ ………………………… 158
6.16　房地产交易管理机构对房屋产权过户有什么规定？ ……………………………………………………… 159
6.17　怎样办理房屋产权过户登记手续？ ……………… 160
6.18　哪些房屋不能办理产权登记过户手续？ ………… 160
6.19　公证等同于过户吗？ ……………………………… 161
6.20　什么是房屋产权证？ ……………………………… 161
6.21　现在颁发的《房地产证》与过去有关部门颁发的《房屋所有权证》、《国有土地使用权证》有什么区别？ …………………………………………………… 161
6.22　如何取得商品房产权证？ ………………………… 162
6.23　什么是房屋的大产权证？ ………………………… 162
6.24　什么是房屋的小产权证？ ………………………… 162
6.25　房屋产权证包括了哪些内容？ …………………… 163
6.26　不按规定时间申请房地产登记，应承担什么法律责任？ …………………………………………………… 163
6.27　哪几种情况房地产登记机关可以作出暂缓登记的决定？ ………………………………………………… 163
6.28　没有房屋产权证的房屋能买卖吗？ ……………… 163
6.29　没有房屋产权证的房屋可以抵押吗？ …………… 164
6.30　没有房屋产权证的房屋在土地使用期限届满后，能继续使用吗？ ………………………………………… 164
6.31　房屋产权证上要注明房屋面积和施测单位吗？ …… 164

目 录

- 6.32 初始登记与购房者的产权证有什么关系? ········ 164
- 6.33 开发商在办理产权证过程中应该履行什么义务? ···· 165
- 6.34 业主能自己去交契税和办房屋产权证吗? ······ 165
- 6.35 开发商不能办理产权证都有哪些原因? ········ 165
- 6.36 怎样识别房屋产权证的真伪? ················ 166
- 6.37 按揭购买的商品房,产权证办下来以后是给银行还是给购房者? ························· 167
- 6.38 如何办理房屋抵押登记手续? ················ 167
- 6.39 拿了房产证,是否还需到房产局登记? ········ 168
- 6.40 购房可以过户到未成年人的名下吗? ·········· 168
- 6.41 使用权房能否继承? ························· 168
- 6.42 购买房屋时,如果购买了屋顶花园,能否在《房地产证》上反映出来? ······················ 169
- 6.43 某物业加建两层,这样做可以吗?产权有保证吗? ······································· 169
- 6.44 集资房、合作建房如何办理《房地产证》? ······ 169
- 6.45 购买二手房在产权过户时需要带哪些资料? ···· 169
- 6.46 购买二手房在产权过户时应注意哪些问题? ···· 170
- 6.47 购买按揭贷款方式的二手房应该如何过户? ···· 170
- 6.48 怎样查询二手房的产权状况? ················ 170
- 6.49 为什么购买二手房应该及时办理产权过户手续? ···· 171
- 6.50 购买二手房可以自己办理过户手续吗? ········ 172
- 6.51 二手房过户后的物业需要交验哪些项目? ······ 172
- 6.52 二手房过户后还需交纳公共维修基金吗? ······ 172
- 6.53 购买二手房后的水、电、气等应该如何过户? ···· 172
- 6.54 购买二手房忘记过户有线电视该怎么办? ······ 173
- 6.55 赠与的房屋应该怎样办理产权过户手续? ······ 173
- 6.56 赠与的房屋办理过户需要哪些证件? ·········· 173
- 6.57 央产房上市出售进行产权登记的手续是怎样的? ···· 174
- 6.58 央产房上市出售进行产权登记需要提供哪些材

　　　　料？ …………………………………………………………… 174
　6.59　未办理产权过户手续能获得拆迁补偿费吗？ …… 175
第7章　纠纷处理 ………………………………………………… 176
　7.1　常见的房地产纠纷类型有哪些？ ……………………… 176
　7.2　法律在处理房屋买卖纠纷时有哪些原则？ …………… 177
　7.3　房屋买卖纠纷的处理途径有哪些？ …………………… 177
　7.4　解决房屋买卖纠纷的四种途径有何差别？ …………… 178
　7.5　购房消费者优先权是否必然大于工程款权利人的
　　　 优先权？ ………………………………………………… 179
　7.6　购房消费者的优先权是否必然大于抵押权人的优
　　　 先受偿权？ ……………………………………………… 180
　7.7　房屋买卖纠纷申请调解需要注意什么？ ……………… 180
　7.8　房屋买卖纠纷调解的程序及办法是什么？ …………… 181
　7.9　房屋买卖纠纷的仲裁程序是什么？ …………………… 182
　7.10　房屋买卖纠纷仲裁需要交纳什么费用？ ……………… 183
　7.11　房屋买卖纠纷仲裁费用的负担与减免有哪些
　　　　规定？ …………………………………………………… 184
　7.12　房屋买卖纠纷的诉讼程序是什么？ …………………… 185
　7.13　房屋买卖纠纷诉讼需要交纳什么费用？ ……………… 188
　7.14　房屋买卖纠纷案件举证包括哪些？ …………………… 189
　7.15　房屋买卖合同纠纷投诉主要涉及哪些问题？ ………… 190
　7.16　房屋买卖纠纷起诉状需要注意什么？ ………………… 190
　7.17　订有仲裁协议的当事人可以向法院起诉吗？ ………… 191
　7.18　购房者如何主动规避购房陷阱？ ……………………… 192
　7.19　购买期房一般存在哪些纠纷？ ………………………… 193
　7.20　"内部认购"可能导致的风险有哪些？ ……………… 194
　7.21　转让人延期交付商品房应当承担什么责任？ ………… 195
　7.22　开发商擅自更改小区环境怎么办？ …………………… 195
　7.23　开发商发布虚假房地产广告，应承担什么
　　　　责任？ …………………………………………………… 195

7.24 买受人不能按时付款时,应当承担什么责任? ……… 196
7.25 如何避免精装房纠纷? ……………………………… 196
7.26 小区外部意外风险有哪些? ……………………… 197
7.27 在签订正式房屋买卖合同后,购房者退房应当承担什么责任? ………………………………………… 198
7.28 哪些情况可以退房? ……………………………… 198
7.29 离婚案件中涉及房产纠纷时如何处理? ………… 200

第8章 房屋买卖纠纷案例集锦 ……………………… 202
8.1 如何读懂售楼小姐的话中话? …………………… 202
8.2 如何减少优惠带来的纠纷? ……………………… 204
8.3 遭遇质量问题,可要求退房及赔偿吗? ………… 207
8.4 遇面积缩水,可提出双倍返还购房款吗? ……… 207
8.5 签了购房确认书的房子涨价有理吗? …………… 209
8.6 房屋交付使用,"三证"为何不能到手? ……… 209
8.7 新房借口精装延期交付可否申请赔偿? ………… 210
8.8 按合同说话,单方解除合同行使追索权是否有理? ……………………………………………………… 211
8.9 合同和协议"绑"在一起签还是不签? ………… 212
8.10 期房限转之后的房屋买卖与购房合同能否履行? ……………………………………………… 212
8.11 已签房产合同,以风水为由可以获赔吗? …… 213
8.12 购买了没有预售许可证的房屋怎么办? ……… 214
8.13 买二手房是否需要弄清上家户口迁移情况? … 215
8.14 房屋买卖过程中甩开中介行不行? …………… 215
8.15 包购纠纷增多,按"定金法则"能否获赔? … 216
8.16 遇欺诈和恶意违约,怎样提出惩罚性赔偿? … 217
8.17 离婚后房子归谁? ……………………………… 218
8.18 分手后房子归谁? ……………………………… 219
8.19 保证金怎么说退又不退了? …………………… 220

附录 ……………………………………………………… 221

附录一　商品房买卖合同示范文本(新) ………… 221
附录二　二手房买卖合同示范文本 ………… 229
附录三　与房屋买卖有关的法律规范目录 ………… 233
附录四　部分房屋买卖法律规范 ………… 235
　商品房销售管理办法 ………… 235
　城市商品房预售管理办法 ………… 242
　城市房地产转让管理规定 ………… 244
　城市房屋权属登记管理办法 ………… 247
　经济适用住房管理办法 ………… 252
　关于规范住房金融业务的通知 ………… 257
　关于进一步加强房地产信贷业务管理的通知 ………… 258
　关于审理商品房买卖合同纠纷案件适用法律若干问题的解释 ………… 260
　商品房销售面积计算及公用建筑面积分摊规则(试行) ………… 265
　房屋建筑工程和市政基础设施工程竣工验收暂行规定 ………… 267
　商品住宅实行住宅质量保证书和住宅使用说明书制度的规定 ………… 269

参考文献 ………… 272

第1章

基础知识

俗话说得好，不打没有准备的仗。在发生房屋买卖行为之前，懂得与房屋相关的知识是必要的。不论是家居生活，还是投资活动，房屋由于其价值巨大，与个人和家庭紧密相连。本章主要介绍了房屋买卖的一些基础性知识，包括房屋买卖的内涵、房屋买卖的类型、房屋买卖主体、与房屋相关的权利束、房屋的类型、房屋面积、住房贷款等。通过阅读本章，读者基本上能够了解与房屋相关的基本知识。

1.1 什么是房屋买卖？

房屋买卖是指房屋的所有人将自己所有的房屋有偿地转让给他人所有，他人支付一定价金，从而取得该房屋所有权的民事法律行为。

按房屋权属关系，可以把房屋买卖分为三大类型，即商品房买卖、公有房屋买卖和私有房屋买卖。按房屋新旧程度，可以把房屋买卖分为两大类型：新房，即一手房买卖；旧房，即二手房买卖。

1.2 什么是房屋出卖人和房屋买受人？

在房屋买卖过程中，转让房屋所有权，取得房屋价金的一方称之为房屋出卖人。

在房屋买卖过程中,支付房屋价金,取得房屋所有权的一方称之为房屋买受人。

1.3 什么是房屋的所有权?

所谓房屋的所有权,是指在法律规定的范围内,对房屋全面支配的权利,拥有了房屋的所有权就等于拥有了在法律允许范围内的一切权利。《中华人民共和国民法通则》规定,房屋的所有权分为占有权、使用权、收益权和处分权四项权能,也就是房屋所有权的四项基本内容。通过房屋买卖的民事法律行为,可以依法取得房屋的所有权,这种方式被称为公民房屋所有权的继受取得,即公民通过某种民事法律行为从原所有人那里取得房屋所有权。

(1) 房屋的占有权

房屋的占有权通常由所有权人来行使,但有时也由他人来行使,即使用权与所有权分离。例如,房屋出租,就是将房屋在一定时期内的占有、使用权让渡给承租人,由其行使该权利。

(2) 房屋的使用权

房屋的使用权是对房屋实际利用的权利。通过一定的法律契约,非房屋所有权人也可获得房屋的使用权,如房主将房屋租给他人使用。但是,房屋的使用权包含在房屋的所有权之中,不能被出售、抵押、赠与、继承等。

(3) 房屋的收益权

房屋的收益权是指房主收取房屋财产所产生的各种收益。例如出租房屋,房主从房客处收取租金。

(4) 房屋的处分权

房屋的处分权是所有权中一项最基本的权能。房屋的处分权一般由房主行使,房主可以确定房屋使用权、继承、赠与对象,但有时房屋处分权也受到一定的限制。如房主作为债务人以住房作抵押向债权人借债,若到期不能清偿债务,债权人就可以处分该房屋并优先受偿。值得注意的是,处分有事实上的处分和法律上的处分。前者是指把房屋直接消耗在生产和生活中；后者是指依法将房屋进行转让。

1.4　什么是房屋的他项权利？

房屋的他项权利是指由他项权利人与产权人用契约形式，在房屋物权上基于债权而设定的附属权利，如抵押权、典权等。

(1) 房屋的抵押权

房屋的抵押权是指房屋所有权人将其房屋抵押给他人的权利。房屋抵押是指抵押人以其合法的房屋以不转移占有的方式提供债务履行担保的行为。债务人不履行债务时，抵押权人有权依法以抵押的房屋拍卖所得的价款优先受偿。

(2) 房屋的典权

典权是指房屋所有权拥有者将其房屋典当给他人以获得利益的权利。房屋典当是指承典人用价款从房屋所有人手中取得使用房屋的权利的行为。

承典人与出典人(房屋所有人)应订立典契，约定回赎期限(即存续期)。到期由出典人还清典价，赎回房屋。典契中一般规定，到期不赎的，由承典人改典为买，也可经双方协商，续期再典。承典人在典权存续期内，有房屋使用权，此外，还可以将该房屋转典，或出租给他人，并且可以将典权作为抵押权的标的物。

1.5　什么是房屋的租赁权？

房屋的租赁权是指房屋所有权人将其房屋租赁给他人的权利。房屋租赁，是指房屋的所有人作为出租人将其房屋出租给承租人使用，由承租人支付租金的行为。承租人取得房屋使用权后，未经出租人同意不得随便处置其所承租的房屋，除非租赁合同另有规定，否则就是违法行为。

1.6　什么是公有住宅和私有住宅？

公有住宅在我国也称为公产住房、国有住宅，或简称公房。

它是我国长期以来实行住房福利化的产物，是指由国家以及国有企业为企、事业单位投资兴建、销售的住宅。在住宅未出售之前，住宅的产权归国家所有，所建住宅主要向本城市居民、企业和事业单位的员工出租或出售。目前，居民租用的公有住房，按房改政策分为两大类：一类是可售公有住房，一类是不可售公有住房。公房出售后，产权即归私人所有，即成为所谓"房改房"。

私有住宅又称为私产住宅、私房，是由个人或家庭购买、建造的住宅。公有住宅通过住宅市场出售给个人和家庭后便转为私有住宅。随着住宅商品化的推进，城市私有住宅的比重将不断增大。

1.7 什么是使用权房？

使用权房是指由国家以及国有企业、事业单位投资兴建的住宅。它是政府以规定的租金标准出租给居民的公有住房，居民只拥有该房的使用权。

1.8 什么是共有房屋？

共有房产是指两个或两个以上的公民，共同享有同一房屋的所有权。比如当两个或两个以上的公民联合建造、合资购买、共同继承、共同受赠房屋，其房屋的所有权归他们共同所有。

房屋共有分为按份共有和共同共有两种形式。按份共有是指两个或两个以上的公民按照各自的份额分别对共有的房屋享有权利和承担义务。共同共有是指两个或两个以上的公民对共有的房屋不分份额地共同享有权利并承担义务。

对于共有的房屋，有人主张按份共有，有人主张共同共有，如果不能证明该房屋是按份共有的，应当认定为共同共有。

1.9 什么是商品房？

商品房是指在市场经济条件下，具有经营资格的房地产开发公司（包括外商投资企业），通过出让方式取得土地使用权后开发建设的居住用房、商业用房以及其他建筑物。

商品房可以在房地产市场上按市价公开出售。按销售对象的不同，商品房可以分为外销商品房和内销商品房。前者是指向国内外(含港澳台)的企业、其他组织和个人销售的房屋。后者是指向国内特定单位和个人销售的房屋。

商品房的基本法律特征有以下两点：
(1) 必须由依法具有经营资格的房地产开发企业进行开发；
(2) 开发企业必须在取得土地使用权的国有土地上进行开发。

1.10 什么是经济适用房？

经济适用房是国家为解决中低收入家庭住房问题而修建的普通住房，具有社会保障性质。此类住宅因减免了土地出让金、工程报建中的部分费用和限制开发商的开发利润，其成本略低于普通商品房，故又称为经济适用房。

经济适用房具有经济性和适用性的特点。经济性是指住宅价格相对于市场价格比较适中，能够适应中低收入家庭的承受能力；适用性是指在住房设计及其建筑标准上强调住房的使用效果，而非建筑标准。

1.11 什么是廉租房？

廉租房是在国家房改政策中首次提出的一种概念。类似于香港的"廉租屋"。我国的廉租房只租不售，出租给城镇居民中最低收入者。廉租房的来源主要是腾退的旧公房等，近年来政府也开始出资收购部分城区旧房作为廉租房。

1.12 什么是集资房？

与以往住房建设完全由国家和单位包办不同，集资房是实行政府、单位、个人三方面共同承担，通过筹集资金，开发建设的一种房屋。职工个人可按房价全额或部分出资，政府及相关部门在用地、信贷、建材供应、税费等方面给予部分减免。集资所建住房的权属按出资比例确定。个人按房价全额出资的，拥有全部产权，个人部分出资的，拥有部分产权。

1.13 什么是期房和现房？

期房即预售商品房，是指从开发商取得《商品房预售许可证》可以公开发售开始，直至购房者取得之前的商品房。期房一般没有整体竣工，购房者在购买期房时签订的是《商品房预售合同》，购买后一般需要等待一段时间后才能入住。

现房是指开发商已办妥注册登记证的商品房。判断现房的简单标准如下：

(1) 看外观

房屋的施工是否已经完成，是否已经竣工并达到入住的条件；

(2) 看手续

是否已经办理了有关手续。如果开发商已经获得了房屋所有权证（即俗称的大产权证），就不用再审查其他的证件。

另外，还有所谓的"准现房"。准现房不是一个法律概念，也没有专门的法律调整规则。它的范围很宽泛，主要从外表上进行判断，通常是指已接近完工的房屋。这种房产的性质仍然属于期房，政府按照期房进行管理，必须办理商品房销售许可证才能销售。

1.14 什么是普通住宅？

按照国家七部委新发布的《关于做好稳定住房价格工作的意见》，符合住宅小区建筑容积率在1.0以下；单套建筑面积120平方米以下；实际成交价格低于同级别土地上住房平均交易价格1.2倍以下，符合这三个条件的住房属于普通住宅。但因为各地情况不同，允许单套建筑面积和价格标准适当浮动，但上浮的比例不得超过上述标准的20％。

1.15 什么是二手房？

二手房相对于开发商手中的商品房而言，是指非开发商出售的，而由房屋产权人或购买人转让的房产。经过一手买卖之后再行上市的房屋都可以被称为二手房，包括已取得产权证需要转让和尚未取得产权证需要转让的房产。二手房包括私房、单位自管房、二手商品房、上市房改房等。北京市对二手房的界定是，由北京市房屋土地管理局发房屋所有权的有效证件，可在房地产二级市场流通，买房人具有完全处置权利的房屋。

1.16 什么是"房改房"？

已购公有住房通常俗称房改房，是指职工已按照国家住房制度改革政策购买的公有住房。房改房又分为成本价购买、优惠价购买、标准价购买。

按照国家规定的成本价购买的房产，只要在过户时交纳土地出让金，而且不属于国家限制交易的类型就可以直接上市交易。

而优惠价或者标准价购买的房产，属于房改时国家或者产权单位给予了进一步的补贴或优惠，所以在上市之前，必须先交纳一定价款之后才能像成本价房改房一样上市交易。

1.17 什么是"央产房"？

"央产房"全称为"中央在京单位已购公有住房"。其中，"中央在京单位"主要包括：党中央各部门、全国人大机关、全国政协机关、最高人民法院、最高人民检察院、国务院各部委、各直属机构、各人民团体及其所属单位。

允许上市的"中央在京单位已购公有住房"是指职工按房改成本价或标准价购买的央产房。需要注意的是，职工根据国家政策，按照房改成本价或者标准价购买的由中央在京单位建设的安居工程住房和集资合建住房，也视为已购公房。

1.18 什么是"内部认购房"?

"内部认购房"是指房地产开发商为提前回收资金,加速资金周转速度,或检验楼盘投放市场的反应,会在尚未取得《商品房销(预)售许可证》等有关证件前,在小范围内以"内部认购"方式销售的商品房。其房价一般较低,但购房者在选择时应慎重,因为此类提前预售的商品房,没有得到相关部门核准,消费者购买后,有可能无法取得房产证、土地证。建议在购买前,消费者要认真考察房地产开发商的资质和实力。要确保该项目除了《商品房销(预)售许可证》外,其他证件都齐备无误,以免使自己的合法权益受到损害。

1.19 什么是单元式住宅?

单元式住宅,是目前在我国大量兴建的多、高层住宅中应用最广的一种住宅建筑形式。

单元式住宅的基本特点:(1)每层以楼梯为中心(又叫梯间式住宅),一般每层楼面只有一个楼梯,可为2~4户提供服务(大进深住宅每层一梯可服务于5~8户),住户由楼梯平台进入分户门,各户自成一体。(2)户内生活设施完善,既减少了住户之间的相互干扰,又能适应多种气候条件。(3)建筑面积较小,造价经济合理。(4)仍保留一定的公共使用面积,如楼梯、走道、垃圾道,保持一定的邻里交往,有助于改善人际关系。单元式住宅一经建造使用,便被社会所接受,并推广到大多数国家和地区。

1.20 什么是公寓式住宅?

公寓式住宅是相对于独院独户的西式别墅住宅而言的一种住宅类型,更为经济实用。一般建在大城市,大多采用高层大楼的形式,标准较高。该类住宅每一层内均有若干单户独用的套房,包括卧室、起居室、客厅、浴室、厕所、厨房、阳台等。还有一部分附设于旅馆酒店之内,供一些常常往来的中外客商及其家眷中短期租用。

1.21 什么是花园式住宅?

花园式住宅也叫西式洋房或小洋楼,也称花园别墅。一般来说,花园式住宅都带有花园草坪和车库,是独院式平房或二三层小楼,建筑密度很低。但其内部居住功能很完备,装修豪华,并富有变化。住宅内水、电、暖供给一应俱全,户外道路、通信、购物、绿化也都有较高的标准。一般为高收入者购买。

1.22 什么是板楼?什么是塔楼?

板楼是我国城市住宅建筑的一种主要式样,是城镇由平房向楼房发展的第一代产品。一般以楼梯(电梯)为核心布置基本单元,2~3户共用一个楼梯。7层以上的板楼要增设电梯。塔楼是我国城市住宅建设的另一种主要形式。基本的设计是以一组垂直交通枢纽为中心,各户环绕布置,不与其他单元拼接而独立成栋的住宅。

可以从楼房的平面图上理解塔楼和板楼。塔楼的平面图特点是:若干户(一般多于四五户)共同围绕或者环绕一组公共竖向交通通道形成的楼房平面。平面的长度和宽度大致相同,此种楼房的高度一般从12层至35层,超过35层就是超高层。塔楼一般是一梯4~12户。从平面图上,可以很明显地看到板楼的长大于宽。板楼有两种类型,一种是长走廊式,各住户靠长走廊连在一起;第二种是单元式拼接,若干个单元连在一起就拼成一个板楼。

板楼具有南北通透、便于采光通风、均好性强、管理成本不高、住户使用率高等优点,但也存在建筑密度低、房价高、户型格局不宜改造等缺点;塔楼具有节约土地资源、房价较低、空间结构灵活宜于改造、结构强度高、抗震性好、视野开阔等优点,但也存在均好性差、居住密度高、使用率不高等缺点。

1.23 什么是 TOWNHOUSE？

TOWNHOUSE 也叫联排别墅，原始含义是"联排住宅，有天有地，独立的院子和车库"，是广义的公寓的一种形式，表现为由几幢甚至十几幢小于 3 层的低层住宅并联组成，每幢面积约在 150～200m², 有独立的院落，但一般不超过 50m², 另外还有专用车位或车库，离城不太远，价格不算太贵，属中等偏高的水平。于 19 世纪四五十年代发源于英国新城镇时期，现在在很多国家和地区已非常普及，一般在离城不远的郊区，方便上班及工作，价格合理，环境优美，成为城市发展过程中不可逾越的阶段——住宅郊区化的一种代表形态。

TOWNHOUSE 一般具有如下十大特征要求：

（1）位置：应位于城市边缘地带，车程较短，满足第一居所的要求，方便生活、工作。

（2）交通：周边应有完善的交通道路网络，临近高速公路，强调交通的易达性、便捷性。

（3）环境：不仅强调社区内环境，而且强调周边的自然环境。

（4）规模：社区容积率一般不超过 0.6，其规模最好在 15 万 m² 以上才能满足其社区配套和生活品位的要求。

（5）规划：社区规划强调建筑与自然的融合，与道路、景观之间关系的合理性。

（6）建筑：社区强调建筑内部功能的布局，此外，还要把握空间尺度、室内外的色彩搭配等方面。

（7）配套：社区由于地处城市边缘，其教育、商业、医疗、休闲等配套设施必须齐备。

（8）价格：一套售价控制在 80～180 万元之间为好。

（9）服务：社区的物业服务要优质，还要贴心、到位。

（10）文化：应营造出文化氛围，以满足客户精神生活的需求。

在中国，目前 TOWNHOUSE 一般仍为高收入者购买使用。

1.24 什么是宽 HOUSE？

宽 HOUSE 针对 TOWNHOUSE"小面宽、大进深"的结构缺陷，将进深压缩到了 $8m^2$，还相应地使前后庭院也变大。宽 HOUSE 为高性价比联排别墅，建筑形态包括联排、双拼两种。宽，是"建筑压缩进深，相应使其面宽增加"的直观描述；另一层含义缘于建筑理念决定的高性价比，使宽 HOUSE 可以面对更多的中产人群。

1.25 什么是低层、多层、中高层、高层住宅？

低层住宅是指 1～3 层的住宅，主要指（一户）独立式住宅、（二户）联立式住宅和（多户）联排式住宅（TOWNHOUSE）。与多层和高层住宅相比，低层住宅最具有与自然的亲和性这一特点，多具有适合儿童或老人的生活环境，且住户间干扰少，拥有宜人的居住氛围。虽然其为居民所喜爱，但受到土地价格与利用效率、市政及配套设施、规模位置等客观条件的制约，在供应总量上受限。

多层住宅是指 4～6 层的住宅，借助公共楼梯解决垂直交通。其优点在于：用地较低层住宅节省，性能价格比高，公共空间与氛围较好，公摊面积少；无需像高层住宅需要增加电梯、高压水泵、公共走道等方面的投资，物业费较低；结构设计成熟，通常采用砖混结构，建材可就地取材，可大量工业化、标准化生产。因此，多层住宅是被广泛建造的一种住宅类型。当然，这种住宅也存在公用部分不足、外部单调、需要爬楼梯而舒适性较差等缺点。

中高层住宅主要指 7～9 层高的集合住宅。从尺度上说具有多层住宅同样的氛围，而又是较低的高层住宅，故称为中高层。这种住宅是在考虑建筑防火规范和城市土地使用效率与经济性的同时，由于设置了电梯，舒适性较好，兼顾了多层与高层住宅的特征。有单元式、外廊式和点（塔）式等多种类型。

高层住宅一般指总高 10 层以上的住宅。它是作为解决城市用地紧张的一种高密度居住手段。高层住宅一般设有电梯作为垂直交通工具,为此国家还明确规定:12 层及 12 层以上的高层住宅,每幢楼设置电梯不少于两部。高层住宅的优点是可以节约土地,增加住房和居住人口,有较大的室外公共空间和设施,眺望性好。一般来说,高层住宅有公摊面积较多且造价高、外观缺乏宜人的尺度感等不足之处。另外,使用后还要为电梯、泵站修缮养护付出一笔经常性费用等等。

1.26 什么是剪力墙结构?

剪力墙结构是用钢筋混凝土墙板来代替框架结构中的梁柱,能承担各类荷载引起的内力,并能有效控制结构的水平力,用钢筋混凝土墙板承受竖向和水平力的结构。它的刚度很大,空间整体性好,房间内不外露梁、柱棱角,便于室内布置,方便使用。剪力墙结构形式是高层住宅采用最为广泛的一种结构形式。

1.27 什么是框架结构住宅?

框架结构住宅是指以钢筋混凝土浇筑成承重梁柱,再用预制的加气混凝土、膨胀珍珠岩、浮石、蛭石、陶粒等轻质板材隔墙分户装配而成的住宅。适合大规模工业化施工,效率较高,工程质量较好。

框架结构由梁柱构成,构件截面较小,因此框架结构的承载力和刚度都较低,它的受力特点类似于竖向悬臂剪切梁,楼层越高,水平位移越慢,高层框架在纵横两个方向都承受很大的水平力,这时,现浇楼面也作为梁共同工作,装配整体式楼面的作用则不考虑,框架结构的墙体是填充墙,起围护和分隔作用,框架结构的特点是能为建筑提供灵活的使用空间,但抗震性能差。

1.28 什么是框架—剪力墙结构?

框架—剪力墙结构也称框剪结构,这种结构是在框架结构中布置一定数量的剪力墙，构成灵活自由的使用空间，满足不同建筑功能的要求。框剪结构是由框架和剪力墙两种不同的抗侧力结构组成的新的受力形式，所以它的框架不同于纯框架结构中的框架，剪力墙在框剪结构中也不同于剪力墙结构中的剪力墙。

1.29 什么是钢混结构住宅和砖混结构住宅？

按建筑材料的不同，可以分为钢混结构住宅和砖混结构住宅。

钢混结构住宅的结构材料是钢筋混凝土，即钢筋、水泥、粗细骨料(碎石、砂)、水等的混合体。钢混结构住宅的优点是抗震性能好、整体性强、抗腐蚀能力强、经久耐用，且房间的开间、进深相对较大，空间分隔较自由等，多、高层住宅多采用这种结构；缺点是工艺比较复杂，建筑造价较高。

砖混结构是指建筑物中竖向承重结构的墙、附壁柱等采用砖或砌块砌筑，柱、梁、楼板、屋面板、桁架等采用钢筋混凝土结构。通俗地讲，砖混结构是以小部分钢筋混凝土及大部分砖墙承重的结构。因为砖混结构的主要承重结构是黏土砖，所以砖的形状及强度就决定了房屋的强度。可以这样说，砖的形状越规则，砂浆的强度越高，灰缝越薄越均匀，砌体的强度就越高，房屋的耐用年限就越长。砖混结构住宅中的"砖"，指的是一种统一尺寸的建筑材料；也有其他尺寸的异型黏土砖，如空心砖等。"混"指的是由钢筋、水泥、砂石、水按一定比例配制而成的钢筋混凝土配件，包括楼板、过梁、楼梯、阳台、挑檐等。这些配件与"砖"做成的承重墙相结合，称为砖混结构式住宅。由于抗震的要求，砖混住宅一般在5~6层以下。

1.30 什么是住宅的套型和户型？

"套"是指一个家庭独立使用的居住空间范围。通俗地讲，就是指每家所用的住宅单元的面积大小。住宅的"套型"也就是满足不同户型家庭生活的居住空间类型。根据1999年6月修订的《住宅设计规范》，住宅应按套型设计，每套住宅应设卧室、起居室(厅)、厨房和卫生间等基本空间。普通住宅套型分为一至四类，其居住空间个数和使用面积最小的规定为：一类套型，居住空间数2个，最小使用面积$34m^2$；二类套型，居住空间数3个，最小使用面积$45m^2$；三类套型，居住空间数3个，最小使用面积$56m^2$；四类套型，居住空间数4个，最小使用面积$68m^2$。随着住房商品化的房地产市场的不断发育，除了安居房、公有住房等政策性住房外，其他住房的住宅套型标准正趋于市场化。

要知道住宅户型，首先要了解什么是住户。住户是指共同占有一个住宅单元的一组社会成员，也就是人。这一组人可以是一个家庭的各个成员，也可以是不同家庭的成员，一般来说，住户的成员数量与家庭成员数量是一致的。住宅户型可用三种方法来划分。第一，用住户人口多少划分，可分为一口户、二口户，以下类推；第二，用住户的代际也就是辈分确定，可分为一代户、二代户，以下类推；第三，用社会学的户结构分类法划分，可分出单身户、夫妻户、核心户、主干户。

需要补充的是，目前通俗的是以"室"来划分住宅户型面积指标，"室"一般是居住建筑中的居室和起居室。通常来说，住宅中不少于$12m^2$的房间称为一"室"，$6\sim12m^2$的房间称为半"室"，小于$6m^2$，一般不算"间"数或"室"数，因而，住宅户型又可分一室户、一室半户、二室户、二室半户、三室户、多室户等。

1.31 什么是复式住宅？

复式住宅是受跃层式住宅的设计构思启发而形成的一种住宅建筑形式。复式住宅在概念上是一层，并不具备完整的两层空间，但层高较普通住宅(通常层高2.8m)高，可在局部掏出夹层，安排卧室或书房等，用楼梯联系上下。其目的是在有限的空间里增加使用面积，提高住宅的空间利用率。

复式住宅的优点是：

① 平面利用系数高，通过夹层复合，可使住宅的使用面积提高 50%～70%；

② 户内隔层为木结构，将隔断、家具、装饰融为一体，既是墙，又是楼板、床、柜，降低了综合造价；

③ 上部层采用推拉窗户，通风采光好，与一般层高和面积相同住宅相比，土地利用率可提高 40%。

复式住宅的缺点是：

① 复式住宅面宽大、进深小，如采用内廊式平面组合，必然导致一部分户型朝向不佳，自然通风、采光较差；

② 层高过低，如厨房只有 2m 高度，长期使用易产生局促憋气的不适感；贮藏间较大，但层高只有 1.2m，很难充分利用；

③ 由于室内的隔断、楼板均采用轻薄的木隔断，木材的成本较高且隔声、防火功能差，房间的私密性、安全性较差。

1.32 什么是跃层式住宅？

跃层式住宅是近年来较为推广的一种新颖的住宅建筑形式。其内部空间借鉴了欧美小二楼独院住宅的设计手法，住宅占有上下两层楼面，卧室、起居室、客厅、卫生间、厨房及其他辅助用房可以分层布置，上下层之间的交通不通过公共楼梯而采用户内独用小楼梯连接。

跃层式住宅的优点是：

每户都有较大的采光面，通风较好，户内居住面积和辅助面积较大，布局紧凑，功能明确，相互干扰较小。

跃层式住宅的缺点是：

① 跃层式住宅的层高过低，一般的跃层式住宅厨房高只有 2m 左右，不利于通风，长期使用，给人以压抑或弊气的不适感；贮藏间虽然空间较大，但层高一般只有 1.5m 左右，利用起来也不方便。

② 由于室内的隔断楼板均采用轻薄的木隔断，木材的成本较高，且隔声、防火功能差，房间的隐秘性、安全性较差。

1.33 什么是错层式住宅？

错层式住宅主要指的是一套房子不处于同一平面，即房内的厅、卧、卫、厨、阳台处于几个高度不同的平面上。

错层式住宅的优点是：和跃层一样能够动静分区，但因为没有完全分为两层，所以又有复式住宅丰富的空间感。可以利用错层住宅中不同的层高区分不同功能的房间，利用地形地势的高差在坡地上设计错层式住宅，减少挖土的土方量。错层式住宅的缺点是：不利于结构抗震，空间零散，若是小户型则显得局促，更适合于层数少、面积大的高档住宅。

错层和复式房屋的区别在于，尽管两种房屋均处于不同层面，但复式层高往往超过一人高度，相当于两层楼，而错层式高度低于一人，人站立在第一层面平视可看到第二层面。因此错层有"压缩了的复式"之称。另外，复式的一、二层楼面往往垂直投影，上下面积大小一致；而错层式两个（或三个）楼面并非垂直相叠，而是互相以不等高形式错开。

1.34 什么是房屋建筑面积？

房屋建筑面积指房屋外墙、柱、边脚以上各层的外围水平投影面积，包括阳台、挑廊、地下室、室外楼梯等，且具备有上盖，结构牢固，层高 2.20m 以上（含 2.20m）的永久性建筑。

建筑面积具体包含房屋居住的使用面积、墙体柱体占地面积、楼梯走道面积、其他公摊面积等。在买卖房屋缴税费、缴纳物业费和供暖费时，要按照建筑面积计算。

不计算在商品房建筑面积的项目包括：

① 层高在 2.2m 以下的房屋，净高在 2.05m 以下的地下室和半地下室。

② 突出房屋墙面的构件、配件、艺术装饰、垛、挑檐、半

圆柱、勒脚、台阶等。

③ 房屋之间无上盖的架空通道。

④ 无柱雨篷。

⑤ 建筑物内的操作平台、上料平台及利用建筑物的空间安置箱、罐的平台。

⑥ 骑楼、过街楼的用作街巷通行的部分，以及房屋底层用作街巷通行的部分。

⑦ 房屋的天面、挑台、天面上花园、泳池。

⑧ 消防、检修等用途的室外爬梯。

⑨ 构筑物，如独立烟囱、烟道、水塔、储油（水）池。

1.35 什么是房屋套内建筑面积？

成套房屋的套内建筑面积由套内房屋使用面积、套内墙体面积、套内阳台建筑面积三部分组成，即：套内建筑面积＝套内使用面积＋套内墙体面积＋套内阳台建筑面积。

套内房屋使用面积是指套内房屋使用空间的面积，以水平投影面积按下列规定计算：

（1）套内使用面积为套内卧室、起居室、过厅、过道、厨房、卫生间、厕所、贮藏室、壁柜等空间面积的总和；

（2）套内楼梯按自然层数的面积总和计入使用面积；

（3）不包括在结构面积内的套内烟囱、通风道、管道井均计入使用面积；

（4）内墙面装饰厚度计入使用面积。

套内墙体面积是套内使用空间周围的围护或承重墙体及其他承重支撑体所占的面积，其中各套之间的分隔墙和套与公共建筑空间的分隔以及外墙（包括山墙）等共有墙，均按水平投影面积的一半计入套内墙体面积。套内自由墙体按水平投影面积全部计入套内墙体面积。

套内阳台建筑面积均按阳台外围与房屋外墙之间的水平投影面积计算。其中封闭的阳台按水平投影全部计算建筑面积，未封闭的阳台按水平投影的一半计算建筑面积。

1.36 什么是房屋公用建筑面积和房屋公摊面积？

房屋公用建筑面积是指整栋建筑物的建筑面积扣除整栋建筑物各套（单元）套内建筑面积之和，并扣除已作为独立使用空间销售或出租的地下室、车棚及人防工程等建筑面积后的剩余面积。

房屋公摊面积是指每套（单元）商品房依法应当分摊的公用建筑面积。

房屋公摊面积包括：
（1）大堂、公共门厅、走廊、过道、公用厕所、电（楼）梯前厅、楼梯间、电梯井、电梯机房、垃圾道、管道井、消防控制室、水泵房、水箱间、冷冻机房、消防通道、变（配）电室、煤气调压室、卫星电视接收机房、空调机房、热水锅炉房、电梯工休息室、值班警卫室、物业管理用房等以及其他功能上为该建筑服务的专用设备用房。

（2）套与公用建筑空间之间的分隔墙及外墙（包括山墙）墙体面积水平投影面积的一半。

各套（房屋）分摊的公用建筑面积＝公用建筑面积分摊系数×套内建筑面积

公用建筑面积分摊系数＝整栋建筑物的公用建筑面积/整栋建筑物的各套内建筑面积之和。

其中，整栋建筑物的公用建筑面积＝整栋建筑物的建筑面积－整栋建筑各套（单元）套内建筑面积之和－整栋楼不应分摊的建筑面积。

1.37 什么是房屋的开间和进深？

住宅的开间就是住宅的宽度。

房屋的进深或长度，在建筑学中是指一间独立的房屋或一幢居住建筑内从前墙的定位轴线到后墙的定位轴线之间的实际长度。进深直接反映出住宅的通风采光效果。

住宅的进深,在建筑学上是指一间独立的房室或一幢居住建筑从前墙皮到后墙皮之间的实际长度。为了保证建成的住宅具有良好的自然采光和通风条件,住宅的进深在设计上有一定的要求。目前我国大量城镇住宅房间的进深一般都限定在 5m 左右,不能任意扩大。在住宅的高度(层高)和宽度(开间)确定的前提下,设计的住宅进深过大,就使住房呈狭长形,距离门窗较远的室内空间自然光线不足。进深大的住宅可以有效地节约用地。

1.38 什么是房屋层高和净高?

房屋的高度可以用"米"或"层"来计算,每一层的高度称为层高。具体地说,层高是指下层地板面或楼板上表面(或下表面)到相邻上层楼板上表面(或下表面)之间的竖向尺寸。

住宅的净高是指下层地板面或楼板上表面到上层楼板下表面之间的距离。净高和层高的关系可以用公式来表示:净高=层高－楼板厚度

即层高和楼板厚度的差叫"净高"。

一般认为,房屋层高越高,室内高低处温度的温差越大,空气对流越好,人体感觉越舒适,但房屋的保温性、节能性相对较差。那么,国家规定的房屋层高是多少呢?国家住宅与居住环境工程中心主编的《健康住宅建设技术要点》指出,居室净高不应低于 2.5m;建设部主编的《住宅建筑模数协调标准》中,规定了层高优先尺寸系列宜为 2.0～3.0m。1999 年修订的《住宅设计规范》规定:普通住宅层高不宜高于 2.80m。卧室、起居室(厅)的室内净高不应低于 2.40m,局部净高不应低于 2.10m,且其面积不应大于室内使用面积的 1/3。利用坡屋顶内空间作卧室、起居室(厅)时,其 1/2 面积的室内净高不应低于 2.10m。厨房、卫生间的室内净高不应低于 2.20m。之所以把住宅层高控制在 2.80m 以下,其目的不仅是控制投资的问题,更重要的是为住宅节地、节能、节材、节约资源。

购房者应当注意,当层高降低到不符合有关标准时,购房者

可以考虑退房并要求赔偿损失。

1.39 什么是建筑容积率和建筑密度？

建筑容积率是指项目规划建设用地范围内全部建筑面积与规划建设用地面积之比。附属建筑物也应计算在内，但应注明不计算面积的附属建筑物除外。

容积率的比值越小，就意味着小区容纳的建筑总量越小，居住生活质量越高。

建筑密度是指小区内建筑用地面积占总用地面积的百分比。建筑密度越低，小区绿地面积和活动场地越大。

1.40 什么是印花税？

印花税是对经济活动中书立、领受的凭证征收的一种税收。它是一种兼有行为性质的凭证税，具有征收面广、税负轻，由纳税人自行购买并粘贴印花税票完成纳税义务等特点。应纳印花税的凭证在《中华人民共和国印花税暂行条例》中列举了13类。房屋因买卖、继承、赠与、交换、分割等发生产权转移时所书立的产权转移书据便是其中之一。印花税由应纳税凭证的书立人或领受人缴纳，具体地说，产权转移书据由立据人缴纳，如果立据人未缴或少缴印花税的，书据的持有人应负责补缴。

1.41 什么是契税？

契税是在土地、房屋不动产所有权发生转移时，按当事人双方订立契约等对产权随人征收的一种税。契税的征税对象是发生产权转移变动的土地、房屋。在中国境内转移土地房屋权属承受的单位和个人为契税的纳税人。契税的征税范围为：

(1) 国有土地使用权出让；

(2) 土地使用权转让，包括出售、赠与、交换；

(3) 房屋买卖；

(4) 房屋赠与。

第 2 章

前期准备

"安得广厦千万间,大庇天下寒士俱欢颜",自古以来,拥有一个舒心的栖身之所是广大老百姓梦寐以求的事情。到了现代社会,随着我国人民生活水平的不断提高以及房地产交易市场的不断完善和发展,广大老百姓对于住房的要求也越来越高。安居才能乐业,加上购房又是很多家庭最大的一笔开支,因此对于广大老百姓来讲,购房无疑是人生的一件大事,必须做好充分的前期准备。通过本章,购房者可以了解到购房前期准备的一些知识、法律法规和窍门,有利于为购房做好充分的准备。

2.1 购房一般应该遵循什么样的流程?

购房可以说是一个系统的工程,在此之前,必须对整个流程有大致的了解,以便从时间、资金等各个方面进行周密的安排部署。一般来讲,购房可以分为以下几个步骤:

(1) 前期准备。在这个阶段,必须明确购房的目的;明确在哪里购房,购多大的房;确定购房的资金准备情况等。

(2) 挑选房源。在第一步的基础上,通过查阅报纸、参加房展会等,进一步确定购房的区域、所选区域有哪些楼盘,以及房屋的类型等。如有空闲,更应该选择几个中意的楼盘,实地考察一番，看看周边环境，考察考察开发商的实力等。

（3）谈判签约。选定了购房目标后，就进入了和开发商进行实质性接触的谈判阶段。这一阶段通常包括三个过程：谈判内容；签认购书；签订合同。谈判内容主要包括房屋的价格、付款方式、装修交工标准、配套设施、入住时间、物业管理费用等；接着签订《房屋认购书》并交纳定金，这是现在售楼过程中的习惯性做法；最后才是签订正式购房合同。

（4）选择付款方式。购房者可以根据自己的情况，合理选择一次性付款、分期付款、商业贷款、公积金贷款等各种付款方式。

（5）办理保险与公证。申请住房贷款时，银行会要求购房者办理房产保险。对于购房者来说，还不要忘记办理公证手续。

（6）交房验收。通过验收房屋，看看房屋是否有什么瑕疵。

（7）签订物业管理条约。由于入住之后打交道最多的就是物业，因此不要忘记与物业管理公司签订《物业管理条约》，详细了解应该享受的物业服务内容，搞清物业管理公共性服务项目有哪几个方面。

（8）交房入住。所有这些做完以后，就可以交房入住了。

（9）办理产权转移过户登记。购房后应该及时到房屋主管部门申请产权转移过户登记。只有在进行了合法的产权登记，并取得房屋所有权证（即房屋产权证明文件）后，购房者对房屋的所有权及其他权利才会得到法律的保护。

2.2 购房前应该做好哪些准备工作？

对于购房这样的人生大事来说，必须慎之又慎，做好充分的准备。具体来说，包括思想和资金上的准备。

（1）思想准备。在思想上，应该明确购房的动机，是盲目追随还是确有需要；除此之外，多了解一些房地产知识，对购房也会大有帮助。思想准备最终还要落实到行动上，因此购房前亲临现场察看房屋的质量、面积、结构、空间、供水供电供气、交通、通信、配套建设、周边环境、安全保卫、物业管理等情况必不可少。

（2）资金准备。结合家庭的实际收支状况，考虑能够负担什么样的房，进而考虑买什么区位的房、买多大面积的房、买什么套型和布局的房等。除此之外，还要了解购房所需要发生的各种费用，确定选择什么样的付款方式等。

2.3　购房时应该着重考虑哪些方面？

购房过程中需要考虑的问题很多，但以下五个方面是重点：

（1）价格。对于广大老百姓来讲，购房的支出几乎会穷其一生积蓄，因此商品房的价格应该是重点考虑的对象。自己有多少积蓄，自己的收入状况如何，需不需要贷款，应该买什么价位的商品房，这些问题都需要仔细地斟酌。

（2）地段。房屋的地理位置相当重要。一般来说，家里有老人，就应该尽可能选择靠医院较近、便于就近看病的地段；如果是青年人购房，则更应该考虑方便上下班；如果家里有小孩，则应该考虑附近是否有合适的学校，以方便孩子就学。

（3）质量。房屋质量的好坏直接影响到将来的生活，也是确保房屋价值的重要因素之一，因此，选购商品房的时候要严把质量关。除了查看开发商的相关证书、各种质量监督验收单、工程竣工验收报告、工程质量等级外，还要实地细看房屋外观、墙柱和地基是否下沉，墙面是否有裂缝，楼面是否渗漏，地面是否平整，墙的批荡、内外粉刷、油漆是否平整光滑等。

（4）环境。好的住宅环境对提高人们的生活质量大有裨益。住宅小区内绿树成荫、环境幽雅、生活设施齐全、有完善的休息和娱乐的场所，将有利于购房者的学习、工作和生活。

（5）开发商。购房前应对开发商进行多方面的了解。挑选信誉好的房地产开发商，可以避免很多后顾之忧。

2.4　什么是商品房的起价和均价？

"起价"是指商品房在销售时各楼层销售价格中的最低价，

多层物业，一般以一楼或顶楼的销售价为起价，高层物业，一般以最低层的销售价为起价。房产广告中常见"××××元/平方米起售"，即为起价，实质是为引起消费者的注意。开发商打出的"起价"的套型，在整个社区中只有几套这样价格的房子，而且是所有单元中无论是楼层位置还是朝向、通风、采光最差的，要么购房者不愿买，要么根本买不着；更有甚者，有的楼盘原本就没有这样价格的户型，仅仅是为了吸引客户。

"均价"不是简单的算术平均值，而是开发商根据当前的市场情况专门制定的，以收回成本并获得利润的价格。一个楼盘在推向市场时，先有"均价"，通过它来计算出每栋楼中每个单元户型的价位，它是整个楼盘销售价格控制的一个重要标准，是这个楼盘售价的平均值。根据这个平均值，在给每一户定价前，先要定出要销售的小区中每一栋楼的均价，在这里就要应用到价差系数，它是根据每栋楼在总平面中的位置不同、朝向不同、景观不同等定出来的。用拟定的均价乘以每栋楼的系数，得出这栋楼的销售平均价。而每一个单元户型的价格，则是根据各个户型的垂直位置（楼层）和水平位置（在一层楼中的位置）差异以及每个户型的朝向、采光、通风等的不同定出系数（好朝向、好位置的户型当然系数就高），再用这栋楼拟定的均价与系数相乘，得出每户每平方米的价格。

2.5 为什么看中的房子往往与均价相差甚远？

买房人一般都会发现，自己看中的房子，即使户型朝向都比较一般，往往与均价也会相差较远，因而会有受欺骗的感觉，怀疑开发商在"均价"上做了手脚。由于现在市场上楼盘太多，竞争太激烈，为了吸引购房者，一些开发商在楼盘推广时打出的均价，并不是这个项目现在推出的几栋楼的整体均价，而是其中"均价"最低的那栋楼的价格。因此，购房者在挑房时就会产生与均价相差较远的感觉。这当然也是开发商定价的一种手段。这种价格的楼，社区中至少有一栋，而且这些楼中的户型与社区中其他楼中的户型没有什么两样，只是可能没有景观，或者由于楼体的朝向而影响到户型朝向而已。因此，买房人如果以价格为首要因素，是可以考虑的。

2.6 如何做好购房预算？

购房是很多家庭最大的投资，因此购房者在决定购房前应该制订详细的购房预算，正确估算自己的实际购买能力，避免将来出现家庭财务危机。以下几方面是制订购房预算时应该考虑的主要内容：

首先，正确估量个人资产及家庭可支配收入。购房前要计算一下家庭的平均月收入，包括利息收入及各种货币补贴。在此基础上保留两部分的资金，其一是家庭的日常开支，其次是用于医疗及预防意外灾害的预备资金。通过仔细核查，计算出个人或家庭的净资产，以保证购房者能够准确把握自身的实力和购房方向。

其次，确定适宜的房价和房屋面积。在对个人资产认真估量后，对自己将要购房屋的价格、面积做一个合理的定位，选择适合自己消费水平的房子。

第三，算清购房时的各项税费。税费的缴纳在购房时占有相当的比重，因此了解税费项目种类及缴纳的方式对购房者来说很有必要。建议购房者在计算房屋总价时，最好同时计算相关的税费支出。

第四，仔细考虑物业管理及水电等费用。商品房一旦售出之后，购房者就要开始负担一切与房屋有关的开支，如物业管理费、水、电、取暖费等等。相比于其他费用所不同的是，这些费用会一直伴随房子终身，所以购房者在购买前应该了解楼盘物业管理的收费标准，做到心中有数。

第五，细估还款能力。购房者利用银行贷款购房时，要考虑银行利率的高低、银行可借贷金额、首期付款金额、分期付款的期限、每月付款额度等因素。此外还要选择适合自己的还款方式。

第六,做好装修及维修费用预算。装修费用应与首期款一起考虑,仔细计算。必需的生活设施还需要一些初装费用,如开通管道煤气、有线电视、宽带网等。另外,购置适当的家具、电器、装饰也是新居预算所必须考虑的。

2.7 购房要交哪些税费?

随着近年房地产市场调控政策的出台,各地关于购买房屋时缴纳的税费也做了相应的调整。本文以北京市购买新建普通商品房(120平方米以下)为例,简要介绍购房需缴纳的税费,以供读者参考。

(1) 购买税费

购买税费主要包括以下四项:

① 契税。契税是土地、房屋权属转移时向其承受者征收的一种税收。目前北京市购买新建普通商品房时买方需要缴纳的契税标准为房价的1.5%,一般为开发商代收或由购房者自行缴纳。

② 印花税。印花税是对经济活动中书立、领受的凭证征收的一种税收。根据《中华人民共和国印花税暂行条例》的规定,商品房买卖双方各交纳金额万分之五的印花税。

③ 交易手续费。一般是每平方米2.5元,在交易签证时交纳。

④ 权属登记费。一般是100元到200元之间,去房屋土地管理局办理买卖手续时交纳。

(2) 银行按揭费用

银行按揭费用主要包括四项:

① 保险费

保险费计算方法是:商业贷款额×1.2倍×0.001×年限×保险折扣

② 印花税

印花税一般为房价的0.05%。

③ 他项权证费

他项权证费一般在 200 元到 300 元之间。

④ 律师服务费

目前的律师服务费一般为 200~500 元,但每单笔最低额度为 100 元。

另外如果需要办理公积金贷款手续,还需要缴纳公积金贷款担保费和公积金贷款评估费。

(3) 入住费用

① 公共维修基金

公共维修基金是指住宅楼房的公共部位和共用设施、设备的维修养护基金。购房人在办理入住手续时一次性缴纳,数额为购房款的 2%。

② 预交物业管理费

目前北京市各小区在办理入住手续时一般要缴纳半年或一年的物业管理费。

③ 供暖费

如果小区属于市政供暖,则在入住后的供暖期到来之前,住户需要按照住房建筑面积缴纳供暖费,每个供暖季 30 元/平方米。如果是自采暖小区则没有此笔费用。

④ 其他费用

根据小区交房标准和物业管理公司的不同,购房者可能还需缴纳以下费用:公共防盗门费;管道天燃气初装费;有线电视初装费;直饮水初装费;电话初装费;宽带上网初装费等费用。

另外住户在进行房屋装修之前,物业公司一般要向住户或装修公司收取 2000~5000 元的装修保证金和几百元的清运费,装修完毕后,装修过程未对小区公共部分造成损坏,则物业公司返还该部分装修保证金。

2.8 购房时是选择期房好还是现房好?

许多购房者愿意买现房,毕竟看得见、摸得着,可以买个放心。相比之下,期房有许多未知数,不好把握,但也有如下一些优点：

(1) 先期订购，利于户型、位置的选择。由于订的是未竣工的房屋，销售工作刚刚展开，因此购房者有大量的选择余地来选择开发商所能提供的各种房屋。

(2) 价格能给予较大的优惠，一般为10%左右或者更多。房地产开发商对于一个房屋的开发一般需要一至两年的时间，甚至更长，为了及时收回资金，开发商往往会给期房购买者较大的折扣优惠。这对购房者往往有巨大的吸引力。

(3) 工程质量可以随时监督，提出意见。从付完定金的那一刻起，购房者就可随时去查看工程进度，并且可以看到建好以后难于看到的一些情况，比如墙体、地板、隐蔽电路的质量等。

因此，到底选择现房还是期房，购房者应该根据自己的偏好以及财力等综合考虑。需要注意的是，即使选择期房，也应该选择那些信誉度比较好的开发商。

2.9 选择购买现房时应该注意什么？

选择现房首先需要关注的是现房是否为明厅明室。起居室（客厅）、卧室、厨房、餐室、卫生间、书房等，是家人经常活动的空间，直接采光可以避免白天开灯，节约能源。另外，天然采光会使购房者心情舒畅。大起居室是人们喜欢的格局，它不仅加大了人们活动的空间，而且能增加卧室的私密性，保持家庭温馨的感觉。

家庭主妇每天有许多时间要在厨房度过，因此厨房设施的合理与否是衡量房型设计是否成功的重要因素之一。现代化的炊具要求有较大空间，这样才能将各种炊具等安装好；卫生间一般只设浴盆、坐便器、洗手池三件，在这里提醒购房者的是，男用小便斗的用水量比用坐便器节省90%，加装该设施可以节约开支。另外，毛巾架、玻璃镜等都要有妥善安放的地方，这些都要求卫生间布局合理。除此之外，通风问题也要认真考虑。选房时要看厨房、厕所等是否附设了垂直排气烟囱，以保持室内有良好的空气。房屋的隔热、保温和防雨功能，是房屋必备的硬件条件，选房时应格外注意，特别是房屋的外墙，它的材料和厚度对居室温度会有很大影响。

总的来说，现阶段很多楼盘都实行的是期房销售，很多销售的现房已经是尾房了。对购房者来讲，一定要仔细察看，注意房屋是否存在瑕疵。

2.10　选择购买期房时应该注意什么？

在确定要购买某一家开发公司的商品房后，首先要看对方有没有售房许可证，所购的房屋与销售许可证上的项目是否一致，如不一致则要查清后再决定。由于许多商品房的开发是由某一个开发公司进行，而销售则由另一家代理商负责，所以，购此类期房时要看清代理商与原开发商有无委托销售协议。有售房许可证的才可以放心购买。

购买期房时，最好随工程进度采用分期付款或公积金、按揭贷款。因为购买期房与现房相比，存在两方面风险：一是楼盘烂尾，也就是工程进行到一定程度因某种原因停建了；二是房屋竣工后，房屋设施、质量、配套与约定不一致。如一次性交齐房款，那么买方承担的风险很大，分期付款或公积金、按揭贷款，承担的资金风险就小一点。当然，购买信誉好、资金雄厚的开发商的商品房，可以一次性付款，以享受房屋升值带来的利益。

2.11　购买期房应该从哪些方面回避风险？

目前市场上出售的商品房大多为期房，由于购买期房有一定的风险性，因此要从多方面慎重考虑，尽量回避风险。

(1) 考查开发企业的信誉及资质等级。了解开发企业有无建房经历，已推出的项目有无良好的口碑。房地产开发企业的资质等级标准是国家建设部门根据其综合实力认定的，资质越高，说明实力越强，承担风险及责任的能力就越强。

(2) 审查开发企业的相关证件。要看开发企业有没有土地使用证和预售许可证,所购的房屋与预售许可证上的项目是否一致。对于代理销售的商品房,要看清代理商与原开发商有无委托销售协议。

(3) 谨防广告及宣传的诱惑和误导。购房者对期房的了解,往往是来源于开发商的介绍,如广告、楼书、模型等,这些在合同缔结过程中属于劝导或诱导的内容,将来出现与宣传不符的地方,开发商不会承担违约责任。因此,对售房广告要仔细阅读,注意广告的真实性。报纸、电视或广告牌上的售房广告如没有商品房预售许可证编号,则应警惕。

(4) 慎签购房合同。首先,对于预售面积与交房时的实际面积有误差时如何处理,应明确写入合同中;其次,对诸如交房日期、房产证的办理、设计变更、水电设施等均可在合同中详细注明并签订相应违约条款。

(5) 选择合适的付款方式。购买期房时最好随工程进度采用分期付款或公积金、按揭贷款。

此外,也不妨考查一下承建单位。因为好的施工单位注意自己的信誉,也注重建房的质量。现在工地都标有施工企业的名称等级,可供参考。购房者也可从工地条件这个侧面来衡量这个企业的管理水平,并注意是否有委托质量监督。

2.12 哪几类房屋最好不要买?

(1) 质量不好的房屋。质量是房屋的生命,也是投资商品房必须摆在首位考虑的重中之重。看房屋的质量主要从两个方面入手。一要看资料,主要查看各种建材厂家及产品的合格证书,各道施工工序质量监督验收单、工程竣工验收报告、工程质量评定等原始资料;二要现场查看房屋的外表,如墙柱和地基是否下沉、墙体是否有裂缝和松动、墙面是否有渗漏、外粉刷是否脱落等。如有质量隐患,则自住得不到安全和舒适的保障,投资也难以脱手。

(2) 广告不实的房屋。在铺天盖地的售房广告中,利用夸大诉求和虚假内容欺骗购房者的现象屡见不鲜。如一些冠名"花园"、"广场"、"山庄"的住宅名不副实；体现"交通便利"的机场、车站、商贸中心与新楼的实际距离相距太远；标明的"优惠价"只是房屋的底价，尚不包括楼层价、方位朝向价、物业管理价等。

因此，通过媒介广告购买商品房，一定不要被开发商故弄玄虚的卖点所迷惑，对不实的售房广告要避而远之。看到"优惠成本价"、"最高级"、"最佳"、"最好"、"大赠送"、"大酬宾"等词汇，或者精美漂亮的效果图，一定要多提高警惕，仔细推敲。

(3) 设计不佳的房屋。房屋是实用、艺术、投资功能等有机结合的统一整体，设计在其中起着举足轻重的作用。由于设计上欠妥，一些商品房布局不够理想、采光不足、通风不良、栋与栋之间距离太小、房中过道太多，这些都影响了房屋的实用性以及投资的功能。因此，选房时不仅要看空间的大小，而且要对楼房内外的设计细加品评，设计好坏直接影响将来的生活及物业的升值能力。

(4) 环境不良的房屋。居家消费与购房投资，不仅是买下房屋，而且是买周围环境。房屋所处环境好坏直接影响到生活的便利程度和未来的升值潜力。在居住范围内，居民的认同性、和谐性也很重要。要了解住宅区交通、购物是否便利，有无充足的休憩之地，孩子入托(入学)有无困难。区内商业、学校等配套应尽量完善，能满足居民基本生活需要。住宅区内的绿化和环保也很重要，优美的环境能提高生活的质量。

(5) 受到限制的房屋。根据国家有关法律法规的规定，下面八种房屋的买卖将受到禁止或受到一定的限制：一是违法或违章建筑；二是教堂、寺庙、庵堂等建筑；三是著名建筑物或文物古迹等需要加以保护的房屋；四是由于国家建设需要，征用或已确定为拆迁范围内的房屋；五是单位不得擅自购买城市私房；六是房屋有纠纷或产权未明确的房屋；七是出租人、共有权人的房屋出售，在同等条件下承租人、共有权人、承典人有优先购买的权利；八是国家或单位廉价购买或建造的房屋。无论出于什么目的，对以上八种房屋最好不要买，否则很容易使自己陷入纠纷中，蒙受不必要的经济损失。

2.13 购房者应该怎样收集房源资料？

购房者对自己所要购买的房屋首先要从价位和地理位置上有一个定位，然后再进行有目的的房源资料搜集。有的放矢地搜集，才不会在铺天盖地的房地产广告中迷失了方向。

在搜集房源资料上，专业的房地产网站、报纸媒体、电视媒体以及定期举行的各种房交会都是很好的选择。此外，也不要忘记从亲戚朋友那里多方打听，特别是刚刚购房的过来人，很可能会给你提供有用的房源信息。

2.14 购房时如何判断开发商的实力以及楼盘的合法性？

房地产市场上开发商数量众多，但是实力和经验参差不齐。因此，选择一个信誉度比较好的开发商，可以防止上当受骗，有效地避免在今后房屋买卖中出现纠纷。

那么如何判断开发商的实力呢？一般来讲，可以通过朋友介绍，或者是查看房展的楼书、报纸上的广告等，也可以通过上网查看开发商公司的网站，了解其资质、实力等，一般来说，比较有名的开发商都很注意自己的品牌形象，网站做得比较规范。当然，也可以在一些网站的业主论坛上，通过了解开发商以往开发的楼盘情况了解开发商的实力和信誉。如果有条件，更可以到以前开发的楼盘项目实地考察一番。通过对小区业主的走访、询问，对开发商的实力、口碑、信誉度等有一个大致的了解。

2.15 如何选择适合自己的一套房屋？

在决定好是住塔楼还是住板楼，是住 TOWNHOUSE 还是住别墅之后，接下来，就是如何挑选一套适合自己的房屋了。

首先要从小区的整体规划入手，对整个项目有个通盘考虑。

一般来讲,能占据最多小区绿化的楼盘位置最好,因为绿化不仅是赏心悦目的景观,而且对隔离噪声、粉尘,制造良好的小气候,改善湿度、温度等方面产生良好的功效。比如在北京,冷季多刮西北风,暖季多刮东南风。因此,如果您选择的楼座西北向有建筑物,东南向有大片景观最为理想,因为北京冬春干燥,多沙的气流会被减弱,而夏季则凉风习习,不会有憋闷的感觉,可以使小区域形成良好的微循环,提高居住舒适度。从这个角度来讲,一个占据上述区位的楼座,其最"黄金"的户型也应位于东南角上,既占据阳光、景观,又享有优良小气候。其次的朝向是正南,然后依次是西南、东北、正东、正西、正北、西北。

2.16 在开发商处购房时,开发商应当明示哪些事项?

(1) 开发资质和营业执照;
(2) 商品房预售许可证及经批准销售楼盘的平面图、立面图;
(3) 项目开发进度和竣工交付使用时间;
(4) 项目及其配套设施的平面示意图;
(5) 商品房的结构类型、户型、装修标准;公共和公用建筑面积的分摊方法;
(6) 预售商品房的价格和付款办法;
(7) 商品房预售的专用账户;
(8) 物业管理事项;
(9) 法律、法规规定的其他事项。

在订立商品房买卖合同之前,房地产开发企业还应当向买受人明示《商品房销售管理办法》和《商品房买卖合同示范文本》;预售商品房的,还必须明示《城市商品房预售管理办法》。

2.17 购买商品房应该查看哪"五证"?

这里说的"五证"指在房地产开发过程中,由各个行业管理部门审核并颁发的各种法律性文件,也是法律要求房地产开发商和销售商在预售房屋之前必须办齐的文件。

"五证"是指：《国有土地使用证》，证明开发商已合法取得该土地的使用权，并缴纳了土地出让金；《建设用地规划许可证》，表明被允许在该土地上进行该项目的开发建设；《建设工程规划许可证》，证明该房屋的规划已取得规划部门的许可；《建设工程开工许可证》，表明允许该项目的工程进行施工建设；《商品房销售（预售）许可证》，售房许可证有两种：一种是现房的销售许可证，一种是期房的销售许可证。现房的销售只需到房地产管理部门备案即可，销售许可证不是必须的法律文件；而期房的预售则必须取得房地产管理部门颁发的预售许可证才能进行。

"五证"里最重要的是国有土地使用证和商品房预售许可证，如果有了预售许可证，就说明开发商应该具备其他的相关证书，否则房地产管理部门不会给开发商发预售许可证。购房者在审查了名副其实的预售许可证之后，即可放心选购商品房。

售房许可证上的内容包括：①建设项目名称、坐落、结构、批准立项单位和文号。②建设项目的使用性质和规模（占地面积、建筑面积）。③拟外销的房屋建筑面积或幢、号。④工程进度和交付使用时间等情况。

在查看预售许可证时要看原件，防止开发商在复印件上做手脚。开发商必须全部缴清土地出让金，才可取得预售许可证。一定要注意查看自己要购买的房子是否在许可证的范围之内。在审核了预售许可证以后，不要忘了把预售许可证的编号写入合同。

2.18 如何读懂预售许可证？

为了避免购房后不断出现不必要的麻烦和纠纷，购房者要从以下几个方面仔细解读《商品房预售许可证》：

（1）看《商品房预售许可证》的原件。

看原件是为了避免一些不良开发商的欺骗行为。某些不良开发商通过给购房人出示复印件的手段进行欺骗，因为复印件已被其通过遮盖、挖补、粘贴等方式更改了《商品房预售许可证》原件上的重要内容。

(2) 核对自己购买的商品房的栋数、编号是否在预售许可证之内。

这一点往往为大意的购房者所忽视，例如，《预售许可证》指明的是某某苑 A、B 栋可以预售，但开发商卖的是却是某某苑的 C 栋。

(3) 查验《商品房预售许可证》记载的预售证号、预售证有效期，看预售证是否过期。

(4) 查验《商品房预售许可证》记载的预售款专用账号，日后交款一定要交到该账号。

(5) 查验《商品房预售许可证》记载的预售房屋占有的抵押情况、备注事项中房屋的抵押情况。值得注意的是，购房者不应当把预售证作为判断是否有抵押的惟一标准，因为开发商有可能办完预售证后再抵押，所以关于抵押要在签订《商品房买卖合同》前去房地产交易中心进行查询。

2.19 如何选择最佳的购房时机？

对于购房这样一件人生大事来讲，如果选择好时机，就可以占尽天时，为购房者有效地节约开支。一般来说，选择购房时机可以参照"五率"指标，即经济增长率、按揭贷款利率、通货膨胀率、房屋销售率和房屋空置率。

从宏观的角度来讲，当经济增长率保持在较高的水平，而银行的按揭贷款利率和通货膨胀率又处于相对较低水平的时候，最适宜购房；政府刺激房产市场的重大利好政策出台之初往往也是购房的黄金时机。

从微观的角度来讲，如果房屋的空置率较高，说明房屋的供给量增加较快，房价在一段时间内将处于调整或下跌状态，这时候购房就应该特别谨慎，如果不是急于购房，最好等房价调整趋于稳定之后再说。此外，就楼盘个案而言，一般在开盘之初或者销售接近尾声的时候购房是比较划算的。

2.20 选择在冬季购房有哪些好处?

虽然寒冷的冬季,许多人不愿外出活动,但对购房者来讲,冬季可是购房的黄金时节。相比于其他季节,冬季有以下独特的优势:

(1) 冬季大部分房子基本已经封顶,是现房。购房者能最直接、客观地看到材质、原料、施工质量等房子的原始面貌,能够一览无余地了解楼面是否裂缝,墙壁是否起皮,棚顶是否漏水等,不像在样板间只能看到华丽的表面。

对于很多购买二手房的消费者来讲,由于二手房的社区配套已经相对成熟,所以对房屋本身室内状况的关注要远远高于其他方面。而在冬季购房,可以更全面地了解房屋的室内状况,如暖气、煤气、水电、门窗的密封情况等。

(2) 在冬季能最直观地考察住宅的采光、通风、保温、采暖问题及工程质量等影响居住的重要因素。

北方人在购房时主要关心室内的采暖、封闭性、室内采光等。在冬季购房,只要走进屋内伸手摸摸暖气片,感受一下室内的温度,就能了解房屋的供热情况。冬季太阳斜照,选一个晴朗的早晨,看看所选房屋什么时候能照进阳光,就可以清楚房屋的采光情况。

通风状况虽然在其他季节也能看得出,却不如冬季这么明显。因为冬季的房子一般都关窗,如果此时通风效果能达到预期,那么其他季节也就不用操心了。

(3) 冬季购房优惠多。在冬季,开发商面临着建筑安装公司催款、银行贷款和年末销售业绩的压力,一般会短线调整楼盘价格。此外,冬季购房人少,开发商为提高人气也会把价位调低。因此这个期间看房购房,房好买,价好谈,往往还能碰上开发商的促销活动。

2.21 什么情况下,开发商不得刊登售楼广告?

凡下列情况之一的房地产项目,房地产开发企业不得刊登广告，广告发布者不得发布其广告：

(1) 未取得商品房预售许可证的预售商品房；

(2) 在未依法取得国有土地使用权的土地上开发建设的房屋；

(3) 违章建设的房屋；

(4) 司法机关和行政机关依法裁定、决定查封或者以其他形式限制房地产权利的房屋；

(5) 权属有争议的房屋；

(6) 法律、法规规定禁止出售的其他房屋。

2.22 房地产销售广告应当包括哪些内容？

房地产开发企业的房地产销售广告应当包括下列内容：

(1) 楼宇地点、竣工交付时间、售价等；

(2) 预售的，应有《房地产开发企业资质证书》证号、《房地产预售许可证》证号；

(3) 现售的，应有《房地产开发企业资质证书》证号、《房地产证》证号。

广告经营与发布单位不得为房地产开发企业发布不具备前款规定内容的房地产销售广告。

2.23 在房地产广告中，不得包含哪些内容？

房地产广告不得含有风水、占卜等封建迷信内容，对项目情况进行的说明，不得有悖社会良好风尚；预售商品房广告中不得出现融资或变相融资的内容，不得含有升值或者投资回报的承诺；不得出现返本销售或变相返本销售的内容；不得出现售后包租或变相售后包租的内容。

2.24 什么是楼书，包括哪些内容？

楼书是房地产开发商或销售代理商宣传楼盘、吸引购房者的重要资料，是房地产广告的一种重要形式，它较大众媒体上的房地产广告和销售宣传资料更为翔实和丰富。

一般来说，楼书主要包含以下一些重要信息：

（1）楼盘概况。包括占地面积、建筑面积、公共建筑面积、商业建筑面积、建筑覆盖率、容积率、绿化率、物业座数、层数、层高、车位数、物业结构、发展商、投资商、建筑商、物业管理人等。

（2）位置交通。包括楼盘所处具体位置示意图、交通路线示意图及位置、交通情况的文字详细介绍等。

（3）周边环境。包括自然环境介绍、人文环境介绍、景观介绍等。

（4）生活配套设施。包括对周边学校、幼儿园、医院、菜市场、商场、超市、餐饮服务业、娱乐业、邮政电信等配套建设的介绍等。

（5）规划设计。包括对楼盘规划人、规划理念、规划特点、楼盘建筑设计者、设计理念、建筑特色、环艺绿化风格特色等的介绍。

（6）户型介绍。户型与生活是否方便、舒适有着极大的关系，是影响消费者购买决定的重要因素之一，因此，楼书中对户型的介绍往往不惜余力，以灵活多样的方式将户型特色、户型优点"悉数"展示。

（7）会所介绍。作为全新生活方式下的产物，以及能提升楼盘整体品位的重要组成部分，会所在近年的房产市场中受到越来越高的重视，会所功能、会所设计概念、会所服务细则也因此在楼书中有所介绍。

（8）物业管理介绍。物业管理即楼盘的售后服务，随着市场的发展，人们对物业管理日益重视，对物业管理的要求也越来越高。物业管理人背景、物业管理内容、物业管理特色也作为吸引购房者的重要内容在楼书中详细介绍。

随着电脑制图技术和彩印技术的飞速发展，如今的楼书制作得相当精美，尤其是对于预售商品房来说，电脑制图技术可以说是发挥到了极致。然而，楼书越精美，距离楼盘的实际状况也就越远。购房者一定要冷静分析其中所包含的大量的楼盘信息，客观评价，审慎抉择。

2.25 购房者看房地产销售(预售)广告应该关注哪些内容？

由于房地产广告在房地产销售中起着相当重要的作用，因此，从消费心理学的角度上讲，开发商或者销售代理商往往就会在房地产广告上大下工夫，提高广告的制作水平，尽一切可能打动购房者。面对各种精美的房地产广告，购房者应该不为其所惑，避免广告陷阱，通过广告信息理性地作出选择。

一般来讲，房地产销售(预售)广告主要含有以下几部分内容：

(1) 物业的名称、位置、售价。根据《房地产广告发布暂行规定》的相关规定，广告中物业售价应标注实际的销售价格，物业位置的示意图必须比例恰当。而在实际的操作中，由于种种原因，房地产广告中所标注的价格，一般情况都是起价或者均价，即项目销售的最低价或平均价，而客户实际购房价格则要根据楼层、朝向、户型结构以及工期进度而定。对于销售不畅的项目，销售广告中的价格也有可能是虚定的原价，实际成交价也可能远远低于标注价格。对于物业位置的标注，也往往只是纯粹的示意，并不是准确的距离位置，更多的情况下，开发商或销售代理商往往是刻意将自己物业与市中心其他显赫物业的距离拉近。因此，购房者在看房地产预售(销售)广告时，不能轻信广告中标注的价格，也不能仅从广告中的位置图中去"找感觉"，而需关注物业的实际销售价格和在标准地图中的实际位置。

(2) 物业的外观或户型图。大多数房地产广告中都附有项目的整体外观图。根据《房地产广告发布暂行规定》的相关规定，房地产预售广告中使用效果图的应当在广告中注明。而实际的情况是，期房预售广告中所使用的电脑绘制的效果图往往并无"效果图"字样的标注，而只有在现房销售广告中，开发商或销售代理商才不忘在图片的一角注明是"实景照片"。购房者在看期房预售广告时，一定要意识到现在的电脑制图技术已到了空前的水平，切记不要将广告中的电脑效果图当作是未来真实景观的写照。

(3) 物业配置设施情况及周边的环境描述。房地产预售广告中，往往以文字的形式描述物业配置设施和周边环境的情况，以展示物业的档次及区位优势。根据《房地产广告发布暂行规定》第十一条的规定，规划建设中的配套设施须在广告中予以注明。而实际操作中的情况是，广告中对尚未建成的配套设施很少做出"规划建设中"的标注，并且在广告中的这一部分，常常出现不实之处，如对卫浴设施、装饰装修材料、电梯等，开发商或销售代理商在广告中往往都冠以"高级"、"进口"之类的定语，而不写明具体是哪个品牌、何种规格；而对于周边环境的描述则更可能是言过其实，诸如"距……多少公里"、小区周边汇聚了什么学校、公园、豪华购物商场之类的描述不绝于耳，而事实却往往根本不是那么回事。因此，建议购房者在做购房决策之前，查看一下政府主管部门批准的规划图，以确认物业的规划设计。另外，购房者还最好在购房合同的条款中注明物业配置设施的品牌、型号、规格等，而对于周边环境，最好也要实地考察一番。

(4) 开发商、代理商、施工单位或物业管理公司的名称。凡是正规开发的房地产项目，一般来讲，房地产广告中都会打上开发商的名称。有的开发商为了证明自己实力雄厚，吸引购房者，往往还会在广告中列出项目的知名设计单位、施工单位以及前期物业管理公司的名称等。购房者可以留意这些开发商的名称，通过各种渠道了解是否名副其实。

(5) 物业销售的资质证号。按照近几年的相关规定，开发商或者销售代理商要刊登房地产广告，必须提供完整的项目立项、销售手续等文件，并且在广告中标出销售资格证号。

需要注意的是，难免有个别开发商采取伪造等手段，冒用其他项目证号，甚至将编造的证号在广告中打出来，以此欺骗客户。鉴于此，建议购房者在了解项目期间，对项目的所有手续到工商、建设、房管等有关部门进行查证核实。

还需注意的是，对于尚未取得预售许可证的预售项目，《房地产广告发布暂行规定》第四条第四项明令禁止其发布房地产广告，但现实中也有房地产广告没有注明预售许可证号，却标明自己的项目可以"保证产权"。这种情况尤需提醒广大购房者注意，开发商的这种广告行为并不合法，且授予产权是一种政府行为，开发商所能做的只是操作自己的项目，只要手续正规、健全，开发过程规范，房管部门自然会在一定的期限内，经过规定的程序授予其产权，而如果开发程序不规范，立项手续也不完备，这种保证对广大购房者来说只能是一张"空头支票"。

（6）销售电话等咨询垂询方式。房地产广告中，售房电话是最不能少的。建议购房者在看到房地产广告之后，最好是将广告的整个内容都吃透、分析透了，再拿起电话进行询问。

（7）银行按揭贷款。如今，越来越多的商品房项目可为购房者提供按揭购房业务。如果有这项业务，开发商一般都会在广告中打出来，借此吸引更大范围的购房者前来购买。而根据《房地产广告发布暂行规定》第十七条——"房地产广告中涉及贷款服务的，应当载明提供贷款的银行名称及贷款额度、年期"的规定，商品房预售（销售）涉及银行按揭贷款的，在广告中必须注明贷款银行的名称及贷款额度、年期等。另外，购房者需要掌握一定的抵押贷款知识，并根据广告中列出的贷款条件，初步核算贷款细账。

（8）物业管理方面。《房地产广告发布暂行规定》第十九条规定："房地产广告中涉及物业管理内容的，应当符合国家有关规定；涉及尚未实现的物业管理内容，应当在广告中注明。"为防止物业管理方面的承诺不实，建议购房者将广告中物业管理方面承诺的内容，像装修、配套等问题一样，尽量落实到购房合同中去，以便在日后维权行动中处于有利地位。

2.26 房地产广告中关于项目周边环境配套的具体介绍构成要约吗？

所谓"要约"，根据《中华人民共和国合同法》第十四条规定,是指希望和他人订立合同的意思表示,该意思表示应当符合下列规定:(1)内容具体确定;(2)表明经受要约人承诺,要约人即受该意思表示约束。也就是说,合同一方当事人的意思表示一旦构成要约,则该意思表示即成为合同内容,作出该意思表示的当事人必须受所作意思表示的约束,否则将承担违约责任。

在现实的商品房交易活动中,开发商项目宣传资料的内容往往并不局限于项目本身,常常还将项目周边的交通、商业、休闲、健身娱乐等市政配套设施吹嘘介绍一番,以彰显项目优越的区位和便利的环境配套。而且,对这些环境配套的介绍说明也往往不只是三言两语,而是具体明确的说明,并且充满诱惑力。如我们常常可以在开发商项目宣传资料上看到的"项目毗邻 24 米宽海滨休闲购物街"、"100 米宽海滨景观大道"等等。这种说明,往往对购房者的购房选择起到非常大的作用,对商品房买卖合同的订立也产生重大影响。然而,开发商的这些具体明确的说明构成要约而对其产生约束力吗?倘若项目建成后全然没有了介绍中那样的"24 米宽海滨休闲购物街"、"100 米宽海滨景观大道"等等,或是变成了几米宽的普通小区道路,而没有了休闲购物街、景观大道之类,对此开发商需要对购房者承担违约赔偿责任吗?

出现这种"货不对版"的情况,对于购房者来说可能是很大的损失。购房者好不容易置业于此,入住的房屋却和购买时的憧憬大相径庭。而更为冤屈的是,开发商此时往往还不一定承担违约赔偿责任。根据 2003 年最高人民法院《关于审理商品房买卖合同纠纷案件适用法律若干问题的解释》(以下简称《解释》)第三条规定,开发商宣传资料内容构成要约的必要条件之一为"广告的内容是出卖人对商品房开发范围内的房屋及相关设施所作的说明和允诺",也就是说,构成要约的广告内容范围为"商品房开发范围内",即开发项目规划红线以内的房屋及相关设施的具体说明。而对于项目规划红线以外的范围,属于政府规划的范围,政府规划变更导致开发商项目周边环境配套改变,开发商对此并没有过错,这种变更属于不可归责于双方当事人的政府行为,可能被法院视为一种正常的"投资风险",而这种风险给购房者带来的损失,也只能由购房者自己来承担。当然,开发商在此情况下免责的前提是其发布的广告内容严格依据发布时的市政规划,不违背广告的真实性原则。如果开发商发布的广告内容与当时政府规划不相符合,则可以认定开发商存有欺诈行为,购房者可以据此请求撤销合同,并诉求开发商承担缔约过失责任,赔偿损失。

对于购房者而言,为尽量避免此类购房风险所带来的损失,一方面在翻阅开发商的项目广告和宣传资料时,购房者需注意广告中通常使用小字标明的开发商提示及免责申明,如:"本图依据政府规划部门的规划方案绘制,本图对项目周围规划环境的介绍,旨在提供相关信息,不意味着本公司对此做出了承诺。本图所示项目周围规划环境可能会因政府规划方案的变更而发生改变"等。另一方面,建议购房者在与开发商签订合同时,尽量将政府规划变更导致合同目的难以实现时的处理方式也在合同中予以约定,明确设立开发商知悉政府规划变更时的即时通知义务和购房者的合同解除权,以便最大限度地降低购房者的购房风险。

2.27 样板房在商品房交易中具有怎样的效力?

样板房是房地产开发商、销售代理商等宣传商品房、吸引购房人的重要方式,是商品房销售广告和宣传资料的一种形式。因为样板房较户型图、效果图等其他预售广告及宣传资料更实在、更立体、更直观,加上卖房者对其精心的装修打扮,再配上灯光效果,成为吸引购房者的重磅炸弹。购房者也往往是因为样板房而心动,才下定决心购买。鉴于此,法律也对商品房销售广告及样板房的相关问题作出了明确规定,以保护广大消费者。

《商品房销售管理办法》第三十一条规定:"房地产开发企业销售商品房时设置样板房的,应当说明实际交付的商品房质量、设备及装修与样板房是否一致,未作说明的,实际交付的商品房应当与样板房一致。"2003 年最高人民法院《关于审理商品房买卖合同纠纷案件适用法律若干问题的解释》第三条中指出:"商品房的销售广告和宣传资料为要约邀请,但是出卖人就商品房开发规划范围内的房屋及相关设施所作的说明和允诺具体确定,并对商品房买卖合同的订立以及房屋价格的确定有重大影响的,应当视为要约。该说明和允诺即使未载入商品房买卖合同,亦应当视为合同内容,当事人违反的,应当承担违约责任。"也就是说,在开发商未明确说明样板房与将要交付的商品房不一致的情况下,法律将样板房的质量、设备及装修规格等自动视为合同内容,与视为要约的销售广告及宣传资料一样,具有约束双方行为的法律效力,如果当事人违反,应当承担违约责任。

因此建议广大购房者在签订购房合同时,最好对样板房与所要交付商品房的质量、设备及装修等标准作出明确约定,以避免日后产生复杂的纠纷。

2.28 开发商"零首付"的促销承诺可信吗?

目前,有些开发商为了吸引购房者,采取"零首付"、"首付5%"、"首付10%"等广告承诺促销商品房,以购房者先期不交纳首付款或仅交纳 5%、10%首付款,而由开发商虚开该部分发票向银行申请个人住房贷款的条件吸引购房者。摸摸自己不鼓的腰包,对这些"雪中送炭"似的承诺,购房心切的购房者们该如何面对? 这些承诺可信吗?

2001 年,为整顿住房金融市场秩序,防范住房贷款风险,中国人民银行下发了《关于规范住房金融业务的通知》,明确指出"强化个人住房贷款管理,严禁发放'零首付'个人住房贷款"。《通知》第二项规定:"贷款额与抵押物实际价值的比例(抵借比)最高不得超过 80%,严禁对借款人发放'零首付'个人住房贷款。"也就是说,购房人申请银行贷款,应首付房款的 20%以上。1998 年《中国人民银行个人住房贷款管理办法》第五条规定,借款人贷款必须具备的条件之一为"无住房补贴的以不低于所购住房全部价款的30%作为购房的首期付款；有住房补贴的以个人承担部分的30%作为购房的首期付款"。1999年中国建设银行出台的具体规定要求贷款额度最高为拟购买住房费用总额的70%。2003年，被称为"房贷新政"的央行121号文件《关于进一步加强房地产信贷业务管理的通知》发布，该文件规定，商业银行对借款人申请个人住房贷款购买第一套自住住房的，首付款比例仍执行20%的规定(2006年新国六条的规定90m^{2}以上首付比例上升为30%)。依据这些规定，个人住房贷款的首付款比例至少应为20%，而"零首付"、"首付5%"、"首付10%"等操作方式都是违法的，由此而产生的购房活动也无法得到法律的保护。若开发商践行"零首付"并虚开发票向银行申请贷款，购房者与开发商的交易行为则有可能被法院认定为"恶意串通"损害第三人利益，购房者将为此面临巨大的风险。

因此，开发商"零首付"的促销承诺是万万不可信的，购房者应严格依照法律法规的规定进行购房，这样才能够得到国家法律的保护。

2.29 开发商"返本销售"的承诺可信吗？

返本销售，是指房地产开发企业以定期向买受人返还购房款的方式销售商品房的行为，多为开发商在前期销售中提高单价，但承诺若干年后分期返还一定房款，以便开发商尽快筹措开发资金，是一种变相的集资行为。返本销售对于购房者来说无异于"天上掉馅饼"：既可以获得一套房屋，又可以在若干年后收回自己的购房款。然而，这一切往往都只是购房者的一厢情愿。以返本销售急于回笼资金的这些开发商，一旦销售不畅，资金链断裂，则很可能使购房者面临房屋、房款两手空的危难境地，购房者将承担巨大的风险。为此，2001年建设部《商品房销售管理办法》第十一条第一款明文规定："房地产开发企业不得采取返本销售或者变相返本销售的方式销售商品房。"据此，开发商返本销售是一种违法行为，购房者切不可轻信这种看似对自己百利无害的承诺。

2.30 开发商对商品房"售后包租"的承诺可信吗？

在购房过程中，有时可能会遇到一些开发商所谓"售后包租"的促销活动。这些开发商在销售期房时，常常给购房者描述这样一个美好的前景：房屋交付后，开发商代为出租，每月租金可达几千元，足以抵消每月应偿还的银行贷款，出租若干年后即可收回成本，余下的租金即为购房者的收益。一些购房者往往被这种宣传所鼓舞，购买这种"售后包租"的商品房。

所谓"售后包租"，就是指房地产开发经营企业或房屋产权人在其投资建造的商品房或存量房出售时与买受人约定，在出售后的一定期限内由出售人以代理出租的方式进行包租，以包租期间的的租金冲抵部分购房价款或偿付一定租金回报的行为。从法律上讲，这是一种契约行为，属于无名合同。这种合同，在包租阶段，出售人与买受人（购房者）之间是委托合同关系，即出售人（亦即受托人）有义务为买受人（亦即委托人）寻找承租人并代理（或代办）签订租赁合同，以收取租金。而出售人与买受人之间的具体权利义务则需当事人自行约定。

需要指出，从民法的"意思自治"原则上讲，开发商与购房者达成"售后包租"的协议无可厚非。但在实践中，往往出于各种不确定因素，尤其是在期房销售中，尚存在交付时间、房屋质量、配套设施等尚难明了，房屋交付后房屋出租市场的状况也难以预料，已购房屋是否能够按照开发商销售时的承诺出租出去，以及是否能够达到开发商当初所承诺的租金水平，都成为日后购房者与开发商争议的焦点。而在目前的法制环境下，尚没有相关的法律和强有力的监管手段来促使开发商兑现购房者的租金收益，最终受到伤害的，往往都是购房者们。为此，2001年建设部《商品房销售管理办法》第十一条第二款规定："房地产开发企业不得采取售后包租或者变相售后包租的方式销售未竣工商品房。"明令禁止了期房的"售后包租"行为。

值得注意的是，法律在以强制性规定禁止期房"售后包租"行为以保护购房者的同时，又基于民法"意思自治"原则，鉴于现房房屋状况已基本落实、租赁市场已基本明了的情况，并未禁止以"售后包租"的形式销售现房。但需要提醒广大购房者的是，房屋租赁成败及租金收益水平是由市场决定的，要受到市场需求量、供给量、房屋地段等诸多因素的影响，不是开发商及购房者主观愿望所能左右的，因此，购房者在购买以"售后包租"形式出售的现房时，也不宜轻信开发商关于"包租"及租金水平等的承诺。购房者要充分认识到"以租养贷"的风险，审慎选择"售后包租"的现房。

2.31 购房时如何看小区的物业管理？

物业管理是房屋的"软件"，其地位正逐步提升。好的物业管理才能使得房屋保值、增值，业主的生活才能真正的称心如意。衡量物业管理公司主要看以下几个方面：

（1）物业管理公司

① 管理规模越大越好

目前，购房者在做出购房选择时，非常关心物业公司的规模。公司管理的住宅品种较多，包括各类档次的商品房、动迁房、别墅等，才能让人更放心。管理的面积越大，管理的体制越完善，专业的分工越细，才能形成规模性经营，降低成本。

② 管理资历越老越好

中国的物业管理公司起步较晚，处于发展阶段，而一些著名的外资物业管理公司具备较丰富的管理经验，较能贴近业主的想法和需求。

③ 管理公司知名度

好管家才有好管理，物业管理公司的知名度是服务质量的一种保证。

（2）物业管理内容

① 安全方面

主要看是否有 24 小时巡逻、楼宇实时监控等。

② 生活便利方面

主要看清洁工作是否到位，是否能够提供一些订餐、代雇保姆之类的服务等，好的物业应尽量提供最周到的服务，让业主觉得省心、简单。

③ 费用方面

费用不是越低越好，要学会看"性价比"。例如，物业管理内容周到，但却是中档价格，就很合算。把多家服务内容逐一对比，就容易看出优势。当然，知名物业公司的费用一般要高一些，但因其服务到位，故贵得有理，也值得考虑。

2.32　购房时如何看小区的规划？

住宅设计包括小区用地规划、建筑空间布局和房屋单体设计及市政基础、管线布置等内容。住宅设计应当处处以人为本，关心人、爱护人、方便人，做到安全、实用、舒适、美观。

(1) 区内规划合理

对封闭式居住区来说，区内住宅用地、道路用地、公共绿地、公共服务设施用地等应合理分配，综合考虑路网结构、住宅与公建布局及绿地与空间环境的内在联系，使小区构成一个相对完善、相对独立的有机整体，具体要求如下：

① 方便小区居民生活，有利于组织管理；

② 建立与居住人口规模相对应的公共活动中心，方便经营使用和社会化服务；

③ 合理组织人流、车流，有利于安全防卫；

④ 构思新颖，体现与环境的协调性、统一性。

(2) 空间与环境设计

居住区空间与环境设计应当符合以下要求：

① 建筑应体现个性，群体建筑与空间层次应协调统一，富有变化；

② 公共服务设施设置合理，避免烟、气(味)、尘以及噪声

对居民的污染和干扰；

③ 区内设置一定的建筑小品，丰富和美化环境；

④ 注重景观和空间的环境设计，应处理好建筑、道路、广场、院落、绿地和建筑小品之间及其与人的活动之间的相互关系；

⑤ 建筑间距符合要求。建筑间距是指两幢建筑的外墙面之间的最小垂直距离。住宅建筑间距以满足日照要求为基础，综合考虑采光、通风、消防、防震、卫生、环保、工程管线埋设、避免视线干扰等方面的要求确定。

2.33 购房时需要考虑哪些气象因素？

房屋的舒适度和气象密切相关，因此考虑购房时，当地的气候因素不可忽略。

(1) 采光和日照

"日照"是选房时比较需要重视的一个气象因素，但是绝大多数购房人把"采光"和"日照"混为一谈，购房的时候考虑比较多的往往是"采光"。但事实上，采光和日照是两个不同的概念。采光是指一个居室只要对外开窗就可以获得的自然光。但是，这并不是说有了采光就一定能获得日照，采光以及人工照明是不能够代替日照的。

住宅日照间距主要满足后排房屋(北向)不受前排房屋(南向)的遮挡，并保证后排房屋底层南面房间有一定的日照时间。日照时间的长短，是由房屋和太阳相对位置的变化关系决定的，这一相对位置以太阳高度角和方位角表示。它和建筑所在的地理纬度、建筑方位以及季节、时间有关。通常以建筑物正南向，当地冬至日(大寒日)正午十二时的太阳高度角作为依据。根据日照计算，我国大部分城市的日照间距约为 1~1.7 倍前排房屋高度。一般越往南的地区日照间距越小，往北则越大。

购房时应该选择每栋楼都不是太长的住宅小区，如果楼房的长度过长，后排低层的日照时间就会受到前排楼房的遮挡。

而实际上,现在住房往往是随着街道的走向依街而建,不同走向的街道获得的日照时间也不尽相同。在纬度较低的地区,正南正北朝向的楼群冬季得到的日照数量多,在纬度较高的地区,比如纬度在 35°以北的地区偏东南、偏西南平等布置的居住建筑,比正南向、正北向布局的居住建筑更有利于日照。在北京一般人都认为正南正北的房子最好,可是实际上并不能完全这样说,从日照时数来看,因为纬度不同,太阳的高度角也就不一样,所获得的日照数也不同。比如在北京这样的地理位置,对于间距系数为 1.7 的建筑布局来说,在冬至日,后排低层最多只能享受到大约 1 小时的日光照射。但是偏东南或偏西南 45°以内的建筑布局却可以享受到 4 个小时的日光照射。

一般来说,居室建筑的最佳朝向应该是偏西南或偏东南 15°~30°以内,比较适宜的朝向应该是偏东南或偏西南 45°以内。

在这方面我国有明确的规定。1994 年 2 月 1 日起执行的国家技术监督局和中华人民共和国建设部联合发布的强制性国家标准《城市居住区规划设计规范》中,规定住宅建筑日照标准:冬至日住宅底层日照不少于一小时或大寒日住宅底层日照不少于两小时。

购房者可千万要避免住进新房后才发现日照不足,自己应有的阳光权被剥夺了。虽然根据国家规定,如果是旧房被新建的房子遮挡住了阳光,旧房的住户可以向新建宅的业主要求补偿;相关部门在建筑规范中也规定,冬至日采光少于一小时的,当事人可以获得赔偿。但是,诉诸法律毕竟要耗费大量时间和精力,而且法院审理采光权案件时,一般会委托有关部门对影响程度进行鉴定,只有情况比较严重的才会支持赔偿。购房者为何不在当初就注意到日照的问题呢?

(2) 风

我国属于典型的季风气候,冬季盛行西北风,夏季盛行东南风。冬季北方气候寒冷干燥,浮尘多,购房时应当尽量避免窗户朝着迎风面。夏季南方潮湿、多雨、闷热,窗户的朝向正好与北方相反，应该选择迎着风面的窗户。

房子的窗户应当尽量躲开当地冷空气的来向，比如在北方，到冬季西北风很强劲，窗户的位置就要尽量躲开西北方向。在南方，窗户应尽量朝东南方向，这样可以使房间保持良好的通风，**避免夏天特别闷热**。

炎热的夏季，住宅内特别需要自然通风以降低室内温度。尤其是在湿热的南方地区，良好的自然通风，可以使空气干燥，从而降低居室的相对湿度，加快室内的换气，有助于保持居室内良好的空气环境。在南方最好选择有穿堂风效果的居室。北方和南方就完全不同，南方要通风，北方则要避风，北方的房子应该坐北朝南，而南方的房子则应该坐南朝北。

在北方居室建筑的长轴方向应该平行于冬季主导风——西北风，这样就可以阻挡西北风的直接侵袭，而且要尽量选择双层玻璃的窗户，这样有助于居室的保暖。而在南方地区，夏季气候炎热、潮湿，居室建筑的长轴方向应该垂直于夏季主导风——东南风。

在购房时，只要向当地的气象部门咨询一下，就不难知道本地的最多风向，这样在购房时就可以做到心中有数。

(3) 湿度

居室的湿度也是一个不可忽视的因素。潮湿程度不仅和当地气候有关，还与地势和地貌有关，地势比较低洼，土壤比较疏松的地方，地下容易积水。南方空气湿润，地面湿度较大，再加上雨季时间长，潮湿是在南方购房时首先应该解决的问题，尤其是对于买底层房屋的购房者。因此如果在南方购房，建议购房者最好在夏季、春季等雨季到来的时候，先到购房的地点考察一下，看看当地的湿度情况，否则，等到湿度比较大的雨季，才发现墙壁发霉、生斑，就为时已晚了。

除了当地的大气候以外，区内小气候对居住环境也有重要影响。如果楼房过高过长，间距又小就会形成"狭管效应"。所谓的"狭管效应"，就是当气流经过峡谷或海峡时，由于地形的限制，流管截面积突然变小,因而风速突然增大。城市中高大建筑之间的风速较大,也就是这个原理。在小区内的楼群之间,间距越小,狭管效应就越明显。在炎热少风的夏季夜晚,这里通常凉风习习。但是到了冬季,尤其是在北方,这里的寒风就会更加凛冽。

除了楼群的布局外,小区的环境建设也直接影响着居住区内的小气候。比如绿化带、小水面对于小区的温度和湿度都有一定程度的改善。绿化带可以改善小区内空气的湿度、温度和清新度。

还要特别强调的一点是,购房时还应该实地考察一下所购房屋的大环境,看看在上风口有没有环境污染源。

2.34 购房时如何挑选楼型?

现在房地产市场上推出的房屋建筑样式主要包括板楼和塔楼两种。前者是指"东西长、南北短"的楼型,一般来讲,板楼每一单元里同层的住户在2~4户;而后者是指外观像塔的楼型,平面的长度和宽度大致相同,一般塔楼的同层住户在6户以上。

从传统的居住舒适度而言,板楼的优势很明显,南北通透,便于采光通风;户型方正,平面布局合理;同层住户不多,居家比较清静;管理费用低,面积使用率高。其劣势在于房价较高,户内格局不可变。

塔楼的建筑密度较高,房价较低;空间结构灵活,易于改造;结构强度高,抗震性好;居高望远,视野开阔。采用大框架结构的塔楼,可以通过改装户内分隔墙改变户内格局,居住更为灵活,而且相对低廉的房价,也比较符合现有的中低收入家庭。其缺点在于:均好性较差,同一层中总有一些户型在采光、通风方面比较差,而且面积使用率要低于板楼,很容易出现没有自然采光的暗厨、暗卫,居住品质大打折扣。

在购房时,选择板楼还是塔楼,要综合考虑自己的实际收入情况和需要等。对于购房者而言,要分清"伪板楼",也就是那些看起来像板楼,实际上是塔楼的楼型。最好的办法就是看户型分布图，看同层同单元有几户住户，超过4户的一般就是"伪板楼"；看是否南北通透，南北不通透不能算是板楼；看进深，好的板楼进深一般在14m左右，这样才能保证每套户型具有良好的采光和通风性，因此，进深超过15m的楼型，也不能视为真正的板楼。

2.35 多层住宅与高层住宅哪种更好？

现在市场供应的住宅，主要就是6层左右的普通多层住宅和25层左右的高层住宅，其他还有别墅、10～12层带电梯的小高层等。在购房时究竟选哪一类型更适合呢？

从建造成本上讲，普通多层住宅为砖混结构。而高层住宅通常为钢筋混凝土结构。由于成本对价格的制约，一般情况下，高层建筑的住宅价格较高。

从面积实际使用率看，多层住宅要高于高层住宅。众所周知，购房时的计算面积为销售面积，其中包括了对公共部分，如电梯间、楼梯间等面积的分摊。高层住宅由于有电梯等待间、地下室等，需分摊的公用面积较多，故实际使用率低。所以，有些客户为争取到更多的实际面积，往往选择多层住宅。

从建筑质量看，高层建筑由于全部为钢筋混凝土现浇，抗震性能好，折旧年限长，如将建筑物在银行抵押，高层建筑应得到更多的抵押贷款。

从房型格局看，目前多数新建多层住宅的户型设计都有长足的进步。另外，由于构造上的原因，多层住宅往往南北通风，室内无效面积少，室内动线合理，隔墙易于敲打，有利于装修。而高层住宅往往采用框架剪力墙结构，室内户型往往较局促，且不易装修。

从物业管理收费看，高层住宅由于多设有电梯，楼层居民也多，一般物业管理费要高于多层住宅。

因此，从上述几个方面看，购买多层住宅较之高层住宅要更好。

2.36 选购高层住宅有什么窍门？

(1) 要注意本单元总户数和电梯数量的匹配。如果每部电梯的载户数太多，就会出现电梯拥挤的现象。尤其在上班高峰时段，如果你的楼层不上不下，有可能根本上不了电梯，故最好不要购买。但如果不得以，建议选择一个合适的楼层来弥补，要么高一点，要么低一点。另外，尽量不要选择卧室靠近电梯或楼梯间的房屋，以防晚间噪声干扰休息。

(2) 要注意房屋的户型和朝向。由于高层住宅采用现浇混凝土框架剪力墙的结构形式这一特点，户室之间不易打通，户型结构不易改变。另外，高层塔楼不是南北通透。所以，挑选时要注意房屋的户型和朝向，以满足居住后对舒适性的要求。

(3) 要注意避开连接设备层的楼层。由于"二次加压"供应自来水等设施的需要，高层住宅都需要增加一个设备层，该层一般在九到十层之间。考虑到设备层的干扰，选购时要查清设备层的位置，尽量避开。

(4) 要注意避开浮尘的滞留层。科学研究表明，在大城市，高层建筑的九层到十一层之间有一个浮尘滞留层，空气质量差，所以要尽量避开。当然如果大环境较好，则可以根据综合情况取舍。

(5) 要注意各楼层的景观特色。楼房的一层临近社区的公共绿化区域或拥有自己的私家花园，被很多购房人所青睐，但一层也有易潮、易脏、光线差、视野窄、干扰大等缺点。楼房的二至六层属于俯视景观的楼层，人坐在客厅里就可以俯瞰位于楼下社区的绿化景观。六至十七之间的楼层，往往只能看到对面的楼房，景观就会稍逊一筹。至于十七层以上的高层，人的视野可以到达很远的地方，景观变得更为辽阔。但选购顶层的购房者，要考虑屋顶的防渗和隔热问题。对于老年购房者，推荐板楼位于东西两端的房屋，因为在这里可以看到日出日落的美景，比较符合老年人的喜好。

（6）要注意住宅的安全因素。安全因素主要是针对选择居住在普通社区的购房者来说的。由于普通社区的治安不能得到很好的保障，购房者选择较高的楼层会比较安全。同时，楼体本身最好不要使犯罪分子容易攀爬。

2.37 房屋使用率越高就越合算吗？

房屋使用率是指房屋的使用面积与建筑面积的比例。目前，市场上销售的商品房使用率不等，有的号称高达90%以上，有的却不足70%。一般认为，使用率越高，公摊面积就越小，相对单位价格就越低；反之，要么是设计有问题，要么就是开发商在捣鬼，反正购房者不合算。其实不然。房屋的价值除了套内使用面积以外，还与配套的公共建筑、小区的环境和服务设施等相关联。真正高档的物业是不能省略豪华的大堂、会所的，即使是走廊也必须设计得宽一点才够档次。公共空间品质的提升一要靠设计和后期管理，二要以一定的面积和空间作为代价。

国家现行的政策对住房使用率有一个指导性规定，即要求高层建筑使用率不低于70%，多层建筑使用率不得低于75%。由此可见，国家并没有把住房使用率的起点定得很高。专业人士认为79%～80%的使用率都是比较合理的，使用率应该有个合理的限度，并不是越高越好。所以，购房者不应盲目追求使用率，超过合理的限度时，一定要注意辨别是以牺牲居住品质为代价换来的，还是在设计上有所突破。

2.38 绿化覆盖率与绿地率是一回事吗？

绿化覆盖率是指绿化垂直投影面积的总和与小区用地的比率。

绿地率是指小区范围内各种绿地的总和与小区用地的比率。

绿化覆盖率的基本计算公式在形式上与绿地率的计算公式是一样的。但两者的具体技术指标却有很大的区别。

在计算绿地率时，对绿地的要求非常严格。绿地率所指的

"居住区用地范围内各类绿地"主要包括公共绿地、宅旁绿地等。其中,公共绿地又包括居住区公园、小游园、组团绿地及其他的一些块状、带状化公共绿地。即使是级别最低的零散的块状、带状公共绿地也要求宽度不小于 8m,面积不小于 400m^2,该用地范围内的绿化面积不少于总面积的 70%(含水面),至少要有 1/3 的绿地面积要能常年受到直接日照,并要增设部分休闲娱乐设施。而宅旁绿地等庭院绿化的用地面积,在设计计算时也要求距建筑外墙 1.5m 和道路边线 1m 以内的用地,不得计入绿化用地。此外,还有几种情况也不能计入绿地率的绿化面积,如地下车库、化粪池。这些设施的地表覆土一般达不到 3m 的深度,在上面种植大型乔木,成活率较低,所以计算绿地率时不能计入"居住区用地范围内各类绿化"中;而屋顶绿化等装饰性绿化用地,按目前国家的技术规范,也算正式绿地。

相比而言,在计算绿化覆盖率时,对绿地的定义则十分宽松,树的影子、露天停车场甚至中间可以种草的方砖都可算作绿地。简而言之,在计算绿化覆盖率时,只要是块草皮,就可以累加到绿地面积中。

从以上分析不难看出,一般说来,小区的绿化覆盖率会比绿地率大很多,购房时一定要注意这一点,以免入住的时候发现绿地的面积大打折扣。为此,应该尽量争取让房地产商把自己购房屋所在小区的整体平面图附上,在图上准确标明小区内所有绿地面积。

第 3 章

房屋购买

购房可以说是一个系统的工程，除了前期的精心准备以外，还涉及与开发商签约谈判、付款方式等诸多问题。如何与开发商谈判、签合同，维护自己的合法权益？如何选择付款方式？如何选择贷款？一个一个的问题接踵而来，把购房者折腾得够呛。通过本章的介绍，购房者可以对上述问题的解答有一个较为清晰的了解，并将其从容运用到房屋购买的实践活动中去。

3.1 什么是商品房现售和商品房预售？

《商品房销售管理办法》（以下简称《办法》）第三条规定，商品房销售包括商品房现售和商品房预售。

《办法》所称商品房现售，是指房地产开发企业将竣工验收合格的商品房出售给买受人，并由买受人支付房价款的行为。

《办法》所称商品房预售，是指房地产开发企业将正在建设中的商品房预先出售给买受人，并由买受人支付定金或者房价款的行为。

3.2 什么是商品房认购书？

商品房买卖认购书是商品房买卖合同双方当事人在签署商品

房预售合同或买卖合同前所签订的文书,是对双方交易房屋有关事项的基本确认。双方约定在签署认购书之后,开发商应在一定期限内为购房者保留标的房屋,不得另行售于他人;而购房者则须按照约定的时间与开发商进一步洽谈协商交易的具体事项。在商品房交易实践中,其称谓很多,如"商品房认购书"、"认购意向书"、"商品房订购书"、"优先购买权协议"等等。

认购书是一种简单的合同,通常只涉及有关商品房的房屋位置、面积、价格等条款,并非面面俱到,但其中的约定一般将作为日后签订正式商品房买卖合同的内容。认购书大致包含以下四方面内容:(1)出卖人、认购人的基本信息;(2)客户所认购房屋的房号、面积等基本情况及约定价款(单价、总价);(3)买卖双方应该签署正式买卖合同的期限;(4)认购人交纳一定数额的定金或预定款,并约定该款项的性质及如果认购人未能在约定期限内与开发商协商签署正式商品房买卖合同或者开发商对该房屋再行销售时该款项的处理方式。

3.3 商品房认购书具有怎样的法律性质?

商品房认购书具有怎样的法律性质,是否与合同一样对当事人双方具有法律上的约束力,这与购房者权利的维护密切相关。

根据我国《民法通则》、《合同法》的有关规定,合同的有效成立一般需要满足四个要件:(1)主体适格;(2)意思表示真实且达成合意;(3)内容合法;(4)形式合法。再来看看商品房认购书。它是合法出卖人与具有完全民事行为能力的认购人之间经协商一致所签署的约定双方诚信洽谈的权利义务的书面协议,其符合合同的成立要件,应被纳入合同的范畴,具有合同的法律效力,一旦签署,即对双方当事人产生约束力。

认购书在法律上是一种独立的合同,与日后将签署的正式的买卖合同构成预约和本约的关系。所谓"预约",是指为将来订立一定合同而签订的合同,按照其性质可分为带未决条款的预约和将行谈判的预约。而将来应订立的合同则称为"本约"。预约以发生将来订立一定合同的债务为目的，属于债权合同，适用债权合同的一般原则。

一般来讲，商品房认购书应细归为将行谈判的预约，即当事人只承担继续谈判直到达成本约的义务，对违反谈判义务导致不能达成本约的行为承担责任，但是如果当事人双方已经诚信地谈判仍无法达成本约，那么任何一方都不应承担责任。也就是说，商品房认购书作为将行谈判的预约合同，其标的是当事人为将来订立本约合同即正式的商品房买卖合同应当进行诚信谈判。认购人只要在约定的时间限度内与开发商诚信协商，即使未达成最终合意而签订正式买卖合同，也不应构成违约。对于购房者应该引起注意的是，一些开发商和购房者签订认购书后，又将认购书项下的房屋卖给了第三人，损害了前手购房者的利益。为此，我国法律特别对这种情况作了规定："商品房的认购、订购、预订等协议具备《商品房销售管理办法》第十六条规定的商品房买卖合同的主要内容，并且出卖人已经按照约定收受购房款的，该协议应当认定为商品房买卖合同"，开发商应当由此承担违约责任。

3.4 购房者在签署认购书时应注意什么问题？

签署认购书虽然不是签订正式商品房买卖合同的必经程序，但在目前的商品房销售中，签署认购书的情况相当普遍，往往成为开发商套住购房者的一种手段。

开发商拟定的认购书中往往有类似这样的约定："乙方（购房者）须于签署本认购书后X日内与甲方（开发商）签署《商品房买卖合同》。如乙方在上述期限内不签订《商品房买卖合同》，甲方有权扣除乙方已交定金，并另行处置该房屋。"如果签署了类似这样的认购协议，购房者往往陷入十分被动的地位。因为在交纳定金以后，若不与开发商签订正式的买卖合同，则可能面临开发商拒绝退还已付定金的危险。

因此在签署认购书，尤其是签署含有定金条款的认购书时，购房者一定要厘清认购书及定金条款的法律性质，切忌未经仔细考虑、仔细分析定金的法律性质便对认购书定金条款签字认可。为避免自己陷入定金纠纷的不利境地,购房者应该尽量避免在认购书中与开发商约定定金条款,而代之以"预订金"之类,并明确约定,如因双方对于买卖合同条款的分歧而无法签署正式的《商品房买卖合同》的,订金应全额返还。这样,根据《商品房销售管理办法》第二十二条第二款的规定,购房者在终止交易时,便可取回已交纳的预订款,避免定金条款约定不慎带来不必要的损失。

总之,购房者在签署认购书时,要认真阅读认购书以及日后所要签订的正式买卖合同的具体内容,仔细分析定金的担保性质,并结合正式的买卖合同,通盘考虑最终签约的可能性,谨慎约定认购书的一些基本条款。必要时,求助于专业的法律人士,避免陷入认购书中的"定金陷阱"。

3.5 签订认购书时也需要看开发商的预售许可证吗?

根据北京市的最新规定,申请预售许可的项目经审核符合预售许可条件,在北京建设网(http://www.bjjs.gov.cn/)和北京市房地产交易管理网(http://www.bjfdc.gov.cn/public)对该项目预售许可信息和楼盘表基本信息进行一天的预告后,才可以领取预售许可证。在取得预售许可证前,房地产开发企业不得以预定、认购等方式进行预售。

购房者在签订认购书、交纳定金前,如果不审查开发商的资质,一旦出现问题,很难保障购房者能够得到预购的房屋或者收回定金,甚至难以避免开发商卷款逃跑的危险。因此认购也要看开发商的预售许可证。

3.6 购房前必须签购房意向书或认购书吗?

购房之前签订《购房意向书》或《认购书》并不是正式签约的必要前提。换句话说,购房之前签订《购房意向书》或《认购书》并不是法律规定的必经程序,而是房地产交易领域的一种习惯做法而已。

3.7　签了商品房认购书，必须交定金吗？

现在很多城市的商品房都卖得很火，因此签认购书、交定金似乎成了购房的必要环节。事实上，签了认购书，是否就必须交定金，在法律上没有明确规定。这一般取决于楼盘销售的情况：如果拟购的商品房销售情况一般，购房者可以在签订认购书时与开发商约定是否需要先缴纳定金；如果拟购的商品房属于热销楼盘，那就可能需要了。

在这里提醒购房者的是，在签署认购书之前，最好就将来要签订的购房合同的全部条款（包括想与开发商签订的"补充协议"）与开发商达成一致并且写进认购书，然后再支付定金。如果还没有就将来要签订的购房合同的全部条款与开发商达成一致并写进认购书就支付了定金，那么以后再想与开发商签订"补充协议"就相当不容易了。

3.8　"定金"与"订金"是一回事吗？

定金，是许多商品房认购书中非常核心的内容，对于合同的履行起着重要的担保作用。而在一些商品房认购书中，我们时常也能看到"订金"的字样。从法律上讲，"定金"和"订金"是一回事吗？他们各自的法律性质又是怎样的呢？

民法理论一般将定金划分为证约定金、成约定金、违约定金、解约定金和立约定金五种类型，我国《民法通则》、《合同法》、《担保法》以及《最高人民法院关于适用〈中华人民共和国担保法〉若干问题的解释》对其中的违约定金、立约定金、成约定金及解约定金予以了确认。认购书中所约定的定金应当属于违约定金，即担保双方当事人履行诚信协商义务的定金，一方当事人在接下来的交易活动中若不履行诚信协商义务，如缺乏甚至拒绝尽最大诚信义务与对方就订立正式商品房买卖合同事宜进行磋商、洽谈，则按照定金罚则处理，或没收定金，或双倍返还。当然，认购书中定金条款的有效成立，也必须符合《中华人民共和国担保法》第六章的规定。另外，根据《最高人民法院关于适用〈中华人民共和国担保法〉若干问题的解释》第118条："当事人交付留置金、担保金、保证金、订约金、押金或者订金等，但没有约定定金性质的，当事人主张定金权利的，人民法院不予支持。"即是说在文字上没有明确出现"定金"字样或者当事人没有明确约定定金性质的其他所谓"担保金"、"保证金"、"押金"等都不得适用定金罚则。当然，当事人之间有特别约定的除外。

关于订金，实质上属于预付性质的款项，是在交易尚未完全达成的情况下，买方为表达诚意，使卖方对交易具备一定信心而先期履行部分义务而支付的款项。在交易最终未能完成时，该订金应该退还购房者。《商品房销售管理办法》第二十二条第二款规定："符合商品房销售条件的，房地产开发企业在订立商品房买卖合同之前向买受人收取预订款性质费用的，订立商品房买卖合同时，所收费用应当抵作房价款；当事人未能订立商品房买卖合同的，房地产开发企业应当向买受人返还所收费用；当事人之间另有约定的，从其约定。"此即对商品房交易中"订金"这种预付款形式的法律效力所作的明确规定。

总之，"定金"和"订金"虽然只有一字之差，但其法律性质、法律效力是完全不同的。前者属担保方式的一种，后者为预付性质款项；前者的设立是基于当事人的合同——设立定金的合同，其从属于主合同，而后者的给付，是主合同的内容之一，并不构成一个从合同；前者适用定金罚则，在一方违约时，可发生没收或是双倍返还定金的效果，而后者则不能主张适用定金罚则；前者具有惩罚性，而后者则无；前者一般为一次性交付，而后者则可分期交付。

因此购房者在签订认购书或者购房合同的时候，应该注意审查其中的用词，尤其要区分像"定金"和"订金"这种字面上差之毫厘，法律意义截然不同的词语，避免开发商利用这个钻了空子，使自己的合法权益受到损害。

3.9 什么是"诚意金"?

所谓"诚意金",是指买方在购房目标明确后,以看中某个区域、某种面积的房子为标准,并有一个适当的价格,为了能更快地找到自己的理想物业,预先在信得过的中介公司交上一定数额的"诚意金",并签订一定期限。代理方收取"诚意金"后,会非常努力地发挥其"团体力量",有针对性地尽快为买家寻找理想的房子。

此外,开发商在推行"内部认购"方式促销尚未获取商品房预售许可证的房屋时,往往也通过预约登记、发放认购卡、收取"诚意金"等吸引一批客户,而获得了优先认购权的一些购房者也以"准业主"自居。对于后者,由于内部认购属于违法违规销售行为,不受法律保护。因此购房者应把这部分风险考虑在内,特别是对于小开发商的楼盘,更应谨慎。

3.10 什么是购房合同?

《合同法》中对合同的定义是"合同是平等主体的自然人、法人、组织之间设立、变更、终止民事权利义务的协议。"

购房合同是指购买人出于购买房屋的目的,而与出卖人签订的购买协议。其中负转移房屋所有权义务的一方当事人称为房屋出卖人,负给付价金义务的他方当事人称为房屋买受人。从购买者的角度看,购房合同就是房屋买卖合同;从房地产开发商的角度看,购房合同则是房屋销售合同。

购房合同有如下几个特征:
(1) 购房合同的标的是房屋及产权;
(2) 购房合同的主体是平等的自然人、法人及其他组织;
(3) 购房合同一般采取书面形式;
(4) 购房合同处于国家严密的管理控制之下。

3.11 购房合同一般包括哪些内容?

一般来讲,购房合同的内容主要包括必要条款、一般条款、默示条款和格式条款四部分内容。

(1) 必要条款和一般条款

必要条款是法律规定、当事人约定或者合同性质要求必须具备的条款；一般条款是当事人虽然没有约定，但是按照法律规定、交易惯例或者合同的解释规则可以认定的条款。

必要条款是合同中必不可少的内容，而一般条款则是合同一般需要具备的，如果不具备也不会影响合同成立的条款。

主要包括的内容：

① 标的。标的是购房合同中的核心部分，它可以是物，也可以是行为和权利；

② 房地产坐落的位置；

③ 数量。数量主要是指面积，此外，还包括房屋的套数、间数等；

④ 质量；

⑤ 房地产的用途或使用性质；

⑥ 价款或酬金；

⑦ 履行期限、地点和方式；

⑧ 按购房合同性质必须具备的条款；

⑨ 按一方当事人要求必须规定的条款；

⑩ 违约责任。

(2) 默示条款与格式条款

默示条款是指在合约中并没有明文订立的条款，但因为事实的需要，法例的规定或者有关行业的惯例，在合约中加诸的条款。

格式条款是当事人为了重复使用而预先拟定，并在订立合同时未与对方协商的条款。

3.12 房屋买卖合同的订立和履行需要遵循什么？

房屋买卖合同作为合同的一种，其订立和履行应该遵守《民法通则》、《合同法》等相关法律法规的规定。由于具体涉及房屋买卖，因此合同的订立和履行还应当遵循《城市房地产管理法》、《土地管理法》等。例如，《城市房地产管理法》第五十九条规定："国家实行土地使用权和房屋所有权登记发证制度。"第六十条第三款规定："房地产转让或者变更时，应当向县级以上地方人民政府房产管理部门申请房产变更登记，并凭变更后的房屋所有权证书向同级人民政府土地管理部门申请土地使用权变更登记，经同级人民政府土地管理部门核实，由同级人民政府更换或者更改土地使用权证书。"此处的"应当"应理解为强制性规范，说明房地产物权的变动以登记为成立要件。

3.13 哪些购房合同属无效合同？

房屋买卖纠纷涉及产权、价款、面积、原承租户的利益等多种问题，但都离不开买卖合同的有效性问题。那么，究竟哪些购房合同属无效合同呢？归纳起来，主要有以下几种：

(1) 房地产分离出卖，合同无效

由于房屋是建筑在土地上的，为土地的附着物，具有不可分离性，因此，房屋的所有权通过买卖而转让时，该房屋占用范围内的土地使用权也必须同时转让或随房屋转移。如果出卖人将房产和土地使用权分别卖与不同的买受人，或者出卖房屋时只转让房屋所有权而不同时转让土地使用权，买受人可以提出这种买卖合同无效。

(2) 产权主体有问题，合同无效

出卖房屋的主体必须是该房屋的所有权人。非所有权人出卖他人房屋的，其买卖行为一般无效。房屋的产权为数人共有的，必须征得共有人同意才能出卖。出卖共有房屋时，须提交共有人同意的证明书。部分共有人未取得其他共有人同意，擅自出卖共有房屋的，其买卖行为一般认定无效。

(3) 侵犯优先购买权，合同无效

房屋所有人出卖共有房屋时，在同等条件下，共有人有优先购买权。房屋所有人出卖租赁房屋的，应当在出卖之前的合理期限内通知承租人，承租人享有以同等条件优先购买的权利。房屋所有人出卖房屋时侵犯共有人、承租人优先购买权的，共有人、承租人可以请求法院宣告该房屋买卖无效。

（4）非法转让，合同无效

主要包括转让（含买卖）下列房地产：

① 司法机关和行政机关依法裁定、决定查封或者以其他形式限制房地产权利的；

② 依法收回土地使用权的；

③ 权属有争议的；

④ 法律、行政法规规定禁止转让的其他情形。

（5）非法签订的合同无效

① 无民事行为能力人、限制行为能力人所签订的房屋买卖合同。根据我国《民法通则》的规定，无民事行为能力人由其法定代理人代理实施民事行为。因此，无民事行为能力人的房屋买卖均应由其法定代理人代理签订合同，他们不能独立签订房屋买卖合同，否则，属无效合同。限制行为能力人只能进行与其年龄、智力、精神状况相适应的民事活动，他们进行房屋买卖应当由其法定代理人代为签订合同或取得法定代理人的同意。没有法定代理人的同意，限制行为能力人自己签订的房屋买卖合同无效。

② 以欺诈签订的房屋买卖合同。这是指一方当事人以捏造事实或隐瞒真相等欺骗手段，致使对方当事人发生错误认识所签订的房屋买卖合同。

③ 以胁迫的手段签订的房屋买卖合同。指一方当事人以使对方财产、肉体或精神上受损害相威胁，迫使其产生恐怖而签订的房屋买卖合同。

④ 乘人之危签订的经纪合同。是指一方当事人乘对方处于危难之际或利用对方的迫切需要，强迫对方接受明显不利的条件所签订的房屋买卖合同。

⑤ 双方当事人恶意串通，损害国家、集体或他人利益所签

订的房屋买卖合同。是指双方当事人故意串通，损害国家、集体或第三人的利益签订的房屋买卖合同。

⑥ 当事人之间没有签订书面房屋买卖合同，又无据可查的，亦认定为房屋买卖合同无效。

3.14 房屋买卖合同怎样签？

签合同是购房的关键一步，虽说有了新合同示范文本，从根本上保护了购房者不受非法项目之害，但是条款的细节及补充条款的签订还有很大推敲的余地，这些细节对购房者来说也都是关乎实际利益的，切不可小视，所以要注意下面一些问题，才对自己有利。

（1）签约前多去售楼处了解情况

在签合同之前，要多去几次售楼处，了解项目的情况，看有没有日后发现你根本不能接受的问题；签约时要集中精力研究合同条款，如果连项目已有的或应有些什么都不尽了解，如何签补充条款呢？

（2）把每项承诺都记下来

售楼业务员介绍项目时，要不怕麻烦，把他们的每一点承诺都记录下来，在签合同时尽量写进合同里去。

（3）主动请教律师

一般开发商会请一个律师到售楼处帮助签合同，虽然律师是开发商请的，但律师费是购房人出的，所以律师有责任帮助购房人搞清各种法律细节，有责任维护购房人的利益，然而律师只有在签了合同后才能取律师费，所以律师也是希望顺利签约，他们不会自动帮助你质疑开发商，所以这时需要你自己主动请教律师。

（4）耐心地逐条推敲

很多人被通知签约前，还没有见过合同是什么样的，签约时拿到 4 份待签字的合同，读着极其专业的法律术语，简直不知所云，头就开始发大，这时签约显然不利。最好的办法是提前要一份合同复印件，回家和家人一起耐心地一条条研读，把可能的疑问和想补充的地方记在旁边,以供签约时讨论。

(5) 要特别注意补充条款

有些楼盘的开发商在购房合同补充条款的地方,先填写了自己的一些补充条款。这些条件往往是只对开发商有利的。比如有的开发商在合同上补充了这样的约定:该商品房所在楼宇的屋面使用权和外墙面使用权,小区和楼宇命名权归出卖人。这显然对购房人不利,这就意味着购房人虽然买了房屋,开发商还可以在它的外墙上有所作为。开发商的补充条款只表明了开发商的态度,购买人如不接受可以不签合同,也可以就这些条款增加些你的限制条件,以达成妥协,比如,外墙使用权有一定的期限约定。

可见签合同是个动脑子和费精力的事,千万马虎不得,如果这时忽略了什么,日后可能会带来极大的不快,建议购房者小心从事。

3.15 对房地产广告中所承诺的内容,购房人是否有权要求在购房合同中约定?

房地产开发企业、房地产中介服务机构发布的商品房销售广告和宣传资料所明示的事项,当事人应当在商品房买卖合同中约定。

3.16 如何办理房屋买卖合同公证?

申办房屋买卖合同公证,当事人应当提交以下证明材料:

(1) 申请人的居民身份证件及复印件;委托代理人代办的,代理人应提交身份证件和授权委托书;

(2) 卖方要提供房屋所有权证书及复印件;

(3) 出卖共有房屋,卖方应提交其他共有人同意出卖的书面意见;

(4) 房屋买卖合同文本;当事人可以请公证机关代为草拟;

(5) 单位购买私房的,买方应当提交房屋管理部门批准买房的批准文件;

（6）公证机关认为需要提供的其他证明材料，如房屋蓝图、房屋管理部门对房屋的估价报告等。

房屋买卖合同应当包括以下内容：①当事人的基本情况；②房屋的坐落、种类、间数、结构、质量、面积、附属设备等；③房屋价款数额、计价标准等，有国家统一价格的，应执行国家法定价格，没有统一价格的，由买卖双方参照评估价格自行议定；④付款的时间方式等；⑤房屋竣工及交付的日期；⑥办理房屋产权过户、登记及其他手续的有关规定；⑦违约责任；⑧其他当事人约定的事宜，如合同生效的条件，对不可抗拒事件处理等；⑨合同的签订日期、地点、签字人等。

3.17 小区环境规划能否写进合同？

有些楼盘在卖房时宣称小区环境如何之好，但交房之后却发现所谓的花园不见了，取而代之的是变压器、化粪池之类的东西，有一种受骗的感觉。那么，小区规划能写进合同吗？

小区规划直接影响业主日后的居住品质，如今不少房子卖价高，就是在卖环境，冲着环境来的消费者，自然应当把环境规划写进合同才公平。所以，在购房时可以把小区规划写进合同里，如花园实际面积大小、有多少绿地等等，所有开发商承诺的东西都要定得清清楚楚，尤其是要约定开发商不得主动提出要求把原规划的花园改变用途。另外，其他承诺的配套，如学校等也应在合同中列明。

如将来开发商把花园建了楼，并拿来政府的批文，说是政府批准的。此时，消费者可以到有关部门查其报建申请，就可以证明是开发商主动提出的改变规划，构成违约行为，业主就能占据主动权。如果发展商拒绝将此承诺条款写进合同，就十分可疑了，此时，消费者则要认真考虑是否要购买他的房子了。

3.18 签了认购书后，正式合同有些条款不能接受怎么办？

如果签了认购书以后，购房者对正式合同的某些条款不能接受,此时就会陷入进退两难的境地。为了避免这种情况,在签订认购书之前,最好让开发商提供他们的标准合同以及补充协议,仔细研究之后再签认购书。如果自己研究不透,还可以请教律师给予帮助。除此之外,购房者在认购书中还可以与开发商约定"买方在签订认购协议之日起,几日内前来与开发商商谈正式合同。如因对合同条款的分歧导致合同未能签署,所收的订金应予退还。"这样就能化被动为主动。

3.19 内部认购行为具有法律效力吗?

近年来,不少房地产开发商为筹措开发资金,在尚没有获得《商品房预售许可证》等有关证件之前,在小范围内推出一种所谓"内部认购"的方式销售商品房。内部认购往往具有一定幅度的价格优惠,且这种优惠一般是比照"开盘价"而言的。按照目前房地产开发商通行的"低开高走"的营销原则,内部认购价应该可以算是该商品房销售过程中的"最低时段价",因此,对购房者有着不小的吸引力。然而,便宜与风险并存,内部认购缺乏相应的法律基础,参与内部认购的购房者往往无法得到法律的有效保护。

1998年国务院《城市房地产开发经营管理条例》第二十三条规定:"房地产开发企业预售商品房,应当符合下列条件:(一)已交付全部土地使用权出让金,取得土地使用权证书;(二)持有建设工程规划许可证和施工许可证;(三)按提供的预售商品房计算,投入开发建设的资金达到工程建设总投资的25%以上,并已确定施工进度和竣工交付日期;(四)已办理预售登记,取得商品房预售许可证明。"2004年建设部修正的《城市商品房预售管理办法》第六条规定:"商品房预售实行许可制度。开发企业进行商品房预售,应当向房地产管理部门申请预售许可,取得《商品房预售许可证》。未取得《商品房预售许可证》的,不得进行商品房预售。"2001年建设部《商品房销售管理办法》第二十二条第一款规定:"不符合商品房销售条件的,房地产开发企业不得销售商品房,不得向买受人收取任何预订款性质费用。"另外,国家工商行政管理总局和建设部2002年联合发布的《关于进一步加强房地产广告管理的通知》也明确指出:"未取得商品房预售许可证的房地产开发企业,不得以'内部认购'、'内部认订'、'内部登记'等名目发布广告。"也就是说,内部认购之类的行为是违反国家法律法规强制性规定的,并不受法律的保护,一旦发生纠纷,购房者也很难得到法律的救济。

还需要指出的是,内部认购的商品房由于没有经过相关行政管理部门的把关,具有很大的工程预期风险,其投资、规划、施工及相关合法手续等诸多问题可能尚未落实,购房者的权利也因此难以得到保障。鉴于此,建议购房者谨慎对待内部认购,购房者的购房活动也应当在法律保护的范围内进行,这样才能最大限度地减少购房风险。

3.20 建筑面积售房与套内建筑面积售房有何异同?

"建筑面积"售房,实际上是以套内建筑面积与分摊公用建筑面积之和作为交易面积,按建筑面积计算房价。由于"分摊的公用建筑面积"的存在,使售房面积复杂化、专业化,非房产测绘专业技术人员无法弄清"分摊的公用建筑面积"的合理性和准确性,购房者不能直观了解自己究竟购买了多大的房屋。

"套内建筑面积"售房则是以"套内建筑面积"为交易面积,按套内建筑面积计算房价,而应分摊的公用建筑面积的建设费用计入套内建筑面积销售单价内,不再另行计价。同时在购销合同中记载该商品房项目的总公用建筑面积及本单元或整层应分摊的公用建筑面积,其权属属于各产权主共同所有,任何单位和个人不得独自占用。

"套内建筑面积"售房与"建筑面积"售房相比,前者只是少了个"分摊的公用建筑面积",而应"分摊的公用建筑面积"建设费用计入套内建筑面积销售单价内,因此房屋交易总价不变,但售房面积更明确、具体、直观,所以按"套内建筑面积"

售房是将来的趋势。两者对分摊的公用建筑面积享有同等的权益。

3.21 按套内建筑面积售房，政府主管部门如何把关"分摊公共面积"部分？

按"套内建筑面积"计价售房，由于交易面积中不包含"分摊公用建筑面积"，房地产开发企业有可能为了节省建筑成本而将作为"分摊公用建筑面积"的门厅、楼梯、公共过道等部分改小，为此政府主管部门应在设计图纸、报建、竣工验收和竣工测绘等方面严格把关，维护业主对"分摊公用建筑面积"甚至"不分摊公用建筑面积"的法定权益。

3.22 实行套内建筑面积售房，物业管理费的收取是否会改变？

由于目前物业管理费标准是按"建筑面积"制定的，物业管理部门一般按"建筑面积"收取物业管理费，实行"套内建筑面积"售房后，物业管理费的收取如何规定呢？其实，按"套内建筑面积"售房的，其售房合同及房地产证上同时注有"建筑面积"，因此，物业管理费收取没有改变，仍然按"建筑面积"收取物业管理费。

3.23 购房者购房，开发商应该明示哪些事项？

购房者购房的时候，作为开发商，应该明示以下事项：
(1) 开发资质和营业执照；
(2) 商品房预售许可证及经批准销售的平面图、立面图；
(3) 项目开发进度和竣工交付使用时间；
(4) 项目及其配套设施的平面示意图；
(5) 商品房的结构类型、户型、装修标准；公共和公用建筑面积的分摊方法；
(6) 预售商品房的价格和付款办法；

(7) 商品房预售的专用账户；
(8) 物业管理事项；
(9) 法律、法规规定的其他事项。

在订立商品房买卖合同之前，房地产开发企业还应当向买受人明示《商品房销售管理办法》和《商品房买卖合同示范文本》；如果是预售商品房，还必须明示《城市商品房预售管理办法》。

3.24 购房时如何与开发商"侃价"？

商品房的销售价格，大致可分为底价、表价和成交价三种，底价是开发商自己或者是委托销售公司销售的最后底线价格；表价是开发商做广告对外所宣称的价格；而成交价就是购房者和开发商经过协商以后签订购房合同时所确定的价格，在底价和表价之间每平方米相差可能有几百元之多。如果善于和开发商"侃价"，将会节约一大笔开支。

一般来说，开发商在定房价时，是以总成本加上利润及应交税费等确定的。因此购房者首先应该分析一下商品房价格的具体构成。根据《北京市商品住宅销售价格构成管理办法》，商品房的销售价格是由成本费用、期间费用、税金、依法应当缴纳的其他行政性事业性收费和利润组成，其中期间费用和利润是有弹性的，开发商可以根据自己的实际情况来做相应的调整，这也就是购房者"侃价"的关键所在。

其次，购房者应清楚自己看中的物业行情如何。越明了物业的基本资料，越能增加变价的筹码，以便与开发商从容"应战"。

具体来说，当购房者提出让价要求时，销售人员最初会基于预售房的某些不足之处，在自己的权限范围内每平方米让出几十元。这时候购房者不可以罢休，应进一步提出让价的要求。这时候销售人员一般就会请出业务主管来和购房者谈具体价格，因为他已经没有进一步让价的权利了。面对业务主管，购房者可从挑剔产品着手，如对公共设施的计算、房屋内部设施上的缺憾、相关管线的设计、营建成本等方面提出合理的看法，或对房屋格局挑出有道理的毛病，这时主管可能会进一步让价。总之，购房者在预售房买卖中应该清楚其游戏规则：预售在销售过程中，对价格的守放是很灵活的。购房者还应该抓住售楼人员的心理，基于业绩压力，他们也会在权限范围内尽量达成交易。但前提是购房者要让业务员感受到购房的诚意。

对于现房，如果楼盘的规模比较大，一般议价的空间就比较小，因为个案数量多，给某个购房者大幅度让价的话，可能会引起大的混乱，开发商通常不会冒这么大风险。如果楼盘规模较小，议价的可能性就大些。

当然，对于热销楼盘，开发商一般不会考虑让价的问题，而对于销售状况一般或者是滞销的楼盘，购房者不妨试一试。不管怎样，购房者提出让价的要求后，要做到成交价一定要低于表价，至于成交价是否接近底价，甚至低于底价，就要看购房者个人谈判水平和楼盘销售情况了。

3.25 如何防止所购房屋"产权期限缩水"？

"房产权期限缩水"是购房者常常容易忽视的。实际上所谓的"房产权期限缩水"是源于"土地使用权"与"房产产权"两个不同的概念。

按照我国《城镇国有土地使用权出让和转让暂行条例》规定，土地使用权出让最高年限按下列用途确定：（一）居住用地70年；（二）工业用地50年；（三）教育、科技、文化、卫生、体育用地50年；（四）商业、旅游、娱乐用地40年；（五）综合或者其他用地50年。70年土地使用期满后，土地使用权及其地上建筑物、其他附着物所有权由国家无偿取得。土地使用者应当交还土地使用证，并依照规定办理注销登记。除此之外，土地使用权期满，土地使用者可以申请续期，但应该根据当时的地价水平，补交土地出让金。

根据这一条例，购房者取得的商品房使用权限是在70年土地使用权基础上的"缩水后期限"或者"剩余期限"，要小于70

年。但是购房者不应该忽视自己到底能获得多久的商品房使用权限，防止开发商在其中藏有"猫腻"。

3.26 如何知道所购房屋是否被抵押？

购房者想知道所要买的房屋是否抵押给了银行，可以有以下三种途径：

(1) 向登记机关查询。房地产属于不动产，根据《中华人民共和国担保法》第41、第42条的规定，以房地产为标的抵押应当办理抵押物登记，抵押合同自抵押登记之日起生效。购房者可以去当地的国土资源和房屋管理局的权属登记部门查询。

(2) 要求开发商出示证件。根据房地产抵押登记管理的有关办法，以房地产抵押的，登记机关应当在权属证件上作相应记载。因此，购房者有权要求开发商出示所购房产的有关证件，看在证件的备注栏中上有无他项权利记载。如果备注栏中没有注明他项权利(抵押)的情况，则该房屋没有抵押给银行。检查开发商的证件时应当坚持看原件。

(3) 通过媒体了解。一些城市为了方便购房者了解房地产抵押情况，将房地产开发项目抵押登记情况在媒体上进行公示，购房者可以通过有关媒体了解自己所购房产的抵押情况。

3.27 对已预售的商品房，开发商是否可以设定他项权？

已预售的商品房项目竣工验收合格交付使用前，预售人不得用该商品房项目及其土地使用权设定他项权。违反此规定，用已预售的商品房项目及其土地使用权设定他项权的，其设定无效。由此造成损失的，由预售人承担。

3.28 经济适用房是如何产生的？

经济适用住房是我国进行房改的过程中，为适应新的社会经济形势，解决中低收入家庭住房问题，由政府推出的新型房产种类。经济适用房是适合于中低收入家庭承受能力的、具有社会保障性质的商品房。目前其基本类型主要包括平价房、安居房、解困房等。

经济适用住房是政府扶持的具有经济性和适用性的社会保障住房。经济性是指住房价格相对市场价而言,能够适应中低收入家庭的承受能力;适用性是指在住房设计及其建设标准上强调住房的使用效果,但这并不意味着要降低建筑标准。对经济适用房项目,政府免收土地出让金,其他应征收的各项收费均减免50%,并对成交价格、购买对象、面积和开发建设单位的利润进行限制。

现阶段,经济适用房的来源主要有三种:

(1) 由政府提供专项土地,通过统一开发、集中组织建设的经济适用房;

(2) 将房地产开发企业拟作为商品房开发的部分普通住宅项目调整为经济适用房;

(3) 单位以自建和联建方式建设的,出售给本单位职工的经济适用房。

3.29 经济适用房与商品房有什么区别?

经济适用住房与商品房的区别主要有以下四个方面:

(1) 概念。经济适用住房是指以中低收入家庭为供应对象,具有社会保障性质的商品住宅。由于享受了税费减免政策,因此不是任何人都能够在市场上购买到的。除此之外,经济适用房的选择余地相对较小;而商品房是指具有经营资格的房地产开发公司开发经营,完全按市场规律运作的住宅。

(2) 价格。经济适用住房是由国家推出的带有半福利性质的房屋,其销售对象是广大中低收入者,所以在确定售价时,既要考虑中低收入家庭的承受能力,又要兼顾国家的补助能力。而商品房价格却完全"随行就市"。

(3) 质量。经济适用房以经济适用为出发点,突出"实惠"二字。因此,经济适用住房主要体现的是适用性,在保证房屋质量的基础上，设计只要能让使用功能满足居民的基本生活需要即可。商品房则不然，由于面对的是市场，因此商品房在设计上下足了功夫，更加突出个性化。设计理念不同，质量不同，市场价格也就各不相同。

（4）权利。由于经济适用房建设用地实行的是国家统一划拨制，享受免征土地出让金等各项优惠措施，建设成本明显低于商品房。因此相关政策规定，经济适用房的房主只享有房屋占有权、房屋处分权、房屋使用权，并不能享受房屋收益权，在房产再交易、房产出租、房产抵押时都受到限制。如将房屋上市交易，必须补交土地出让金及各种税费后才可上市。而商品房是完全产权，没有此项限制。在房产继承问题方面，我国目前还没有关于经济适用房继承问题的相关的法律法规，而商品房的继承权则不存在任何问题。

3.30 购买经济适用房需要具备什么条件？

（1）有当地城镇户口（含符合当地安置条件的军队人员）或市、县人民政府确定的供应对象。

（2）无房居住或者现住房面积低于市、县人民政府规定的标准住房的困难家庭。

（3）家庭收入符合市、县人民政府规定的收入线标准。

（4）市、县人民政府规定的其他条件。

由于各地的经济条件有很大差别，上述规定的条件只是一个原则性的规定，具体购买经济适用房的条件还要参见各地的相关规定和政策。

3.31 购买经济适用房的程序是什么？

经济适用房是政府针对中低收入家庭推出的带有福利性质的住房，为防止不符合条件的家庭买到经济适用房，政府在购买程序上进行了严格的把关。以下以北京为例，简要说明购买经济适用房的步骤：

（1）按类领表

有北京市城镇居民常住户口、住房面积没有达标的居民家庭或者无房户，可按不同类别分别领取《北京市城镇居民购买经济适用住房家庭住房和收入核定表》、《北京市机关工作人员、教师家庭购买经济适用住房审批表》或《北京市重点工程和危改区被拆迁居民家庭购买经济适用住房审核表》。（以下分别简称《核定表》、《审批表》、《审核表》）

（2）领表填表

① 填写《核定表》的申请购房人，需核定家庭收入（6万元/年以下），此表交申请人及其配偶所在单位分别核准盖章，没有单位的由户口所在地街道办事处核准盖章。

② 填写《审批表》的申请购房人，不需核定家庭收入，但要求夫妇双方为机关工作人员或教师的家庭，由申请人及其配偶所在单位分别核准盖章。

③ 填写《审核表》的申请购房人，不需核定家庭收入，但要求是市政府批准的重点工程建设中的被拆迁居民家庭和政府组织实施的危旧房改造项目区异地安置的居民家庭，带上此表和拆迁人出具的证明到房屋所在地的街道办事处核准盖章。

（3）核定总额

申请人夫妇双方所在单位或街道办事处应按京政办发[2000]131号文件第七条规定，在3个工作日内在核定表、审批表或审核表上核准盖章，并注明购房家庭最高购房总价标准。夫妇双方的补贴面积标准、收入证明以及户口所在地、夫妇双方的住房情况都应在审核表中注明。如果夫妇双方职级、补贴面积标准不一样，以职级高者为准。

如果属于非国有性质并且无行政级别的单位包括民营企业、个体企业、外资企业以及合资企业等，购房者的住房补贴面积标准一律为70平方米；如果购房者的单位属于国家机关、国有企事业单位的，其住房补贴面积标准由所在单位核定。购房者住房补贴面积标准超过80平方米的，审核表上除盖单位公章外需加盖人事和组织部门专用章。

（4）登记备案

市城市建设综合开发办公室在北京市房地产交易中心设立窗口，办理经济适用住房购买登记和备案手续。购房申请人需持夫妇双方所在单位或街道办事处核准盖章后的核定表、审批表或审核表，加上夫妇双方的户口簿和身份证原件，到办公窗口办理购房登记手续。

（5）持证购房

申请人持本市城镇居民常住户口证件、身份证和审核通过的核定表、审批表或审核表，到自己看中的经济适用房指定地点登记购房。

市开发办将购房申请人资料挂在北京建设网公示10个工作日，之后申请人再到窗口进行终审，领取审核通过的核定表、审批表或审核表。

（6）超标加钱

申请人持本市城镇居民常住户口证件、身份证和领取审核通过的核定表、审批表或审核表，到自己看中的经济适用房指定地点登记购房。购房家庭购买超过规定面积的经济适用房，购房家庭需在办理立契过户手续前，到房地产管理部门暂按经济适用住房价格的10％补交综合地价款。上述住房按经济适用住房产权管理，其中超过规定面积购买部分在产权证中注明。再上市时，该部分不再补交土地出让金。

3.32 购买经济适用房需要公示吗？

根据建设部等部门下发的《经济适用住房管理办法》（以下简称《办法》），购买经济适用住房实行申请、审批和公示制度。

《办法》规定，购买经济适用住房，申请人应当持家庭户口本、所在单位或街道办事处出具的收入证明和住房证明以及市、县人民政府规定的其他证明材料，向市、县人民政府经济适用住房主管部门提出申请。市、县人民政府经济适用住房主管部门应当在规定时间内完成核查。符合条件的，应当公示。公示后有投诉的，由经济适用住房主管部门会同有关部门调查、核实；对无投诉或经调查、核实投诉不实的，在经济适用住房申请表上签署核查意见，并注明可以购买的优惠面积或房价总额标准。符合条件的家庭，可以持核准文件选购一套与核准面积相对应的经济适用住房。

为防止购房者利用政府的优惠政策进行牟利，办法规定，经济适用住房在取得房屋所有权证和土地使用证一定年限后，方可按市场价上市出售；出售时，应当按照届时同地段普通商品住房与经济适用住房差价的一定比例向政府交纳收益。个人购买的经济适用住房在未向政府补缴收益前不得用于出租经营。

经济适用住房购买人以市场价出售经济适用住房后，不得再购买经济适用住房；如需换购，必须以届时经济适用住房价格出售给取得经济适用住房资格的家庭后，方可再次申请。

3.33 不符合条件的购买了经济适用房会有什么后果？

建设部相关文件指出，各有关部门应当加强对经济适用住房建设、交易中违法违纪行为的查处：对未经批准、擅自改变经济适用住房或集资、合作建房用地用途的，由土地行政主管部门按有关规定处罚。擅自提高经济适用住房或集资、合作建房销售价格，以及不执行政府价格主管部门制定的经济适用住房租金标准等价格的违法行为，由价格主管部门依法进行处罚。擅自向未取得资格的家庭出售、出租经济适用住房或组织未取得资格的家庭集资、合作建房的，由经济适用住房主管部门责令建设单位限期收回；不能收回的，由建设单位补缴同地段经济适用住房或集资、合作建房与商品房的价格差，并对建设单位的不良行为进行处罚。

对弄虚作假、隐瞒家庭收入和住房条件，骗购经济适用住房或集资、合作建房的个人，由经济适用住房主管部门追回已购住房或者由购买人按市场价补足购房款，并可提请所在单位对申请人进行行政处分;对出具虚假证明的单位,由经济适用住房主管部门提请有关部门追究单位主要领导的责任。

3.34 经济适用房转手出售需要办理哪些手续和交纳哪些费用?

经济适用住房上市交易,必须具备房屋所有权证,同时必须在取得房屋所有权证或交纳契税之日起5年届满后才能按商品房交易。上市前需要办理批准手续。税费中主要有土地出让金,契税,印花税,登记费,个人所得税,工本费等。

3.35 哪些已购经济适用住房不得上市出售?

已取得合法产权证书的经济适用住房可以上市出售,但有下列情形之一的经济适用住房不得上市出售:
(1) 以低于房改政策规定的价格购买且没有按照规定补足房价款的;
(2) 住房面积超过省、自治区、直辖市人民政府规定的控制标准,或者违反规定利用公款超标准装修,且超标部分未按照规定退回或者补足房价款及装修费用的;
(3) 处于户籍冻结地区并已列入拆迁公告范围内的;
(4) 产权共有的房屋,其他共有人不同意出售的;
(5) 已抵押且未经抵押权人书面同意转让的;
(6) 上市出售后形成新的住房困难的;
(7) 擅自改变房屋使用性质的;
(8) 法律、法规以及县级以上人民政府规定其他不宜出售的。

3.36 预售的经济适用住房可以转让吗?

预购人在经济适用住房竣工前转让其预购房屋的,受让人必须已取得经济适用住房购房资格,并持审核证明按《北京市城市房地产转让管理办法》第四十四条规定按照以下步骤办理预售转让登记手续,且转让价格不得超过原预购单价。

(1) 未付清预售商品房预售合同约定的总价款的,预购人应当取得房地产开发企业同意;

(2) 已付清预售商品房预售合同约定的总价款的,预购人应当将其转让预购商品房的情况书面通知房地产开发企业。

转让预购的商品房的,预购人与受让人应当签订书面合同,并在合同签订后15日内依照本办法第四十条的规定到原登记机关申请变更预售登记。

经济适用住房已竣工,但未取得房屋所有权证前不得办理预售转让手续。

3.37 二手房买卖能不能直接交易?

由于二手房买卖比新房买卖要复杂得多,因此为了避免麻烦,降低风险,很多二手房的购房者会通过信誉比较好的中介机构完成买卖过程。事实上二手房的买卖并不一定必须通过中介机构,买卖双方完全可以直接交易。在这里需要提醒不愿意通过中介机构的二手房买方,要注意核实房屋的权属情况,审查出卖方的身份以及有无权利处分房屋,另外需要对诸如价款的支付方式和时间,产权的过户等进行详细的约定。

3.38 二手房买卖合同应该包括哪些条款?

目前国家尚未出台二手房买卖的格式合同,一般的二手房买卖合同都是由当事人自己协商议定或大家约定俗成使用的范本。我们知道,与房地产一级市场相比较,二手房市场显得更加小规模、零散、随意、交易主体多样、情形复杂、风险大,正因为如此,买卖双方当事人在议定合同时,就必须极为谨慎,方能较好地减少漏洞与风险,从而最大限度地维护自身的权益。

依据我国《合同法》及业务实践,下列内容在一份二手房买卖合同中是必不可少的:

(1) 当事人的具体情况、地址、联系方法等,以免出现欺诈情况；

（2）写明双方欲进行买卖的房屋的位置、性质、面积、结构、格局、装修、设施设备等情况，同时还要写明房屋产权归属；

（3）写明总价款、付款方式、付款条件，如何申请按揭贷款、定金、尾款等；

（4）履行期限、地点、方式，主要写明交房时间、条件、办理相关手续的过程等；

（5）违约责任，主要说明哪些系违约情形；如何承担违约责任；违约金、定金、赔偿金的计算与给付等；

（6）解决争议的方式，主要约定解决争议是采用仲裁方式还是诉讼方式；

（7）合同生效条款，双方在此约定合同生效时间、生效或失效条件等；

（8）明确约定合同中止、终止或解除的条件等；

（9）约定合同的变更与转让的条件或不能进行变更、转让的禁止条款；

（10）附件，在此说明本合同有哪些附件、附件的效力等。

3.39 二手房交易中有哪些典型陷阱？

（1）产权状况陷阱

根据法律法规的有关规定，"司法机关或者行政机关依法裁定、决定查封或者以其他形式限制房地产权利的房屋不得转让"。另外，如果房屋仍然设定抵押，交易中心也不会办理此种房屋的产权过户手续。而上述两种情况常常被购房者忽略，而房屋业主通常也不会主动提及。这样的陷阱很可能造成购房者在与房屋业主签订了买卖合同，并支付了首期款后，才在办理产权过户的过程中发现房屋不能转让。由此很可能给购房者带来巨大的损失。

鉴于此，在签订买卖合同前，购房者应到房屋所在区域的房地产交易中心进行产权状况调查（产调），以确定该房屋是否存在限制或禁止转让的情形。

(2) 房屋类型陷阱

现在市面上的房屋大部分为商品房,但也存在部分未转为产权房的使用权房(即公房)。如果这类使用房未取得产权证,根据有关规定是不能转让的。同样,要避免购房者在办理产权过户时才发现上述问题而遭受损失。

在签订买卖合同前应查看业主是否取得产权证。另外,若求购的是非居住用房,则该房屋的类型必须为商业用房。因为商业用房才可办理营业执照,否则若购买住宅房,购房人将无法从事预期用途。

(3) 合同签订人陷阱

房屋买卖合同应由购房者与房屋产权人签订。但若购房者忽略验证合同签订人是否是产权人,及该房屋是否还有其他产权人,则产权人或其他共有产权人若以合同签订人未取得其委托为由,主张该合同无效。那么,购房者仅能向合同签订人追究非常有限的缔约过失责任,即由于合同未成立给其造成的直接损失,且举证责任在于购房者。此种情形对购房者将非常不利。

为了避免这样的陷阱,购房者应该根据产权证或其他法律文件(如预售合同)确定产权人。若签订合同并非产权人,购房者应要求其提供产权人出具的委托书。

(4) 模糊付款方式陷阱

很多买卖双方通常只关注房屋价款达成一致,对于具体的付款方式却未给予应有的重视。结果在其后履行过程中常常由于某笔款项的支付时间不明而产生纠纷,受损失的一方因为当初与对方未订有明确条款而只能自认倒霉。

鉴于此,双方签订买卖合同时应对付款方式流程做出明确、具体的约定。

(5) 交房模糊约定陷阱

有时,买卖双方对预付款方式已有明确的约定,但却疏忽了交房这一重要环节。

在此可能会涉及交房的具体时间、交房时相关费用的结算等一系列问题。若无具体约定，购房者则可能处于逾期交房，却无法追究业主违约责任的被动局面，甚至遭遇相关费用无人结算的尴尬情况。

因此，买卖合同中应该明确约定交房日期及应由哪方于交房前结清包括水、电、煤、物管费、维修基金等相关费用。

(6) 非居住用房税费陷阱

购买(出售)非居住用房需缴税费的种类、数额与居住用房有较大差别。实践中，如果由于对购买(出售)非居住用房应缴税费估算不足，则可能出现大大超出购房人的原先预算或严重影响售房人对收益的预期的情况。

签订合同前，双方应先到房屋所在区域交易中心或请教专业人士确定非居住用房买卖应缴税费的具体种类及数额，做到心中有数。

3.40 购买二手房要严把哪几道关？

近年来，新建的商品房价格很高，而二手房价格相对较低，并且有成熟的配套设施，因此受到广大老百姓的青睐。然而，购买二手房所涉及的情况比购买新房复杂得多。因此，应该严格把好以下几道关，慎重挑选二手房：

(1) 考查中介机构是否合法可信

如果通过中介购买二手房，首先要留意其是否具有营业执照，并要求经办人出示房地产经纪人资格证书；除此之外，要索看卖房人的委托合同，同时要特别注意其中的委托卖房价格，以免中介公司赚取差价。

(2) 查明房屋产权状况

购房者应要求卖方提供房屋产权证书、身份证件、资格证件，注意产权证上的房主是否与卖房人是同一个人；应向有关房产管理部门验证所购房产产权的真实性；要确认原单位是否允许转买，因为大部分公房进行房改时原单位都保留优先购买权；要了解所购房屋有无债务负担、有无抵押、是否被法院查封。凡是房屋产权有纠纷的，或是部分产权（如以标准价购买的公有住房）、公有产权、产权不清、无产权的房子，即使房子再合意也不要购买，以免成交后拿不到产权证。

（3）弄清房屋面积、结构

要核实产权证所确认的面积与实际面积是否有不符之处；要观察房屋的内部结构，户型是否合理，有没有特别不适合居住的缺点；要查看管线是否太多或者走线不合理，天花板是否有渗水的痕迹，墙壁是否有爆裂或者脱皮等明显的问题。

（4）考察环境和配套

二手房周边的环境一般已经形成多年，较难改变。因此，要认真考察房屋周围有无污染源，对房屋周围环境、小区安全保卫、卫生清洁等方面的情况，也应该做全面的了解。对房屋配套设施，主要考察以下一些方面：水质、水压、供电容量、燃气供应、暖气供应情况和收费标准以及电视接收的清晰度等。

（5）了解物业管理水平

要了解物业管理企业的信誉情况和服务到位程度，看看保安人员的基本素质、管理人员的专业水平、服务态度如何；小区各项设施设备是否完好，是否运行正常等。还要了解物业管理费用标准，水、电、气、暖的价格以及停车位的收费标准等，了解是否建立了公共设施设备、公共部位维修养护专项基金，以免日后支付庞大的维修养护费用，出现买得起住不起的情况。

（6）合理办理过户

不要随便相信卖方的信誉，先交钱再过户还是先过户后交钱是一个重要问题，可以考虑将房款押在一个双方都信得过的单位（个人），等过户完成后，再将房款转给卖方。尤其需把关的是，产权的过户必须报经房屋土地管理部门办理才算完成过户手续，即使有代理行、律师、公证的保证等都不算是完成交易过程。

购房者还应注意，要客观了解所卖房屋的其他相关情况，如前房主的户口何时迁出、房屋出卖原因、水电气是否欠账、是否由于违章装修改建而存在种种隐患等等。这些都是至关重要的，以免入住后再发现一些不尽如人意的状况而追悔莫及。

3.41　购买二手房，如何审察房屋产权？

购买二手房，最重要的就是认真审查房屋产权的完整性以及可靠性。

首先，要求卖方提供合法的产权证书正本，然后到房管部门查询产权证的真实性以及所购房产产权来源和产权记录，包括房主、登记日期、成交价格等；此外还需要确认卖方产权的完整性，了解所购房有没有抵押，包括私下抵押以及共有人等。要特别注意产权证上的房主与卖房人是否为同一人，如果不是同一人，应该要求出卖人提供房主的授权委托书，并争取与房主直接取得联系。

其次，要搞清所购房是否属于允许出售的房屋。在一些地方，公房进行房改时，原单位保留优先回购权，因此一定要确认原单位是否同意转让。

3.42　如何购买二手经济适用房？

如果是购买已经住满5年的经济适用房，则不需要符合购买经济适用房的特殊条件，任何购买人群都能购买。购买此类二手经济适用房除了正常缴纳1.5%的契税、0.5‰的印花税外，不需要再缴纳成交价3%的土地出让金。

如果是购买尚未住满5年的经济适用房，购买者则首先必须满足普通经济适用房的购买条件(以北京为例，购买者首先必须具备北京市常住户口，其次购买者家庭年收入应在人民币6万元以下)。

符合此购买条件的购房者还需办理经济适用住房购买资格审核手续。如果所购置的已购经济适用房超过核定最高购房总价标准以外部分，则需补交10%的综合地价款，所购房屋仍按经济适用住房产权管理。

购买人凭补交10%的综合地价款后的缴款通知书、缴款收据等证件到房屋所在地国土资源和房屋管理局办理交易、产权过户手续。

3.43 二手房交易的避税手段容易出现哪些问题？

从2006年6月1日起，购买不足5年的商品房要转手买卖需要全额缴纳营业税，该规定在付诸实施后立即引起了市场上的波动。许多市民为了避税，掉进了陷阱，因小失大。

(1)"私订终身"要不得

"私订终身"避税是指买卖双方商量好房屋价格后，房主先将房产证交付买主，买主付清绝大部分房款后，房主交钥匙让买主住进房子。双方约定，等房子满了5年再去办理过户手续，以此规避税费。

"私订终身"方法的风险很大，因为房产证还是原房主的，房主就可能通过挂失来注销原房产证，待办理新证后，一房两卖，或者因欠债被法院查封等，这些都可能造成纠纷。

(2)"阴阳合同"问题多

"阴阳合同"避税法是指在售房合同中，买卖双方协商后将房价填低些，这样缴税的税基就小，纳税额也会减少，这在二手房买卖中常常出现。尤其是国家税务总局近日发出通知，从2006年8月1日起强制征收房产出售个人所得税。个税按"转让收入－房屋原值－转让住房过程中缴纳的税金及有关合理费用"的20%征收。这就更容易促使"阴阳合同"的产生。

但事实上，在二手房交易中，使用"阴阳合同"对买房人再次交易极为不利。高价买卖低价报税属于虚假交易，虽然买卖双方都可以从中占点小便宜，但一旦买房人再次将房子转让时，将面临着两个问题：一是由于买入价低，房屋出售时估值也会相应降低；二是由于买入价低，再次卖出和买入价之间的差额就会比较大，再次缴税时也会相应多缴。

(3)"公证避税"不可取

"公证避税",是买卖双方先通过合同或公证的形式进行买卖,但先不到房地产交易中心办理交易登记,待房产所有权满5年后,再办理过户手续,仅花少量的公证费,就可避免缴纳营业税和相关城市建设税及教育附加费。

"公证避税"的方法表面上看,似乎是通过公证有了法律保护,但由于所购买的房屋要等若干年后再正式过户,其间买卖双方产生纠纷的可能性极大。只公证不过户对买房人来说存在很大风险,因为在我国的房地产法律、法规中,买卖双方一旦发生纠纷,房产证是房屋所有权的第一证据,而购房合同属于次要证据。其间房产证仍属卖方,买主可能吃大亏。一旦卖房人将房屋抵押或者转售,买方人的利益将无法保证。

(4)"赠与避税"不要试

"赠与避税",是指双方在私下进行买卖交易后,不到房地产交易中心办理过户手续,而是以赠与的方式变相交易。

"赠与避税"这种方式实际上是钻了法律空子,也给消费者带来了一定的风险。买卖双方签订的赠与协议虽然具有一定法律效力,但由于该交易实际上是二手房买卖,一旦双方发生了利益纠纷,法院将无从判决,最后给消费者带来损失。如果卖主将房子抵押出去,同时又将房子以赠与的形式卖出,这样买主的利益就会受到严重侵害,即使这种纠纷闹到了法院,法院也很难判定裁决。

3.44 哪些已购公房可以直接上市交易?

可以直接上市交易的已购公房包括:

(1) 已取得房屋所有权证的各区房地产管理局的直管房屋;

(2) 已取得房屋所有权证单位的房屋,与单位在《购房协议》中有约定,但单位同意盖章放弃优先购买权,即在《已购公有住房和经济适用房出售征购意见表》上盖章;

(3) 已取得房屋所有权证单位的房屋,且与单位在《购房协议》中,没有"五年之内不可以上市"或"单位有优先购买权"

的约定。

3.45 哪些已购公房不能上市交易？

不能上市交易的已购公房包括：

（1）所有权有纠纷的公房或者是所有权共有的房屋，其他共有人不同意出售的公房；

（2）已经抵押但是未经抵押权人书面同意转让的公房；

（3）擅自改变房屋使用性质的公房；

（4）以低于城镇住房制度改革政策相关规定的价格购买并且没有按照规定补足房屋价款的公房；

（5）上市出售后会形成新的住房困难的公房；

（6）已经被列入拆迁范围之内的公房；

（7）被依法查封或者被依法以其他形式限制房屋权属转让的公房。

第 4 章

购 房 贷 款

美国老太太和中国老太太买房的故事已是家喻户晓。随着房地产市场的不断完善，大多数中国人也能够像美国老太太那样，早早住进自己心怡的房子里。但是，如何选择购房付款方式？如何付首付？如何选择个人住房贷款？什么是转按揭……这些大大小小的问题一直是购房者非常关心但又非常迷惑的。通过阅读本章，读者能够比较清晰地了解住房公积金贷款、个人住房商业贷款、住房政策性贴息贷款、二手房贷款等方面的相关知识。

4.1 如何选择购房付款方式？

付款方式分为一次性付款或者银行贷款分期付款。购房者应该根据自己的实际财力情况，合理选择购房付款方式。住房贷款有公积金贷款、商业贷款和组合贷款三种，需要注意的是，银行会在办理贷款的同时要求办理房产保险。

如果购房者收入颇丰，手头宽裕，又有足够的购房款，那么，采取一次性付款的方式是比较合算的。因为一次性付足房款，房产商一般会在房价上给予一定的优惠。同时，购房者较早地拥有了房屋的产权，可以根据市场行情随时将房屋进入市场交易，一旦出现预想不到的情况，也能随心所欲地进行处置。

另一种情况就是分期付款，采用这种方法最大的好处是可以缓解资金上的压力，使普通消费者购房成为可能。分期付款购房具有以下特点：

（1）房屋的交付与价款的支付不是同时进行，而是房屋的交付在前，价款的全部支付在后。

（2）房屋所有权转移与房屋的交付占有也不是同时进行，一般房屋交付在前，购房者占有在后，售房人仍保留房屋的所有权，直到购房者全部付清房价款。

（3）购房者不履行支付价款的义务时，售房人可以收回房屋。

如果购房者已参加了住房公积金，则可申请公积金低息贷款。

4.2 什么是个人住房商业性贷款？

个人住房商业性贷款是银行使用信贷资金所发放的自营贷款，具体来讲，指具有完全民事行为能力的自然人购买城镇自住住房时，以其所购产权住房为抵押物，作为偿还贷款的保证而向银行申请的住房贷款。

4.3 什么是个人住房公积金贷款？

住房公积金贷款是指由住房公积金管理中心及所属管理部，运用住房公积金，委托银行向购买、建造、翻建、大修自住住房的住房公积金缴存人和缴存单位的离退休职工发放的贷款，并由借款人或第三人提供符合住房公积金管理中心要求的担保，也称个人住房担保委托贷款。

4.4 什么是个人住房组合贷款？

组合贷款，是住房资金管理部门运用政策性住房资金、商业银行利用信贷资金向同一借款人发放的贷款，是政策性贷款和商业性贷款组合的总称。当个人通过公积金贷款不足以支付购房款时，可以向受委托办理公积金贷款的经办银行申请组合贷款。

个人住房组合贷款是指，符合个人住房商业性贷款条件的借款人又同时缴存住房公积金的，在办理个人住房商业贷款的同时还可以申请个人住房公积金贷款，即借款人以所购本市城镇自住住房（或其他银行认可的担保方式）作为抵押可同时向银行申请个人住房公积金贷款和个人住房商业性贷款。政策性和商业性两部分贷款均由住房资金管理机构指定的银行统一发放。

4.5 什么是抵押贷款方式？

抵押贷款方式指贷款行以借款人或者第三人提供的符合规定条件的房产作为抵押而向借款人发放贷款的方式。

4.6 如何选择个人住房贷款？

个人住房贷款的还款方式和按期还款额是根据借款人在申请贷款时所确定的借款金额和借款期限计算得出的，那么购房者应如何根据自己家庭情况做出恰当的选择呢？

根据中国人民银行《个人住房贷款管理办法》规定，贷款在1年以内的，实行到期一次还本付息。个人一般选择申请1年以上较长期的住房贷款，可以实现提前使用、分期偿还的消费方式。

目前个人住房贷款的发放以银行与房产商合作的方式居多，对贷款金额和期限的选择首先应不超过房产商与银行贷款合作协议所约定的最高贷款金额和最长期限为限，又因各商业银行贷款最高限额有所不同，所以一般情况下在选择购买住房的同时也选择了贷款银行、最高借款金额和最长借款期限。

目前大部分商业银行已开办个人住房组合贷款，凡属正常交缴住房公积金的职工均可申请个人住房公积金贷款。公积金贷款有利率较低的优点，应作为贷款时的首选，但公积金贷款有最高额度的限制，不足部分可申请个人住房商业性贷款，即组合贷款。要贷足公积金可根据借款人月交公积金测算，即：住房公积金贷款金额=公积金年可贷额度×贷款期限(不超过20年),公积金年可贷额度最终应以公积金贷款查询结果为准。

住房贷款期限的选择一方面确定了还款的期限,另一方面因贷款利率根据贷款期限确定,贷款期限的选择也就是贷款利率的选择,所以贷款期限过长,还款的利息负担就会随之增加。

对贷款额度和期限的选择,最后还应测算月还款额,月还款以不超过家庭收入的40%~50%为宜。

4.7 购房首付款多少才好?

根据央行有关规定,购房贷款不得超过房价款的80%,开发商不得开办个人住房分期付款零首付业务,也就是说购房者要交付的首期付款不得少于房价款的20%。而最近出台的国六条中规定,对于建筑面积90m^2以上的住房规定首付款比例不得低于30%,对购买自住房且套型建筑面积90m^2以下的仍执行首付款比例20%的规定。

一般情况下,当购房贷款利率较低时,应尽量多地申请按揭贷款,申请的贷款额度越大,首期付款的额度越小,购房者现有的资金除了支付首付款外,还可以投入到其他收益较高的地方。所以,如果购房者有别的投资途径,最好是少付首付款,多贷款,因为住房贷款利率较低,投资其他方面回报可能会大于支付给银行的利息。

反之,如果购房者有多余的存款而又没有别的投资渠道,则最好是多付首付款,减少贷款额度,因为贷款的利息毕竟还是远高于在银行存款的利息。

4.8 申请个人住房商业贷款的条件是什么?

(1) 贷款对象为有完全民事行为能力的自然人。

(2) 具有城镇常住户口或有效居留身份,即要求借款人有合法的身份。

(3) 有稳定的职业和收入,信用良好,有偿还贷款本息的能力。

(4) 对首付款的要求。国家以前对首付款比例的规定是 20%～30%，各地银行间有些许差异。但是根据最近出台的国六条细则说明，对于建筑面积 90m² 以上的住房规定首付款比例不得低于 30%，考虑到中低收入群众的住房需求，对购买自住房且套型建筑面积 90m² 以下的仍执行首付款比例 20% 的规定。

(5) 有贷款人认可的资产作抵押或质押，或有符合规定条件、具备代偿能力的单位或个人作为偿还贷款本息并承担连带责任的保证人。

(6) 具有购房合同或协议。

(7) 贷款人规定的其他条件。

各个银行在贷款条件上会有一些细微的差别，购房者在申请贷款时要参阅贷款银行的具体规定。

4.9 个人住房商业贷款的期限一般是多长？贷款的额度和利率是多少？

各银行在按揭贷款期限方面有一些差异，一般来讲，贷款期限最长的为 30 年，个别银行还有其他要求，例如中国农业银行规定，借款人年龄加上贷款年限最长不得超过 65 年。

在发放的贷款额度方面，各银行的规定也不尽相同。总的来看，贷款额度一般不高于房地产估价机构评估的拟购住房的价值或者实际购房费用的 80%。

贷款利率则是按照中国人民银行规定的基准水平和浮动范围确定。

4.10 申请个人住房商业贷款的流程有哪些？

购房者如果要申请个人住房商业贷款，首先应该向银行咨询贷款条件及其贷款所需的材料。其次，应该与开发商签订购房合同，并支付首付款。如果符合贷款条件，购房者就可以填写贷款申请表，同时向银行提交其要求的其他材料。这个过程一般是由银行指定的律师办理。此时委托银行指定的律师事务所会对购房者进行资信审查。律师对个人的资信审查以后，会向银行出具个人资信法律意见书，以供银行在决定是否贷款时进行参考。

通过以上步骤，银行会综合申请人提交的材料以及调查意见进行审查，最终决定是否给申请人提供贷款。如果能够贷款，则会签订《借款合同》和《划款扣款授权书》。并且根据不同的担保方式，签订《个人住房按揭（抵押）借款合同》、《个人住房质押担保借款合同》或《个人住房保证担保借款合同》。值得注意的是，《借款合同》是由申请人、银行和开发商三方共同签订的，开发商是贷款的保证人。如果申请人不能按期归还贷款，开发商要承担连带责任。

完成以上流程以后，还需要做的是办理保险手续。借款人要向指定的保险公司办理抵押房屋全额财产保险。这部分手续一般由银行代为办理。

在取得房产证以后，借款人还要到房屋土地管理局办理房屋产权抵押登记手续。

在贷款全部偿还以后，借款人就可以与银行一起到房屋土地管理局解除抵押登记。

4.11　如何办理房地产保险？

（1）填写投保单。投保单的内容有：投保人的名称，投保日期，被保险人或受益人的名称，保险标的名称和数量，保险责任起讫时间，保险价值和保险金额等。投保单是投保人在保险公司申领的作为保险公司接受投保依据的文件。

（2）签发保险单。保险人在收到投保人的投保单后，应对投保单的内容逐一审核并实地勘查，在确定符合保险条件后可签发保险单。

（3）收取保险费。投保人应按规定的保险金额、保险期限和保险费率向保险人如期缴纳保险费。房地产保险合同也可由双方的委托来办理,如抵押房地产保险可委托银行办理。

4.12 申请个人住房商业贷款应该向银行提供哪些材料?

以建设银行为例,借款人申请个人住房贷款应填写《中国建设银行个人住房贷款申请审批表》,并向贷款行提交下列资料:

(1) 身份证件(居民身份证、户口本和其他有效居留证件);

(2) 贷款行认可的部门出具的借款人稳定经济收入证明或借款人偿债能力证明;

(3) 合法的购房合同或协议书;

(4) 抵押物或质押财产清单、权属证明文件,有处分权人同意抵押或质押的证明,贷款行或贷款行认可的部门出具的抵押物估价报告书;

(5) 保证人同意提供担保的书面意见及保证人的资信证明材料;

(6) 建设银行的存款单据(复印件);

(7) 以自己和配偶及其直系亲属已交存的住房公积金作为自筹资金的,应提供住房公积金管理部门批准动用公积金存款的证明文件;

(8) 贷款行要求提供的其他文件或资料。

其他各个银行需要提供的材料大同小异,购房者在申请贷款时可以参照贷款银行的相应规定提供材料。

4.13 申请个人住房商业贷款需要签署的文件有哪些?

一般来说,在申请个人住房商业贷款的整个流程中,需要签署以下文件:

(1) 个人贷款申请表。

(2) 与银行签订的《借款合同》。

(3) 与保险公司签订的保险单。

(4) 向律师事务所出具的承诺书。具体来讲,指的是在银行委托的律师对申请人进行资信调查时出具的、保证向律师提供的材料都是真实的声明。

（5）抵押登记承诺书。在申请贷款时，银行要求房屋的共有人出具的书面同意抵押的声明。

（6）抵押登记授权委托书。在办理抵押登记时，银行一般要求申请人委托律师事务所来办理，因此要签一份授权委托书。

（7）与律师的谈话记录。在律师进行资信调查时，记录要由申请人签字确认。

（8）收押合同。银行与借款人约定，借款人在取得房产证以后，要把房产证交给银行收押。

（9）代扣还款委托书。借款人委托银行代为划款时签署的委托书。

（10）个人住房担保贷款转存凭证。银行将借款人的贷款划入开发商的账户以后的凭据。

（11）印鉴卡。借款人在银行预留的签名样本。

（12）电子货币卡申请表。向贷款银行申请储蓄卡时填写的申请表。

4.14 申请个人住房商业贷款时要交哪些费用？

申请个人住房商业贷款时，申请人一般要交以下四种费用：

（1）公证费。贷款申请人为夫妻一方或者共同购房者一方的，其他共有人要对是否同意将房屋抵押给银行作出声明，这个声明需要公证，公正的费用由申请人承担。

（2）律师审查费。在申请贷款的过程中，银行要求申请人必须提供由银行委托的律师出具的关于个人资信的法律意见书。目前来讲，这项费用除了广州是规定由银行承担以外，都由申请人负担。律师的委托费一般是贷款额的3‰。

（3）产权登记费。购房者在拿到房产证以后，要到登记机关进行抵押登记，要交登记费用。

（4）保险费。借款人在申请抵押贷款时，要给抵押物办理财产保险。在抵押期间内，保险单由贷款人，即贷款银行保管。不同保险公司的财产保险费费率略有不同，以太平洋保险公司的个人抵押商品住房投保单为例，其保险费的计算公式是：保险费＝房屋总价款×换算现值系数×年费率。

4.15　申请个人住房商业贷款要担保吗？

个人住房商业贷款包括抵押、质押和保证三种担保形式。

抵押一般是指债务人或者第三人不转移对抵押财产的占有，将该财产作为债权的担保。债务人不履行债务时，债权人有权以该财产折价或者以拍卖、变卖该财产的价款优先受偿。

质押是指债务人或者第三人将其动产或者权利凭证移交债权人占有，将该动产作为债权的担保。债务人不履行债务时，债权人有权依照本法规定以该动产折价或者以拍卖、变卖该动产的价款优先受偿。

保证是指保证人和债权人约定，当债务人不履行债务时，保证人按照约定履行债务或者承担责任的行为。

申请个人住房商业贷款需要担保。在实际的贷款过程中，贷款人可以将上述几种担保形式结合起来申请贷款。

4.16　住房公积金贷款对贷款对象有什么要求？

住房公积金贷款是指由住房公积金管理中心及所属管理部，运用住房公积金，委托银行向购买、建造、翻建、大修自住住房的住房公积金交存人和交存单位的离退休职工发放的贷款，并由借款人或第三人提供符合住房公积金管理中心要求的担保，也称个人住房担保委托贷款。

住房公积金贷款对象为在住房公积金管理中心系统交存住房公积金的住房公积金交存人，和住房公积金交存单位的离退休职员。但职工因离职、停薪等原因中断交存住房公积金，以及职工因调动工作单位且新单位尚未建立住房公积金或尚未在调入单位开立公积金账户的，该职工住房公积金余额应封存在原来单位的住房公积金账户内。在此期间该职工不能申请住房公积金贷款。

4.17 公积金贷款与商业性个人住房贷款有哪些区别？

公积金住房贷款和商业银行住房贷款的主要区别如下：

（1）住房公积金贷款利率比商业银行住房贷款利率低。根据最新的调息规定，五年（含五年）以下住房公积金贷款年利率为 4.14%，五年以上住房公积金贷款年利率为 4.59%，商业银行同期个人住房贷款利率为 6.39%。

（2）贷款对象的条件要求不同，公积金贷款对象需要是北京公积金系统公积金交存人；商业住房贷款不需要是公积金交存人。

（3）对贷款人年龄的限制不同，一般来讲商业银行个人住房贷款有年龄上限，而公积金住房贷款没有年龄的限制。

（4）商业银行住房贷款最高可以贷到房屋总价的 80%，根据所购住房性质不同，住房公积金贷款可以贷到房屋总价的 95% 或 90%。根据最近出台的国六条细则说明，对于建筑面积 90 平方米以上的住房规定首付款比例不得低于 30%，考虑到中低收入群众的住房需求，对购买自住房且套型建筑面积 90 平方米以下的仍执行首付款比例 20% 的规定。

（5）贷款的担保方式不同，商业银行贷款一般是在房产证抵押登记前采用开发商阶段性连带责任保证担保方式，在抵押登记后采用抵押的担保方式。公积金贷款担保方式主要是北京市住房贷款担保中心提供的连带责任担保。

（6）商业银行住房贷款一般需要律师费用、保险费用，而住房公积金住房贷款一般需要担保费和评估费。

（7）对单笔贷款最高额度规定不同，一般来讲，商业银行住房贷款对单笔贷款最高额度没有规定，而公积金贷款有最高额度的限制。

（8）北京住房公积金管理中心为住房公积金贷款的借款人统一向中国太平洋财产保险股份有限公司北京分公司购买了个人抵

押商品住房保险。保险融合了财产损失保险和人身意外伤害保险两方面的内容，使借款人免费享受到保险。而一般商业银行住房贷款，借款人无法免费享受这方面的保险。

4.18 公积金贷款有几种？什么人能申请？

个人住房公积金贷款也叫个人住房担保委托贷款。按照住房资金管理部门的不同，个人住房公积金贷款分为以下三种类型：

(1) 北京市住房资金管理中心个人住房担保委托贷款。

(2) 中央国家机关个人住房担保委托贷款。

(3) 中共中央直属机关个人住房担保委托贷款。

以北京市为例，申请个人住房公积金贷款要求具备以下五个条件：

(1) 具有北京市城镇常住户口或有效居留身份。如果购买的是二手房，只要是在北京购买自住住房，又是在北京市住房资金管理中心系统或中共中央直属机构住房资金管理中心交存住房公积金的交存人或汇交单位的离退休职工，也可以通过公积金贷款。

(2) 具有稳定的职业和收入，具有偿还贷款本息的能力，申请人必须持续交存住房公积金 6 个月以上，或累计交存 12 个月以上，并且当前为正常的交存状态。

(3) 具有合法购房的合同或有关证明文件。

(4) 能够提供北京市住房资金管理中心认可的担保方式。

(5) 提出贷款申请时，借款申请人购买除商品房期房外其他性质住房申请住房公积金贷款的，购房首付款比例由不低于 10% 调整为不低于 5%；购买商品房期房申请住房公积金贷款，购房首付款比例不应低于 10%。

夫妻双方一方有住房公积金的可以申请个人住房公积金贷款购房，但是要以夫妻共同申请的方式购房。

4.19 公积金贷款的程序是什么？

申请住房公积金贷款一般要有六个步骤：

(1) 借款人到贷款银行办理借款申请。

(2) 贷款银行审核合格后出具贷款意向书,借款人领取贷款所需的表格。

(3) 借款人凭贷款意向书与售、建单位签订购建房合同或协议。

(4) 借款人与贷款银行签订抵押合同,将自筹资金存入贷款银行。

(5) 借款人办理担保手续:用房产抵押的借款人到产权部门办理"房屋他项权证"和"房地产抵押确认书";用有价证券质押的,将有价证券交贷款银行收押,签订借款合同。

(6) 用于购房的贷款,由贷款银行将贷款连同借款人存款一并划转到售房单位账户,用于建修房的贷款,借款人按借款合同支付。

4.20 公积金贷款都需要准备哪些材料?

以北京为例,一般办理公积金贷款都需要准备以下的材料:

(1) 身份证或有效身份证明原件1份;

(2) 户口本首页、本人页、变更页原件各1份,外地户口可提供复印件;

(3) 非北京市户口须提供有效居住证明原件1份;

(4) 已婚者须提供结婚证或婚姻关系证明原件1份;

(5) 离退休职工须提供离退休证明原件1份;

(6) 提供收入证明原件3份;

(7) 大专以上学历者提供最高学历证明原件1份;

(8) 职称证明原件1份;

(9) 购房合同原件1份;

(10) 预售登记备案表原件1份;

(11) 购房改房者提供售房单位的房改售房方案复印件1份;

(12) 购房改房者提供售房单位的房改售房方案批复复印件1份;

(13) 购房改房者提供单位所售公房大产权证或确权证明复印件1份；

(14) 购集资房者提供集资建房方案复印件1份；

(15) 购集资房者提供集资建房方案批复复印件1份；

(16) 购集资房者提供集资建房批复在房改部门备案证明复印件1份；

(17) 购集资房者提供首付款在指定管理部专户存储证明复印件1份；

(18) 购二手房者提供卖方房屋产权证或确权证明原件1份；

(19) 购二手房者提供首付款已付证明原件1份；

(20) 管理中心要求的其他资料。

4.21 公积金贷款要哪些证件担保？

职工申请购、建住房贷款时，应提出书面借款申请，注明借款原因、售房单位、建房单位、房屋坐落地点、建筑面积、购房价格或建房造价、贷款金额、贷款期限等内容，并持借款人申请书、借款人身份证复印件、户口本、住房公积金储蓄卡、借款人名章和有关证明材料（购房的，须有符合法律规定的购房合同或协议；建房的，须有规划、土地部门批准的文件；修房的，须有规划部门批准的文件）。

借款人可用自有、共有或第三方自然人房产进行抵押，也可用国债、银行定期存单等贷款银行认可的有价证券进行质押。借款人以共有或第三人房产做抵押的，须征得共有人或第三人的同意，并办理公证。

4.22 住房公积金如何支取和使用？

(1) 购买、建造、大修自有住房时支取的，应当提供下列证明：

① 购买自有住房的，提供符合法律规定的购房合同或协议；建造自有住房的，提供规划、土地管理部门批准的文件；

大修自有住房的,提供规划管理部门批准的文件;

② 支取同居一处家庭成员的住房公积金储存余额的,应提供合法有效的同居一处家庭成员关系证明。

按照前款规定支取住房公积金储存余额的,应当在购房合同或协议生效、建造或者大修自有住房被批准之日起半年内,由本人及同居一处家庭成员分别支取。

按照本条规定支取职工的住房公积金储存余额后,职工应当继续交存住房公积金。

同居一处家庭成员,是指配偶及具有同一户籍的直系亲属。

(2) 其他情况下支取的,应当提供下列证明:

① 职工离休、退休的,提供合法有效的离休、退休证明;

② 职工户口迁出本市或者到国外、港、澳、台地区定居的,提供公安机关出具的户口迁移证或者出境登记卡;

③ 职工完全丧失劳动能力,并与所在单位终止劳动关系的,提供合法有效的解除劳动关系证明和区、县以上医院证明;

④ 职工在职期间死亡或者被宣告死亡的,其合法继承人或者受遗赠人提供合法死亡证明。

按照前款规定支取住房公积金储存余额的,该职工的住房公积金账户由单位办理注销手续。

4.23 公积金提前还款手续及办理程序有什么规定?

(1) 公积金提前还款手续包含的内容

提前还款包括提前全部还款、提前部分还款且贷款期限不变、提前部分还款的同时缩短贷款期限三方面内容。

(2) 公积金提前还款的办理程序

① 提前全部还款

由贷款银行审核相关材料无误后,办理提前全部还款手续。

② 提前部分还款且贷款期限不变

由贷款银行指导借款人填写相关协议。

如果原贷款担保方式为"抵押+保险"且抵押登记尚未办理

的，还需持保单正本、本人身份证和相关协议到市中心指定的保险公司办理减保手续，最后签订完的协议应由贷款银行及时送交相应分中心。

③ 原贷款担保方式选择"抵押＋保险"且抵押登记已完成的和选择非抵押＋保险的借款人申请提前部分还款同时缩短贷款期限。

由贷款银行指导借款人填写相关协议，签订完的协议由贷款银行及时送交相应分中心。

④ 原贷款担保方式选择抵押＋保险仍在保险期内的，且抵押登记尚未完成。

借款人申请提前部分还款同时缩短贷款期限，可直接到担保中心办理。

4.24 公积金贷款过程中，需要支付哪些费用？

根据所购房屋性质不同，办理担保中心担保的个人住房公积金贷款需要以下费用：

（1）如果办理贷款的住房为商品房、二手房，个人需要缴纳两部分费用：

① 担保中心收取的个人住房贷款担保费用，担保费的多少与贷款年限和贷款金额有关，年限长，每万元缴纳的担保费用相对多一些；担保中心还根据不同的还款方式收取不同担保费用，对信用等级评为 AA 级和 AAA 级的，担保费用上有一定的优惠。

② 所购房屋的房屋评估费。

（2）如果办理贷款的住房为经济适用房，房改房或者是集资建房，所需费用只有担保中心收取的住房公积金贷款担保费。

如借款人采取其他担保方式，根据不同担保方式，收取不同费用。

目前办理公积金贷款做信用评估还不需要个人缴纳信用评估费用。

4.25 自由职业者可否缴纳公积金贷款?

随着住房公积金贷款程序不断简化,越来越多的开发商与住房公积金管理中心签订了合作协议。但是,公积金由单位和个人各缴纳一半,因此,没有与单位签订劳动合同的人不能享受公积金贷款。虽然建设部提出公积金可以由个人缴纳,但在实际操作中却存在很多困难。各地关于自由职业者能否缴纳公积金的规定也不同,例如,北京的自由职业者可以自行缴纳公积金,成都的自由职业就不能自行缴纳公积金,要以所在地方的实施办法为准。

4.26 在外地购房可以支取住房公积金吗?

在外地购买自住住房同样可以支取公积金,办理手续及所需材料按照购买自住住房正常支取公积金即可。具体方式如下:

(1)采取一次性付款的职工,应提供购房合同或协议、购房发票或收据办理支取。

(2)购买自住住房,采取贷款或分期付款方式的,应提供借款合同、首付款发票办理支取。

4.27 住房公积金贷款的第一年能提前还贷吗?

在借款最初 1 年内不能提前还款。按照公积金贷款的有关规定,部分提前还款应在还贷满 1 年后提出,并且归还的金额应超过 6 个月的还款额。另外,借款合同中规定提前还款者不应出现逾期不还的情况,如果出现,则应先还完欠款再申请提前还贷。

4.28 什么是住房政策性贴息贷款?

住房政策性贴息贷款是城市住房资金管理中心、城市贷款担保中心与有关商业银行合作,推出的个人住房担保贷款政策性贴息业务。申请住房政策性贴息贷款的购房者无须到管理中心、银行跑两套手续,交两笔手续费,而可以在商业银行直接领取贷款。这样，贷款的时间(尤其是组合贷款的时间)可能由以前的几个月节省到几天。商业贷款和公积金贷款之间的利差，则由政府住房基金提供的利息返还给商业银行，最后的贴息实惠仍落在贷款人身上。

4.29 怎样申请住房政策性贴息贷款？

申请住房政策性贴息贷款需要遵循以下步骤：

(1) 申请人与开发商签署《商品房买卖合同》，缴首付款并约定采用银行按揭贷款付款方式。

(2) 申请人应向指定的律师事务所咨询具体事宜，了解银行的贷款规定和各项收费标准。

(3) 申请人申请住房政策性贴息贷款。申请人及配偶与律师见面，提交贷款所需资料，缴纳相关费用并签署贷款相关法律文件。

(4) 律师对申请人的资信及提交资料的真实性进行初审，并出具《法律意见书》。管理中心根据借款人资料审批给予借款人的贴息额度；担保中心确定是否为其提供担保。银行根据中心审批意见，审批通过后发放贷款。

(5) 借款人按合同约定期限归还贷款本息(利息按照商贷利率计算)。

4.30 住房政策性贴息贷款对贴息对象有哪些条件限制？

贴息对象必须同时满足以下条件：

(1) 申请人必须是住房公积金的交存人，截至申请日为止，申请人持续交存住房公积金 6 个月(含)以上，或累计交存 12 个月以上，当前为正常的交存状态；

(2) 提供符合要求的担保方式；

(3) 夫妻双方只能申请一笔住房贷款贴息；

(4) 满足商业银行个人住房按揭贷款管理办法规定的借款人的各项条件。

4.31 贴息贷款可以提前还款吗？其利息会随着贷款利率的变化而变化吗？

贴息情况下可以提前还款。借款人提前还款的，可以直接去经办银行办理，并按照最初确定的贴息部分与不贴息部分的比例，确定提前还款中贴息部分与不贴息部分的金额。

提前还款的第二个月，管理中心将按照贴息部分剩余本金和期限，重新确定每月补贴金额。

住房政策性贴息贷款的利息会随着贷款利率变化而变化。如遇到中国人民银行调整贷款利率，管理中心将从下一年度一月起调整每月补贴金额。

4.32 如何申请住房组合贷款？

目前，购房者在购买商品房时可同时申请个人住房公积金贷款和个人住房商业性贷款，即申请个人住房组合贷款，因此个人住房组合贷款应同时符合住房公积金贷款和商业性贷款的条件。申请个人住房组合贷款可在公积金受托银行——建行办理，也可在与建行订立《个人住房担保组合贷款合作协议》的其他商业银行办理，单项申请个人住房公积金贷款的只能到申请人交存公积金的建行支行办理。

现行的通常做法是由售房单位推荐购房者到与其合作的商业银行办理贷款。借款对象除了要满足原个人住房商业性贷款限定条件外，还要求是正常交缴公积金的职工。下面介绍申办个人住房组合贷款的基本情况：

（1）贷款所需资料

借款人除应向银行提供商业性贷款资料外，还需补充下列资料：

① 借款人和配偶及符合条件参与计算住房公积金贷款额度的直系血亲的户口本、身份证；借款人和配偶不在同一户口的需提供婚姻证明；

② 借款人和符合条件参与计算贷款额度人员的住房公积金账号和单位证明。

(2) 贷款申请额度

个人住房公积金贷款可贷额度＝(贷款当月借款人及其同户成员、非同住的配偶和直系血亲计算住房公积金月工资基数之和)×35%×12×贷款年限。

个人住房商业性贷款申请金额一般计算到万元，个人住房公积金贷款计算到千元。

(3) 贷款申请期限

个人住房组合贷款期限最长不超过15年，对于将到离退休年龄的贷款人，其贷款期限最长计算到65周岁。个人住房公积金贷款和个人住房商业性贷款借款合同起止日必须相一致。

4.33 办理住房组合贷款的程序是什么？

(1) 借款申请人向商业银行提出个人住房组合贷款申请，应填写《个人住房公积金借款申请书》和《个人住房商业性借款申请书》，同时向银行提供本人及有关人员的住房公积金账号和交验有关证明资料，待银行作出贷款答复。

(2) 银行受理贷款申请后，对借款人交验的证明、资料的真实性、合法性及资信程度进行审查；同时根据借款申请人提供的住房公积金账号，向建行房地产信贷部查询借款人和参与还款人交存住房公积金情况和贷款期限为1年的可贷款额度。银行将查询结果通知借款人后，对符合条件的承诺贷款。

(3) 借款人如购买期房，在住房竣工交付使用、借款人未领得房地产权属证书之前，应由售房单位提供担保。售房单位应与经办银行签订《个人住房借款保证合同》，也可提供银行认可的其他担保方式。

(4) 借款人与商业银行签订《个人住房商业性借款》和《个人住房抵押保证合同》；借款人的公积金代办，由商业银行与建行房地产信贷部签订《个人住房公积金借款合同》，并由商业银行代借款人到建行签章；商业银行与建行房地产信贷部签订《个人住房公积金贷款代办和保证合同》。

（5）建行房地产信贷部在《个人住房公积金贷款合同》上签章后，商业银行与借款人按规定办理抵押合同和其他合同的公证，以住房作抵押的办理抵押住房保险。

（6）借贷双方按合同形式或委托形式办理房地产抵押登记手续。

（7）在办妥抵押登记手续和商业银行收押《房地产他项权利证明》后，通知建行房地产信贷部划拨个人住房公积金的时间、金额，并提供明细单以办理个人住房公积金贷款放款手续。

（8）借款人按月将个人住房公积金和个人商业性贷款的还款一起归还经办贷款的商业银行。借款人提前归还个人住房公积金贷款和个人住房商业性贷款的，可向经办银行提出申请，由经办商业银行办理个人住房商业贷款还款和代办个人住房公积金贷款还款手续。

4.34 申请住房组合贷款应该注意什么？

（1）所购住房应该符合申请银行的个人住房公积金贷款和个人住房商业性贷款的购房贷款范围；

（2）在具备申请个人住房公积金贷款的资格的同时，还应具备个人住房商业性贷款的条件；

（3）申请个人住房组合贷款，个人住房公积金贷款最高为30万元；

（4）申请个人住房组合贷款中个人住房公积金贷款部分，按个人住房公积金贷款利率计算；个人住房商业性贷款部分，按个人住房商业性贷款利率计算。

4.35 有哪几种常用的分期还贷法？哪种还贷法合算？

分期归还贷款通常采用等额本息法和等额本金法。

（1）等额本息法即月均还款法，指在贷款期内每月以相等的金额平均偿还贷款本金和利息，偿还初期利息支出最大，本金就还得少，以后随着每月利息支出的逐年减少，归还本金就逐步增大。

月均还款法月还款额＝贷款本金×月利率×(1＋月利率)^{还款月数}÷[(1＋月利率)^{还款月数}－1]

(2) 等额本金法即递减还款法，是指在贷款期内将本金平均分摊在每个月归还，利息随本金逐月递减，每月还款亦逐月递减。

递减还款法月还款额＝贷款本金÷贷款月数＋(贷款本金－已归还贷款本金累计额)×月利率

(3) 两种还款法应该各取所需

房贷专家认为两种还款方式没有优劣之分，购房者选用还款方法时，要根据自身的实际情况，综合多种因素做出全面合理的选择。

单纯从还款方式的利息总额来看，在相同贷款金额、利率和贷款年限的条件下，递减还款法的利息总额确实要少于月均还款法。是否由此认为递减还款法要合算？

其实，由前面所述两种还款方式的特点可以看出：本金还得快，利息就少。采用月均还款法的贷款人所归还的利息之所以会多一些，那是因为他占用银行资金(本金)的时间要长一些。但从资金价值上来看，两种贷款方式是一致的。银行今年所收的1万元利息与七年后收的1万元利息肯定是不等值的。现在的钱肯定比以后的钱值钱，因为通货膨胀会让钱贬值，如果还款人早些把钱归还，银行就可以用这笔钱进行其他投资，获得回报。所以，由于占用银行资金的时间更长，采用月均还款方式的贷款人所归还的利息理所当然要多些。

在还贷的过程中，两者的压力是不一样的。因为月均还款法每月的还款金额数是一样的，所以在收支和物价基本不变的情况下，每次的还款压力是一样的，对于年轻人来说，刚刚工作不久，收入处于上升期，通常选择月均还款法比较好，可以减少前期的还款压力;递减还款法每次还款的本金一样,但利息是由多到少、依次递减,同等情况下,前期的压力要比后期大得多。打算趁着现在利率较低时多贷款,遇到今后利率上调,就提前还贷,这样的借款者就应该选择递减还款法。而且,作为中年人,正处于人生的黄金时期,事业有成者收入一般都不错,但随着年龄的增加,不一定还能一直保持较高的收入水平,另外,年纪大了,医疗、子女等其他费用可能会大幅增加,因此趁着年纪相对较轻时,多还一些贷款,可以减轻今后的压力。

4.36 提前还贷合适吗?

是否要提前还贷,提前还贷值不值?这要根据实际情况来定。如果贷款者收入较预期有明显增多,具有提前还贷的能力,在这种情况下,如果手中的富余资金回报率高于购房贷款利率时,就不应考虑提前还贷。反之,如果有多余的钱但是没有别的用途,提前还款还是合适的。

4.37 还贷期限多长为宜?

虽然借贷期限越长,每个月的还款额就越少,每个月的还款压力相对较小,但总的还款额其实是在增大。如果你是在30多岁时贷款购房,20年后50多岁,已接近退休年龄了,如果再延长贷款期限,一旦进入退休阶段,将无法承担较高的还款压力。所以购房贷款还款期限一般在10~15年间为宜。

4.38 提前还贷需要交违约金吗?提前还贷后保险费怎么办?

一般来讲,提前还贷是一种违约行为。但是,目前商业银行一般都允许提前还贷,只有少数地方收取违约金,大部分地方对提前还贷都不收违约金。

在借款人提前偿还全部贷款后,原个人住房贷款房屋保险合同此时也提前终止。按有关规定,借款人可携带保险单正本和提前还清贷款证明,到保险公司按月退还提前交付的保费。提前还清贷款退还保险费,须综合考虑原购房屋是现房还是期房、期房的投保费实际期限(半年以上期房的投保期限一般是将借款期限再减去1年计算)、原一次性交付保费的贴现利率与速算系数等因素。

具体的计算公式为:提前还清贷款退还保险费=已交保险费在提前归还时的现值-提前归还前占用保险费在提前归还时的现值。

在这里提醒购房者的是,不要忘记到税务部门办理退税手续。当购房者购买商品房时,应将可退税的家庭成员全部作为房地产权利人写入购房合同,并且在签订合同、支付房款后即办理"购房者已缴个人所得税税基抵扣"申请,取得本人的"税收通用缴款书"。提前偿还全部贷款后,即可取得房地产证,应在办妥房地产权利证明后的6个月内,前往税务部门办理退税手续。

4.39 住房贷款的还贷时间能延长吗?

对于还贷时间,一般都有严格的规定。借款人只有一次申请延长还贷时间的机会,而且延长借款期限还必须符合下列要求:

(1) 借款人需按时足额归还按揭贷款。

(2) 如果借款人是由于重大疾病或工作、家庭发生重大变故等原因引起经济困难影响了贷款偿还的能力,那么借款人应该提供相应的证明材料。

(3) 延长后借款期限(含已借款期限)最长不得超过30年(二手房不超过20年)。

延期还贷需要以下手续:

(1) 借款人向银行提出延长借款期限申请,同时需要提供《购房抵押借款合同》原件,如果有所购住房《房地产权利证明》的原件,也许要同时提供。

(2) 银行审查同意后,有关当事人签订《变更协议》。

(3) 办理《变更协议》公证。

(4) 办理增补保险手续。

(5) 办理借款期限变更登记手续。

4.40　按揭购房后能不能转让？

按揭购房后是可以转让的。一个途径是转让的第三方能够一次性付清全部房款，另一个途径是办理转按揭，即经贷款银行、房地产开发机构及其律师审核后，认为该第三方符合按揭贷款的条件，有能力每月支付贷款费用，则转让手续就可以办理了。在办理转让的过程中，需要交纳办理转让手续的相关费用。

4.41　什么是转按揭？

在房贷的过程中，购房者如果想卖掉自己贷款所购房屋，但因贷款没还清，拿不到房产证卖不了，购房者可以和房屋的新买主（同意买你的房，并且已向你交付了你已交的首付款的购房者）共同到银行办理"贷转贷"，把自己名下的贷款转到房屋的新买主头上，这一过程就叫转按揭。

4.42　如何办理转按揭？

目前，个人住房转按揭贷款一般是发生在同一银行之间，其中，中国工商银行北京市分行"转按揭"操作具体程序为：

首先，银行将重新审核"按揭房"的合法性，并按照新买主的收入情况，重新审核新买主也就是新的借款人的还款能力，并确定新买主的贷款金额、期限和利率。

其次，银行将核实新的保证人资格或落实新的抵押物。

第三，新买主经审核合格后，如果转让的房屋产权证还没有办理，那么新买主可与开发商签订新的购房合同；如果房屋产权证已经办理，那么新旧买主可直接签订购房合同。

第四，如果新买主用新购置的房产作抵押，则须重新为抵押物办理保险。

第五，银行与新买主就新的贷款金额和抵押物重新签订借款合同、保证合同、抵押合同，办理抵押登记手续，发放贷款。同时，终止原借款合同，收回原贷款，撤消原抵押登记手续。

4.43 购买二手房如何付款对购房者更有利？

购买二手房建议分期付款。购房者可与卖家签署一份《房屋买卖合同》，约定分期支付房款，在房屋产权过户到名下前只支付部分房款，过户完成后再支付全部房款。如果必须在过户前交付全部房款的话，双方可以选择采取将应付房款提存于公证处的方式来保障资金安全。

4.44 申请二手房贷款需具备哪些条件？

以北京市为例，申请二手房贷款需具备以下的条件：
（1）年满18周岁的具有完全民事行为能力、城镇居民常住户口或合法有效的居留身份证明；
（2）已经交齐首期购房款，并且在提出借款申请时，购房者已经拥有不低于购房价款30%的自由资金；
（3）有稳定的合法收入，有还款付息能力；
（4）借款人同意以所购房屋及其权益作为抵押物；
（5）所购二手房的产权清晰，符合北京市政府规定的可进入房地产市场流通的条件；
（6）所购房屋不在拆迁公告范围内。
除此之外，还应该符合贷款银行要求的其他条件。

4.45 申请二手房贷款的基本操作流程是什么？

（1）确定按揭服务公司和贷款方案
借款人在办理贷款前首先需要与中介确定按揭服务公司，并向按揭服务公司提出贷款咨询，确定贷款方案。
（2）查询公积金（如需公积金贷款）
与卖方确定购房意向后，借款人提供公积金账号，由按揭服务公司进行公积金查询，确定可贷款的金额和贷款年限。
（3）签订房屋买卖合同

借款人与卖方签订房屋买卖合同。

(4) 准备贷款资料，审核贷款资质

按揭服务公司协助借款人按照银行要求准备贷款资料，有的房屋需要由指定的评估公司进行房价评估；并且由按揭服务公司进行初步审核。

(5) 签贷款协议，公证，保险

按揭服务公司将初审后的贷款资料交贷款银行审核，通过后，按揭服务公司将安排借款人与银行签订贷款协议和办理协议公证，同时收取费用，包括房屋保险费等。

(6) 办理房屋过户和抵押手续

借款人到房屋所在区域的交易中心办理房屋过户和抵押手续，并将抵押收件收据通过按揭服务公司交贷款银行。

(7) 办理房产证和抵押证明

贷款人的房产证和他项权利证明办出后，按揭服务公司将其房产证复印件和他项权利证明原件交银行。

(8) 银行放款

银行在收到借款人的以上两证后，按揭服务公司将所贷金额发放给借款人。

4.46 申请二手房贷款需要哪些资料？

一般来讲，申请二手房贷款需要以下一些资料：

(1) 申请人和配偶及符合条件参与计算住房公积金贷款额度的直系亲属的身份证(并随带身份证复印件)每人各1份；

(2) 申请人和配偶及符合条件参与计算住房公积金贷款额度直系亲属的户口簿(并随带户口簿复印件)各1份，如申请人与配偶不是同一户口的，需另附婚姻关系说明；

(3) 原产权证1份；现房屋产权证中应注明是商品房、平价房或安居房；

(4) 经由交易中心提供的房地产买卖合同2份；

(5) 房价30%或以上预付款收据原件及复印件1份；

(6) 借款申请表：个人住房商业性贷款申请表 1 份、个人住房公积金借款申请表 2 份；

(7) 借款合同、抵押合同：公积金借款合同 6 本、商业性借款合同 5 本，抵押合同 4 本，担保合同 1 份；

(8) 借款人和配偶及符合条件参与计算额度直系亲属的单位和个人住房公积金账号（或职工住房公积金结存单）每人各 1 份；

(9) 借款人和配偶及符合条件参与计算额度直系亲属同意使用其住房公积金的承诺书每人各 1 份；

(10) 申请人家庭收入证明材料和有关资产证明等（根据备注情况确定，包括工资单、个人所得税纳税单，三资企业员工由单位提供月收入证明；私营工商业者提供单位近期营业税、所得税及财务会计报表；银行存单、有价证券以及经常性汇款来源证明等）；

(11) 如以上资产属申请人家庭成员所有，需附送有关家庭成员同意共同还款承诺书 1 份；

(12) 已存满规定期限的住房储蓄存单和（或）存折 1 份（申请住房储蓄个人住房商业性贷款时需提供，其他类型则不必）；

(13) 申请办理"企业住房基金个人住房贷款"的证明 1 份（申请企业住房基金个人住房商业性贷款时需提供，其他类型则不需）。

一般来讲，身份证明只要提供身份证即可，护照、现役军人证也同样有效。但要注意，买卖合同上购买方的全部人员和其配偶都要提供。未成年人还未领取身份证的应提供独生子女证，非独生子女应提供出生证明。

婚姻证明是指上列人员已婚的应提供结婚证明书，已成年而未婚的应出具单身证明，离异的人士应提供离婚证（法院判决书也可）和离婚未再婚证明，丧偶的应提供配偶的死亡证明（户口簿上已注明丧偶也可）及丧偶未再婚证明。这些证明可到工作单位或街道、民政局开具。

收入证明应加盖工作单位的有效公章，并写明联系人、联系电话以及单位地址以备银行核查。

另外还要提供所购房屋的买卖合同和上家房产证的复印件以及由中介机构见证盖章的预付房款收据。

由于二手房交易的特殊性,银行一般会指定贷款担保公司提供服务,担保公司一般会收取手续费和担保费。另外客户还需购买规定的保险,如涉及贷款公证还需交纳公证费。

一般在收齐材料后三至五个工作日便可至银行签约。银行将在交易中心出他项权利证明后三至五个工作日左右发放。

值得提醒的是,购房者要注意平时各种日常费用的准时支付,如水电煤气费、电话费、手机费等。如果拖欠,会影响个人的信用值而影响贷款审核。

第 5 章

交房验收

房子好不好,看了才知道。买房是大事,看房要细致。大多数购房者由于缺乏交房验收方面的专业知识,在这一阶段常常居于被动地位。不少购房者在入住之后会发现原来看起来挺好的房屋开始出现这样那样的问题,不但给自己及家庭带来不便,而且还影响生活质量。通过阅读本章,读者能够了解交房验收的一般程序、常见的房屋质量问题、验房时需要注意的诸多细节等方面的知识,能够在验房前快速"充上电"。

5.1 在什么情况下,住宅项目可以交付使用?

住宅小区等群体房地产开发项目竣工,经验收合格后,方可交付使用;未经验收或者验收不合格的,不得交付使用。一般在项目完工后,房地产开发企业应当提请规划、消防、环保、质量技术监督、城建档案、燃气和民房等有关主管部门进行专项验收,并按专项验收部门提出的意见整改完毕,取得合格证明文件或准许使用文件,并组织设计、施工和监理等单位进行综合竣工验收。

5.2 综合验收包括哪些方面?

住宅小区等群体房地产开发项目竣工,应当进行综合验收。

《城市房地产开发经营管理条例》第十七条、第十八条明确规定了商品房交付使用的标准,即房地产开发项目竣工,经验收合格后,方可交付使用。综合验收项目包括:

(1) 城市规划设计条件的落实情况;
(2) 城市规划要求配套的基础设施和公共设施的建设情况;
(3) 单项工程的工程质量验收情况;
(4) 拆迁安置方案的落实情况;
(5) 物业管理的落实情况。

值得注意的是,如果有住宅小区等群体房地产开发项目实行分期开发的,可以分期验收。

5.3　房屋入住谁说了算?

是否选择入住无论开发企业还是业主都不能擅做主张,而要以房屋是否经过验收为标准。

根据我国城市《房地产开发经营管理条例》第十七条的规定:未经验收或验收不合格的房屋,不得交付使用。即使开发商向购房者交付了房屋,也会因违反法律、行政法规强制性的规定,而被人民法院或仲裁机关认定为无效的交付行为。

因此,对于消费者来说,应该首先弄清所购的商品房是否经过验收,如果符合入住条件,自己又没有正当理由拒绝接收的就应该入住,并承担相关费用;如果不符合入住条件,可以拒绝接收,并追究开发企业逾期交付的违约责任。

5.4　交房验收的一般程序是什么?

(1) 开发商发出交房通知

房地产开发商通过电话、传真、信件等形式,向购房者寄发《入住通知书》或通知购房者到约定地点领取该通知书。通知中包括交房的时间、需交纳的费用、不能按时交房的情况等。

(2) 购房者在约定时间内持《入住通知书》到现场售楼部或物业管理处联系收楼事宜。

(3) 购房者交纳有关费用。这些费用包括房屋价款结算、物业费、公共维修基金等。

(4) 购房者验房。购房者在相关工作人员的带领下，到现场对各项设施、设备进行检查。购房者要看是否存在质量问题，若有质量问题，应向开发商反映，并要求开发商进行修改，待修理后再由购房者验房。

(5) 购房者接收房屋。若验收合格，购房者须在《房屋验收交接单》上签字认可，领取房屋钥匙和相关资料，同时缴纳有关费用。若验收不合格，购房者也应将不足事项明确记录在交接单上，可暂不办理收楼入住手续，再次收楼时间由双方另行约定。

一般而言，钥匙的交付是房屋交接的主要标志。除了所有权（所有权转移时间以管理机关办理过户手续的时间为准）外，关于房屋的一切权利都从钥匙交付时由购房者来行使，风险也从此时由购房者来承担（例如房屋交付后出现火灾、地震等造成房屋灭失的风险）。

5.5 常见的房屋质量问题有哪些？

常见的房屋质量问题有以下方面：

(1) 楼体不稳定

主要表现为：过了沉降期依然下沉不止；不均匀沉降导致楼体倾斜；整体强度不够，楼体受震动后或在大风中会摆动；因结构不完善，部分或全部承重体系承载力不够，导致楼体有局部或全部坍塌隐患。

(2) 裂缝

裂缝包括墙体裂缝及楼板裂缝。裂缝产生的原因包括材料强度不够，结构、墙体受力不均，抗拉、抗挤压强度不足，楼体不均匀沉降，建筑材料质量差，砌筑后干燥不充分等。

(3) 渗漏

由于防水工艺不完善、防水材料质量不过关等原因导致屋面渗漏，厨房、卫生间向外的水平渗漏，以及向楼下的垂直渗漏。

垂直渗漏多见于各种管线与楼板接合处。

(4) 墙体中空，墙皮脱落

导致该问题的原因是墙体内部各砌块、层面之间连接不好，在压力、温差等作用下形成中空，致使墙体整体抗压能力降低，表面粉刷层易于脱落。在没有形成空鼓的情况下，由于墙表面粉刷材料质次，粉刷工艺不合要求，有时也会造成墙皮大面积脱落。

(5) 隔声、隔热效果差

具体表现为住宅楼内户与户之间、户内各厅室之间隔断墙及楼板隔声效果不好，达不到私秘性的要求；屋面、外墙冬天降温快，夏天升温快，达不到保温、隔热的要求。

上述现象产生的原因在于墙体、屋面隔声、隔热材料厚度不够，材料质次，或者施工工艺不合要求。

(6) 门、窗密闭性差及变形

门窗质量问题一般危害性不大，能够局部修整或替换，但是，也会产生较多问题。例如，门窗密闭性差会直接带来诸如房屋隔声效果差的问题，而且门窗的变形还影响了房屋整体的美观设计。

(7) 上下水跑冒滴漏

上下水管线水平、垂直设计不够合理，水龙头、抽水马桶等质量不过关都会造成跑冒滴漏现象。跑冒滴漏不仅浪费资源，还影响人的正常生活，带来诸多不便和麻烦。所以购房者在选购房子时一定要注意。

(8) 水、电、暖、气的设计不合理

在日常生活中，水、电、暖、气与居家紧密相关。水池、浴盆、蹲(坐)便器、水表、地漏、电源开关、电源插座、电表、暖气片、煤气灶、煤气表等设计种类不完善，设计位置与日常生活要求不符，都会影响到居家设计。

(9) 公用设施设计不合理，质量不过关

表现为楼梯空间设计过于狭窄，楼梯宽度过小，电梯运行质量不稳定，公用照明设施不完善，消防安全设施缺乏等。

5.6 收房时应从哪些方面验收房子？

收房时购房者需要进行购房合同的对照、现场勘察等检查工作，具体应从以下几方面展开：

(1) 比对原有资料

收房时将需要验收的房屋与之前签订的购房合同、附件及补充协议内约定的内容进行比对。如果与购房合同、附件及补充协议不符，要及时向有关单位反映，重新核对，做出说明。

(2) 检查房屋质量

在房屋质量检查方面，首先应注意查看开发商有无建筑工程质量监督站核发的建筑工程质量核验合格证书，其填发时间、盖章单位、工程名称等是否清楚、协调；其次，观察房屋外墙、地面有无异样。如发现问题，要及时向开发商(卖方)反映，待维修后再入住。

(3) 检查装修、设备

按购房合同及有关协议的约定，物业管理单位应向购房者提供装修及设备清单，购房者可按清单内容进行清点，检查其是否齐备、完好程度及使用状况，如有不符或缺损，必须要求尽快维修、配齐。

(4) 查看公共设备

收房时，不要忽略对电梯、消防设备、燃气、暖气、小区环境、停车场、电视接收系统、保安系统等进行检查。

(5) 核查结构、面积

首先，可以凭常规经验感觉一下房屋的结构、面积是否存在明显的异常，其次，要认真、细致地比对原有资料，对其中不是非常肯定的内容及方面可以请教相关的专家或经验丰富的朋友。一些开发商会在"面积"上做手脚，例如，某些开发商利用购房者无法确切测量、无法确切知道整栋楼建筑面积的弱点，增加每套住宅应分摊的公用面积，将不应计入每套销售面积的部分计入销售面积；以建筑面积计价，承诺一个较高的使用系数但又不把使用系数写入合同，房屋交付时，使用系数大打折扣，使购房者损失实际可利用的面积；以使用面积计价时，混淆建筑面积与使用面积的概念，扩大使用面积的范围；小幅度夸大面积和建筑面积，在有关部门实地测量后，因差额较小，不再重新结算差价。因此，在收房前系统地查询一下相关的案例是非常必要的，购房者要谨慎再谨慎。

最后，值得注意的是，验收的最终结果，是与发展商签订一份《房屋验收交接单》（或称《物业交付核验单》）。在这个记录表上，购房者应把检验情况逐一记录，若发现问题，要如实记录下来，特别注意要当场明确责任，并要求发展商限期处理。

《房屋验收交接单》最好购房者个人保留一份，为保障购房者的利益，最好能够对房屋拍照记录。口头往来虽然方便但往往会使购房者陷于被动局面；电话联系虽然及时但往往在一些关键环节上起不到有效协商的作用。

5.7 验房时要看的"两书一表"是什么？

"两表一书"指《住宅质量保证书》、《住宅使用说明书》及《竣工验收备案表》。

《住宅质量保证书》是开发商针对房屋质量及保修期限、范围做出的承诺；

《住宅使用说明书》是针对房屋设计、施工及验收中的具体技术指标，如抗震指数、墙体结构类型等做出的相关说明。

《竣工验收备案表》对房地产商有着严格的约束作用。一经主管部门备案，发展商就必须对楼盘终生负责，即使是十年、二十年以后出了问题，查出来如果是发展商的过失，仍可以追究其责任。因此，表中的每一项都必须报请主管部门验收并备案，否则该楼盘就属于"黑楼"，不能入住。

5.8 基础设施不符合合同和法定交付条件的有哪些情形？

基础设施是交房验收时特别需要注意的地方，一般说来，常见的问题包括：

(1) 小区道路未完工，道路不通，无法通行；

(2) 小区燃气未通，正值采暖季无法供暖，不具备基本生活条件和装修条件；

(3) 闭路电视及安防设施未按合同约定和国家法律规定配套到位，无法保证入住业主安全；

(4) 小区有线电视目前不具备接通信号的条件；

(5) 小区绿化全面处于在施工状态，现场混乱与合同约定不符；

(6) 合同约定的私家车位未落实；

(7) 会所尚无法使用。

如果上述情况存在，且双方有明确的约定，就应当遵照约定执行，否则，开发商违约，业主应当要求开发商立即完善，并要求开发商承担违约责任。

5.9 签收房屋验收单应该注意什么？

一般来说，购房者入住前经仔细验房后便要与开发商签订《房屋验收单》。购房者一定要慎重填写房屋验收单，凡是无法确认的事项都应该不记录或写上"暂不清楚"、"无法确认"等字样。若发现问题，应如实记录并要求开发商限期处理；若确实属于不能收楼的情况，要详细说明不予收楼的原因并要求开发商签字、盖章。

购房者在准备签收《房屋验收单》之前，最好先签订《物业管理公约》。《物业管理公约》是一种将业主(或使用者)以及管理者双方对于特定物业的权利和义务以文字的形式加以确定，并对全体业主(或使用者)以及管理者均有约束力的文件。究其本质，是一种业主与管理者就特定物业的管理、使用、有偿服务等问题达成的书面协议。订立公约的目的，是要明确有关物业管理各项规则，使业主以及管理者都有共同遵守的行为准则。在基本程序完成之后，消费者就可以签收《房屋验收单》了。

5.10 交房时开发商可能会有哪些无理行为？

在交房过程中，开发商单方拟定的强加于消费者的交房条件或障碍往往违反双方所签的《商品房买卖合同》及其《补充协议》约定，使双方无法办理交付手续，引起交房纠纷。

(1) 额外设定房屋交付条件

一般包括：

① 以补交面积差价款作为房屋交付条件

一般而言，双方签订的《补充协议》中对房屋差价款的结算时间均有约定。但在发生纠纷时开发商往往不顾此约定，强行要求业主交付面积差价款，并以此作为交房条件，如不交此款，开发商便拒绝交房。在这种情况下，无论该房是否具备交付条件，开发商的行为均已构成故意违约，因此而产生不能交付房屋后果的责任应完全由开发商承担。

② 以交纳产权代办费等双方没有约定的费用作为交付条件

如果开发商与业主之间没有产权证代办的约定，在办理房屋交付手续前开发商就会要求业主必须交纳产权代办费等相关费用方能进行房屋检验、交房房屋。这也属开发商单方面设定的交房条件，没有合同依据，双方因此达不成一致意见，不能交付房屋的责任应完全由开发商承担。

③ 以违法代收契税、维修基金作为房屋交付条件

如果业主与开发商的合同中并没有房屋交付时委托开发商代交契税和维修基金的约定，但在开发商的结算通知书中却以此为交房条件，那么这就属于开发商单方额外设定交房条件，业主完全有理由拒绝。

即使业主与开发商在格式合同中有关于委托代交契税和维修基金的约定，但如果该约定违反政府文件，开发商就无权代收这两项费用，该约定就属于无效条款。按规定，应由房屋所在区的国土资源和房屋管理局代收契税，政府也明令禁止开发企业代收维修基金。因此，开发商以代收契税和维修基金作为交房条件属

于违反法律规定的无理行为。

(2) 强迫业主在未进行房屋检验(含文件检验)的条件下办理接收手续，企图造成房屋交付的既成事实，这也是造成房屋不能交付的原因之一。

如果开发商不同意先行检验房屋，致使业主无法对房屋及相关文件进行检验，无法确定房屋相关事项是否已具备合同约定的交付条件，因此而引发纠纷、产生的延期交付的责任也应当全部由开发商承担。

5.11 什么情况下逾期交房不能认定是开发商违约？

下列情况下开发商逾期交房不能认定为其违约：

(1) 出现了法律规定的不可抗力或者购房合同中约定的开发商可以免责的事由，并且开发商及时履行了告知义务，此种情况下，开发商不需要承担逾期责任；

(2) 如果购房者违约在先，如提出一些原合同中没有约定的特殊要求或没能按时付款，致使开发商在约定的时间未能将符合交房条件的房屋交给购房者，开发商不需要承担逾期责任；

(3) 如果购房者主观上认为房屋或小区的环境不具备交付的条件而拒绝收房，但实际上开发商已经具备购房合同中约定的交房条件，取得了《建筑工程竣工验收备案表》。此种情况不能认为是开发商逾期交房。

5.12 交房时间是否与收房时间一致？

有专家认为，交房是指出卖人在合同约定的期限内使房屋达到合同约定的交付使用条件，并按照合同约定的方式通知买受人办理房屋交接手续，买受人在通知所确定的期限内办理完毕房屋交接手续的过程。交房时间是双方当事人所确定的将房屋交付买受人使用的时间。其准确定义应为房屋的交付时间。这在买卖合同中有明确规定，而业主前往收房的时间是实际的房屋交付时间，也就是领取房屋钥匙的时间。二者一般不一致，实际交付时间一般晚于约定交付时间,而开发商只要在合同约定的交付时间前发出了交付通知,并具备合同约定的交付条件,即可视为开发商履行了房屋交付的义务。

5.13 关于房屋保修期的规定是什么?

根据国家颁布的《建设工程质量管理条例》第四十条的规定,在正常使用条件下,建设工程的最低保修期限为:

(1) 基础设施工程、房屋建筑的地基基础工程和主体结构工程,为设计文件规定的该工程的合理使用年限,70年;

(2) 屋面防水工程、有防水要求的卫生间、房间和外墙的防渗漏,为5年;

(3) 供热与供冷系统,为2个采暖期、供冷期;

(4) 电气管线、给排水管道、设备安装和装修工程,为2年。

其他项目的保修期限也应明确在《保证书》中。保修期自业主接收交付之日起计。

在保修期限内发生的属于保修范围的质量问题,房地产开发企业应当履行保修义务,并对造成的损失承担赔偿责任。如果开发商已将维修事项委托给物业公司,那么物业公司就应该代替开发商履行责任。因不可抗力或者使用不当造成的损坏,房地产开发企业不承担责任。

5.14 如何对所购商品房进行面积验收?

(1) 销售面积

建设部《商品房销售管理办法》中规定,商品房销售面积可以按套(单元)计价,也可以按套内建筑面积或者建筑面积计价。商品房建筑面积由套内建筑面积和分摊的共有建筑面积组成,套内建筑面积部分为独立产权,分摊的共有建筑面积部分为共有产权,买受人按照法律、法规的规定对其享有权利,承担责任。

(2) 套内建筑面积

商品房的套内建筑面积就是商品房的独用面积。它由三部分组成：商品房的使用面积，商品房的墙体面积，阳台面积。

商品房的使用面积包括卧室、起居室、厅、过道、厨房、卫生间、储藏室、壁柜等各室内面积的总和。内墙面的抹灰厚度，计入使用面积内，跃层住宅中的户内楼梯计入本户使用面积。

商品房的墙体面积：在一套商品房内包含有公用墙和非公用墙两种。

公用墙是指相邻户之间的分隔墙及户与楼梯走道之间的分隔墙(包括山墙)；非公用墙是指一套商品房内各室之间的分隔墙。公用墙的墙体水平面积：对于户与户之间的公用墙面积是一家一半，对于其他公用墙面积要划分为套内部分和公用部分。套内部分是以户与户分隔墙的一半厚度来掌握。例如户与户之间的分隔墙是24厘米(俗称24墙)，各户占12厘米。那么户与公用楼梯走道之间的分隔墙及外墙(包括山墙)的划分是12厘米计入套内面积，其余计入公用面积。在实际计算时套内面积和套内墙体面积是合并计算的。

阳台面积：一般按突出墙面的阳台外围尺寸计算面积。阳台有封闭式和不封闭式，封闭式阳台计全面积，不封闭式阳台计半面积。阳台是否封闭以规划批准的建筑设计为准。

(3) 共有建筑面积

国家质量技术监督局发布的《房产测量规范》(GB/T 17986—2000)规定：房屋共有建筑面积系指各产权主共同占有或共同使用的建筑面积。共有建筑面积由以下两部分组成：电梯井、管道井、楼梯间、垃圾道、变电室、设备间、公共门厅、过道、地下室、值班警卫室等，以及为整幢服务的公共用房和管理用房的建筑面积，以水平投影面积计算；套与公共建筑之间的分隔墙以及外墙(包括山墙)，以水平投影面积一半计算建筑面积。

独立使用的地下室、车棚、车库、为多幢服务的警卫室，管理用房，作为人防工程的地下室都不计入共有建筑面积。

购房者单靠自身力量要测量、计算公(共)用建筑面积及本套应分摊的共有建筑面积是相当困难的,但可以测算本套套内建筑面积。如果套内建筑面积与合同约定的面积或开发商出示的测绘报告显示的面积出入过大,应向测绘机构问明原因或要求复测。

5.15 关于合同约定面积和实测面积不符有何规定?

商品房建筑面积以房地产测绘部门的测绘结果为准。但合同的签订往往先于测绘,因此,合同约定的商品房面积往往与实测面积不符。

建设部《关于整顿和规范房地产市场秩序的通知》和《商品房销售管理办法》对面积增减的处理有明确规定:

(1) 商品房销售合同约定面积与实际面积发生差异的,按照合同约定处理;

(2) 合同未做约定的,面积误差比绝对值超出3%时,买受人有权退房;

(3) 买受人不退房的,产权登记面积大于合同约定面积时,面积误差比在3%以内(含3%)部分的房价款由买受人补足;超出3%部分的房价款由房地产开发企业承担,产权归买受人。产权登记面积小于合同约定面积时,面积误差比绝对值在3%以内的(含3%)部分的房价款由房地产开发企业返还买受人;绝对值超过3%部分的房价款由房地产开发企业双倍返还买受人。

5.16 验房时需要缴纳的费用及对策?

在验收房屋时,交费是让消费者头疼的问题,以下以北京为例,分析收房中常常遇到的交费问题。提醒消费者要多个心眼,多点信心,维护自己的利益。

(1) 契税及代办费

开发商在客户贷款过程中,承担了全额全程或阶段性担保。开发商或者想尽早摆脱自己的风险,或者想占用资金,往往让购房人提前交纳契税。根据《中华人民共和国契税暂行条例》第八条规定:"契税的纳税义务发生时间,为纳税人签订土地、房屋权属转移合同的当天,或者纳税人取得其他具有土地、房屋权属转移合同性质凭证的当天。"契税是业主取得产权证时向国家交的税,所以,除非业主认可,否则开发商无权强迫购房人提前交纳,更无权强行代办。

如果业主委托开发商办理,因办理过程中有劳务支出,一般情况下,开发商会向业主收取一定的代办费。当然,选择权在业主,但开发商有提供相关资料的义务。不过,在实际工作中,为减轻征收部门的工作量,开发商一般代业主集体办理。

(2) 公共维修基金

维修基金不同于物业管理费,只用于住宅共用部位、共用设施设备保修期满后的大修、更新、改造。业主可以自己交纳该项基金,也可委托开发企业代收。有些开发商一定要在入住前强行收取此基金的原因有二:其一是有部分购房人并不急于办理产权证,不急于交纳公共维修基金,这样,当房屋在保修期后需要进行大修、更新、改造时,没有交纳公共维修基金的业主就会"沾"已交基金业主的"便宜",造成不公平。其二,部分开发商在占用资金。

以北京为例,根据《关于归集住宅共用部位、共用设施设备维修基金的通知》规定,"凡本市行政区域内新建商品住宅的购买人应交纳公有住宅共用部位、共用设施设备维修基金。在办理立契过户手续时,按购房款的2%足额交纳。"《通知》还规定,此基金向市或区县小区管理办公室交纳,由其代管,小区成立管委会后,小区办将其移交管委会或经管委会同意交由物业企业代管。管委会成立前,基金使用由开发商或物业公司提出使用计划,经房地局审核后划拨;管委会成立后,维修基金的使用由物业企业提出年度使用计划,经管委会审定后实施。

(3) 装修管理费、装修押金、装修工人制证费

国家和北京市都没有对装修管理费、装修押金、装修工人制证费做出明确规定。但装修过程中往往存在较大安全隐患,私拆

承重墙、堵塞下水管道、施工扰民、装修人员随意进出造成治安混乱等问题都会对小区公共利益造成损害;用电梯运水泥、沙子也会对公共部位造成磨损。

物业管理公司在装修过程中需要投入人力物力进行管理和约束。目前,关于是否收装修管理费、押金和装修工人制证费的问题争议很大。为了整个小区的利益,收取一定的押金还是合理的,但是,消费者一定要当心,不要让"合理"变为"无理"。

(4) 物业费

北京市某小区办曾发布过《关于禁止收取多年物业管理费的通知》。该通知明确规定禁止收取一年以上物业管理费。以此为依据,同时考虑到频繁收取物业管理费会浪费人力物力,而且部分业主经常不在家,实际中一般提前收取半年或一年的物业管理费。

物业管理费保证金一般发生在高档住宅,因高档住宅物业费一般习惯1个月或3个月一交,而高档住宅住户又经常不在国内或本地,因此采用3个月保证金方式。需要强调的是,不论是物业管理保证金还是水电保证金,如何运作应该看购房时所签《住宅使用管理维修公约》(以下简称《公约》)中如何约定,只是现在开发商一般都在办理入住时才让业主签署《公约》,业主并没有选择权。

(5) 停车费

目前,北京市物价局、北京市房屋土地管理局《关于印发〈北京市普通居住小区物业管理服务收费暂行办法〉的通知》(京价(房)字[1997]第196号)中对停车费做出规定,地下车库、机械停车库要实行市场价,且开发商应在购房时在《公约》中明示。可正如(4)中所提到的,《公约》一般都在入住时才签,也就没有了协商的空间。

5.17 哪些情况下可依法拒绝收房?

根据《商品房销售管理办法》、《最高人民法院关于审理商品房买卖合同纠纷案件适用法律若干问题的解释》（以下简称司法解释）等相关法规，消费者遇到下列情况之一可不收房：

（1）未取得《住宅质量保证书》、《住宅使用说明书》、《竣工验收备案表》的；

（2）开发商无故比原合同约定延迟交楼，经购房人催告后超过三个月交房的；

（3）开发商未经有关部门批准，擅自改变房屋结构及合同中约定的配套环境的；

（4）开发商经批准改变房屋结构未经买家认可的；

（5）合同没有约定，且房屋实际交付面积比原合同规定误差比绝对值超过3%(不含3%)的，可拒绝收房，并解除购房合同；

（6）经符合资质的质量检测机构核验，房屋主体结构质量确实不合格的；

（7）房屋质量问题严重影响正常居住使用的。

5.18 商品房小区为什么会出现临时水电呢？

（1）楼盘远离供水供电网络

尚未开通永久水、永久电的楼盘主要集中在一些城乡结合部路段，由于个别楼盘远离原有的供水供电网络，若要通上永久水电，政府需专门为该楼盘铺设管道。

（2）开发商拖欠政府地价

有的开发商拖欠政府地价，导致铺设水电管道的工程被迫延期。

（3）开发商资金困难，难以缴清费用

开发商在申报永久水和永久电时需要办理诸多手续和缴纳一定费用，一些资金有困难的开发商，根本没有能力向有关部门缴清相关费用，开通永久水电也就变得遥遥无期。

针对临时水电，购房者在购买房屋时要重点注意以下两方面：

（1）购买期楼的消费者，在签订合同时要列明关于水电方面

的内容,收楼时,要着重了解楼盘是否通过了市政基础设施验收,其中包括永久水和永久电等内容;

(2)购买现楼的消费者,要查看关于楼盘的供电、供水的工程验收文件,这些文件可以证明楼盘是否已经开通永久水电。

5.19 验收房屋不合格如何处理?

在房屋接管验收中发现质量问题,可根据其对房屋不同的影响程度分别处理:

(1)影响房屋结构安全和设备使用安全的质量问题,必须约定期限由建设单位负责进行加固补强维修,直至合格。影响相邻房屋的安全问题,由建设单位负责处理。

(2)对于不影响房屋和设备使用安全的质量问题,可约定期限由建设单位负责维修,也可采取费用补偿的办法,由接管单位处理。

5.20 二手房收房中应该注意哪些细节?

新房的产权过户通常由开发商统一办理,交房时一般不存在纠葛,购房者只需细致检查,收集好各种凭证即可。而二手房交易由于原有房屋的产权文件、房屋内各项设备都存在于原权利人手中,情况相对比较复杂,所以在二手房交房前,购房者特别留意以下易疏漏的环节:

(1)买方是否已到税务局开具全额房款发票;

(2)新房产证上是否已粘贴完税贴花和权证印花税;

(3)买方的买卖合同上是否已粘贴合同印花税;

(4)房屋内的电话是否已前往电信公司办理更名手续;

(5)是否已前往煤气公司办理煤气更名手续;

(6)是否已前往物业公司办理户名变更手续,卖方与物业公司的各种费用是否已全部结清;

(7)房屋的维修基金发票、物业管理费押金收据是否已及时交接;

(8) 房屋内的各种设备发票、保修卡是否已交接；
(9) 房屋的装修合同与装修发票、保修卡是否已交接；
(10) 水、电、煤、有线电视、宽带等费用是否已结清。

专家建议：买卖双方应当选择专业的房产中介公司；在交房时购房者要仔细检查，并注意上述细节；电话、煤气过户的手续和应准备的材料较为繁琐，买卖双方可以填写委托书，要求房产中介公司代办相关手续。

5.21 冬季收房应注意哪些方面？

（1）验墙壁

墙壁质量是收房时购房者最应关心的问题之一，而冬季正是检验墙壁质量好坏的最好时机。购房者最常用的方法就是关上房门检测墙壁的隔声性，专家提醒购房者，验房时还应该仔细观察墙壁上是否有裂纹。因为一些承建商为了赶工期，往往疏忽墙体的质量，而冬天天气变冷，很多施工时没有覆盖、抹平的裂纹就会凸显出来，购房者一定要留心观察。

（2）验门窗

门窗的密闭性是收房时应注意的问题之一。有人说，门窗被称为建筑的"眼睛"，但它却是保温的薄弱环节，是热交换和热传导最活跃、最敏感的部位。专业数据显示，门窗的传热和失热损失是墙体的5~6倍，门窗和玻璃的保温效果，也将直接影响房间的保温效果。因此，门窗密闭性的优劣往往反映出房屋总体质量和对细节的把握。冬天的冷空气可以较好地考验门窗的密闭性。另外，门窗的密封条也是考察的环节之一。

（3）验采暖

购房者在验房时往往走入这样的误区：凡是现代化的采暖设备，就是科学的、环保的、节能的、适用的。专业人士提醒购房者，各种供暖设备根据不同的性能有不同的适用范围和使用方式，例如大型住宅社区最适合集中供暖方式，而饭店和高档公寓则更适合使用户式中央空调。冬季购房能让购房者亲身体会各种不同采暖方式的效果,是检验房屋采暖效果的最佳时机。

此外,对房屋的电线、自来水、煤气以及暖气的漏水与否,都应该注意。特别是暖气管道,由于冬季暖气处于使用当中,所以只要留心观察一下就能发现问题。

5.22 验收毛坯房应该注意哪些方面?

屋内只有门框没有门,地面墙面仅做基础处理未做表面处理的房叫做毛坯房。

验收毛坯房需要对以下几个方面多加注意:

(1) 全部外饰面应按设计文件完成装修工程。

(2) 公用部位、公共设施、各种管道、电气设备等都应按设计文件完成全部装修,并按规定完成各种测试项目。

(3) 各种管道应进行通水、试压和暖气热工调试等验收工作。

(4) 户门以内各房间采用预制楼板或现浇板顶棚的,应做到不抹灰,用腻子找平,达到板缝密实、无裂缝,接楂平顺无错台,表面平整、色泽基本均匀、线角顺直;户门以内各房间基层地面混凝土应做到表面平整、压实,粘结牢固,无裂缝。

(5) 有防水要求的房间地面应严格按照防水层、保护层的建筑要求来规划,在验收时应进行两次蓄水试验,做到无渗漏。

(6) 地漏与泛水坡度符合设计要求,达到不倒泛水,无渗漏。

(7) 各种房间水泥地面基层标高,应考虑预留再装修时的高度尺寸要求。

5.23 验收室内工程应该注意那些方面?

室内工程的验收应该注意以下一些方面:

(1) 房屋结构

结构是房屋的骨架,其质量好坏至关重要,但实践中却因其验收的难度而被购房者所忽视或放弃。

(2) 平面布局

平面布局的验收包括房间的结构是否与图纸一致，房间的面积、跨度、长宽是否合理；卧室、起居室、门厅、厨房、卫生间、储藏间布局是否合理；门窗位置是否过于曲折，是否影响家具的摆放。

(3) 层高

住宅层高较理想的高度应在 2.8~3.2m 之间。按规定，卧室、起居室净高不应低于 2.5m，屋高不应低于 2.8m。如果购房合同对层高或净高有约定的，应符合约定。

(4) 地板楼板

楼板的厚度、单位面积的荷载量，应当是验收房屋的重点，既出于安全的要求，也为家庭装修、选配家居设施提供了重要参数。

(5) 墙体

墙体的验收主要包括：墙面是否有裂缝，是否有水淋痕迹，是否有墙皮脱落、起鼓，墙面是否平整。此外，墙身是否笔直，有无倾斜也是验收的重点。

(6) 通风采光

现代住宅设计一般要求户户有窗，间间敞亮。卫生间、厨房更应开窗，这样才能保证采光和通风，有利于健康，有利于提高居住品质。

(7) 卫浴工程

卫浴工程需要验收的方面包括：卫生间面积、尺寸，卫生设备的品牌、规格、件数，上水、排水，地面，开窗的通风采光等。

(8) 厨房工程

厨房工程需要验收的方面包括：厨房的面积、尺寸，地面是否防滑，墙身、灶台、灶具、脱排油烟机、热水器、管道线路等是否符合标准。要求整个厨房应具备清洗、烹调、储藏等基本功能。如果厨房未进行装修，应预留好各种管道、线路、插口的位置。

(9) 水电工程

水电工程需要验收的方面包括：上水、下水管道，门阀，用电线路排，开关，灯座，插座等。

(10) 门窗工程

分户门是否牢固、安全，有无防盗功能，如果没有，能否安装防盗门；门的厚度、材质和规格、密封性如何；窗子的材质、规格与厚度，玻璃的品种与厚度是否安全，窗子的开关是否灵巧、方便、密封性如何。以上是否符合合同规定标准。

(11) 电信设备

电信设备需要验收的方面包括：：电话线、网络线、闭路电视线、卫星天线，接插口等。

5.24 验收公共设施部分应该注意哪些方面？

(1) 楼梯

标准楼梯的角度应适中，转向处设有平台供休息；楼梯高度也应注意：阶高在 22cm 左右，阶面在 15cm 以上，角度为 45°；楼梯应设扶手。楼梯还应符合消防要求。

(2) 电梯

电梯的验收需要注意的地方很多，例如电梯的数量、品牌、制造商、型号、承载量、升降速度，还要检查电梯有无紧急呼救系统、监视系统、应急疏散系统。此外，还要了解电梯是自动的还是专人操作，是全天候运行还是分时段运行。

(3) 供水工程

包括供水是否正常，水压、水流量如何，水质是否达到饮用水标准，是否经过特殊净化处理（如果售房合同有承诺），是否 24 小时供应热水（如果事前有书面承诺），供水管道是采用铁管（易锈蚀），还是采用清洁卫生的 PVC 和 UPVC 管。专家认为，针对不同层高的住宅还有不同的要求。例如，多层住宅不宜采用水箱给水方式，而应采用地压式供水。高层住宅的钢筋混凝土水箱内壁应铺白瓷砖。

(4) 供电工程

包括公共供电是否正常，有无双路供电，是否有用电时间限制，电压是否稳定，电表系统工作是否正常，电表有无抄数。

(5) 供气工程

包括供气的种类(煤气、天然气、液化气)和方式(管道、罐装)，供气容量大小，管道、计量是否正常，气表有无抄数记录。

(6) 停车场地

有无专用停放非机动车和机动车的场地及其容量大小；有无必要的安全防护，是否与合同约定一致。

(7) 公共绿地

小区公共绿地面积和绿化率是否达到了政府规定的最低标准，或合同、广告承诺的标准。必要时可要求开发商出示建设工程竣工规划验收合格证明，查看证明中核定的数据。

(8) 其他公共设施

有些开发商在合同或销售广告中承诺有网球场、游泳池、健身房、会所、下沉式音乐广场等，交房时是否兑现；承诺的智能化安全保卫系统是否有着落，有无中央监控、信息采集、预警系统，有无24小时保安。

(9) 房屋间距

房屋间距对通风、采光影响很大，所交房屋是否符合政府规划间距要求。

5.25 验收隐蔽工程应该注意哪些方面？

家庭装修的隐蔽工程主要包括六个方面：

(1) 给排水工程

由于镀锌管易生锈、积垢，不保温，会发生冻裂，将会被逐步淘汰。目前使用最多的是塑铝复合管、塑钢管、PPR管。这些管子有良好的塑性、韧性，而且保温性好，不开裂、不积垢，采用专用铜接头或热塑接头，有质量保证，能耗少。

(2) 电气管线工程

一般电源线分硬线、软线、护套线等，按铜芯粗细又分为 $1mm^2$ 线、$1.5mm^2$ 线、$2.5mm^2$ 线。为安全起见，更为今后便于维修，电源线应套套管。此外常用的还有音响线、信号线等。插座分为 10A、15A 等，有多种品牌，但是要当心假冒产品。建议到正规电器用品商店购买。

（3）地板基层

实木地板基层有两种安装方法：一种在水泥楼板上刷冷底子油，然后铺设木龙骨，最后钉地板；另一种方法在龙骨上先铺一层细木工板，或者是毛地板，然后钉地板，采用后一种方法，地板受力均匀，结构牢固。

复合地板安装比较方便，一般也有两种做法：一种先作找平层，然后铺设 PVC 垫层，之后铺设复合地板；另一种在水泥找平层上，铺设木龙骨和毛地板，然后铺复合地板。

（4）护墙基层

护墙板有平板式和凹凸式。做法是先在墙面上刷一层冷底子油，然后安装 30mm×40mm 木龙骨，在此基础上钉多层板或细木工板，最后钉饰面夹板。为防止发霉，在护墙板上部开一系列直径为 6mm 的通气孔。

（5）门窗套基层

先排设龙骨，然后钉细木工板或密度板，表面用饰面夹板钉木线条。注意密度板预先要用水浸泡，避免日后膨胀。

（6）吊顶基层

吊顶材料有石膏板、灰板、夹板、铝合金扣板、塑料扣板、磨纱玻璃、彩绘玻璃等，龙骨分为木龙骨和轻钢龙骨两类。吊顶开裂的现象比较普遍，可以通过使用弹性腻子嵌缝，并贴尼龙绑带来改善这种情况。

以上这些隐蔽工程的处理和验收，必须由施工单位的负责人验收第一遍，业主自己验收第二遍，如不符合要求和规定，施工单位应根据户主的意见，及时进行返修处理。最后应该填写验收记录，作为工程验收资料之一，妥善保管。

5.26 验收饰面板(砖)工程应该注意哪些方面？

(1) 石材、墙地砖品种、规格、颜色和图案应符合设计及住户的要求，饰面板表面不得有划痕、缺掉角等质量缺陷。不得使用过期和结块的水泥作胶结材料。

(2) 石材、墙地砖施工前应对其规格、颜色进行检查，墙地砖尽量减少非整砖，且使用部位适宜，有突出物时应按规定进行套割。

(3) 石材铺贴应平整牢固、接缝平直、无歪斜、无污积和浆痕，表面洁净，颜色协调。

(4) 墙地砖铺贴应平整牢固、图案清晰、无污积和浆痕，表面色泽基本一致，接缝均匀、板块无裂纹、掉角和缺棱，局部空鼓不得超过总数的5%。

(5) 厨房、卫生间的地面防水四周与墙接触处，应向上翻起，高出地面不少于250mm。地面面层流水坡向地漏，不倒流泛水、不积水，24小时蓄水实验无渗漏。

(6) 木质楼地面的材质、构造以及拼花图案应符合设计、住户的要求，木材的含水率应不大于12%。

(7) 条形木地板的铺设方向，可征求用户的意见，一般走廊、过道宜顺行走方向铺设，室内房间宜顺着光线铺订。木地板与墙之间应留10mm的缝隙，并用踢脚板封盖。

(8) 木质板面层必须铺钉牢固无松动，粘贴牢固无空鼓，表面刨平磨光，无明刨痕、戗茬和毛刺等缺陷。

(9) 木板面层、板间隙基本严密，接头位置错开；拼花木板面层接缝对齐，粘、钉严密。无裂纹、翘曲，表面洁净无明显色差。

(10) 木质踢脚线接缝严密，表面光滑，高度出墙厚度一致。

5.27 验收油漆工程应该注意哪些方面？

总体上来说，油漆工程的验收包括以下方面：

(1) 家具混油的表面是否平整饱和。应确保没有起泡,没有裂缝,而且油漆厚度要均衡、色泽一致。

(2) 家具清漆的表面是否厚度一致,漆面饱和、干净,没有颗粒。

(3) 墙面乳胶漆是否表面平整、反光均匀,没有空鼓、起泡、开裂现象。

(4) 木质和石膏板顶棚的油漆一般为乳胶漆,应表面平整,板接处没有裂缝。

(5) 顶棚角线接驳是否处理顺畅,没有明显不对纹和变形。

(6) 墙纸拼缝是否准确、有无扯裂现象。带图案的纹理拼纹应准确,没有错位现象。

(7) 墙面是否没有污染、没有脏迹存在。

举例而言,家居装修油漆主要分清水漆、混油和混水漆几大类。在验收清水漆工程时,要注意钉眼填充腻子灰必须与饰面板的颜色基本一致,且距离1.2m远肉眼看起来无明显色差,木纹必须清楚;饰面清漆用手背摸无挡手感,用手掌摸应有丰富度、光亮、柔和、边角平直;小面积不允许有裹棱、流坠、皱皮;颜色一致、无刷纹;五金配件、玻璃必须洁净,无油漆污染。而验收混油工程时要用手背抚摸,感觉有无挡手感,厚实度和丰富度如何,表面附着力强还是弱。按验收标准,混油工程应无透底,颜色一致;小面积不允许有裹棱、流坠、皱皮等现象;边角平直,表面光滑柔和;五金配件、玻璃必须洁净。混水漆工程则要求1.2m远目测无色差、颜色一致,用手背抚摸无挡手感,用手掌抚摸有厚实感、丰富度,表面附着力强,透底木纹匀称一致;小面积不允许有裹棱、流坠、皱皮等现象;边角平直,表面光滑柔和;五金配件、玻璃必须洁净。

5.28 验收门的具体细节包括哪些方面?

要了解验收门的具体细节,首先要明白一些概念,例如,贴脸。非专业人士往往区分不了门窗套、门窗贴脸。专家提醒大家，门窗套是指门窗洞口的两个立边垂直面。因为它们可以突出外墙形成边框也可以与外墙平齐，既要立边垂直平整又要满足与墙面平整，好像在门窗外罩上一个正规的套子，所以人们习惯称它们为门窗套。门窗贴脸是指当门窗框与内墙面平齐时，为遮盖与墙面明显的缝口（在门窗使用筒子板时也存在这个缝口）而装订的木板盖缝条。有了这些基础概念之后，就可以开始轻松的了解如何"验好门"。

(1) 用眼

门的厚度、材质与规格；零配件是否装配齐全，位置准确；门是否与墙在一个平面上；门四边是否紧贴门框，与墙身有无过大缝隙；直角接合部是否严密；门插是否插入得太少，门间隙是否太大（特别是门锁的一边）；贴脸是否完整、是否有裂缝；贴脸与楼顶板阴角线是否平行；门面上有无钉眼、气泡或明显色差。

(2) 用手

门的开启和关闭是否顺畅；是否能锁上；不上锁是否会自动关上或打开；门锁，锁舌儿与锁鼻儿是否对位，钥匙转动是否方便；表面是否光洁。

(3) 用耳

门开关时有无特别声音；关上门窗听听隔声效果。

5.29 验收窗的具体细节包括哪些方面？

随着生产工艺的进步，窗的品种越来越多，塑钢窗、敞开无框阳台窗、安全防盗卷帘窗……可谓林林总总，让人眼花缭乱，如何验窗也就成为了消费者的难题。以下是一些基本的验窗细节，可供参考使用。

(1) 用眼

窗边与混凝土接口有无缝隙；位置是否准确；窗边护栏是否平正牢固、是否完好无损、无划痕；是否翘曲变形；直角接合部是否严密；零配件是否装配齐全；窗玻璃是否完好无损、无划痕；纱窗是否安装完毕，且无破损；窗子玻璃的每个角是否封好；窗台下面有无水渍；外部窗台有无裂纹。

（2）用手

开启关闭顺畅；窗玻璃应表面平整，油灰饱满，粘贴牢固；外窗框四周处理是否粗糙；外窗开启时内扇是否能关上；把手是否松动；打开后窗户是否能固定；窗框表面是否光洁；窗的底部滑道是否平；窗台是否平滑，不刮手。

（3）用耳

窗开启和关闭时有没有不顺畅的、特别的声音；窗的隔声效果如何。

5.30 验收地面需要注意哪些方面？

简单而言，地面的验收一般包括如下内容：地面有无明显的缝隙和不平整，是否有地漏，地面坡度是否恰当，有无积水，是否倒反水和渗漏，门口地板上是否有挡水条，对卫生间进行闭水试验。

具体举例而言，木地板验收时，应注意表面要洁净无沾污，刨平磨平，无刨痕、刨茬和毛刺等现象。木格栅应牢固，间距应符合要求，铺设应牢固，不松动，行走时地板无响声。地板与墙面之间要留有8至10厘米的伸缩缝。地面镶贴验收时，则要注意其表面是否平整干净，有无漏贴错贴；缝隙应均匀、周边顺直，砖面无裂纹、掉角、缺棱等现象。

5.31 验收天花板应该注意哪些方面？

（1）混凝土基层无吊顶

① 是否按操作顺序要求进行施工；

② 基层清洁，和底子灰结合牢固，无空鼓；

③ 表面平整光滑，看不到铁抹子痕迹，更无起泡、掉皮、裂缝；

④ 如表面刷乳胶漆，则质量要求可参照墙柱面乳液型涂料

质量检查要求进行检查。

（2）木质吊顶

① 是否按操作顺序施工；

② 木龙骨无节疤，木龙骨接长要连接牢固，吊杆与木龙骨、楼板连接牢固；

③ 龙骨均要涂刷防火耐腐涂料；

④ 吊顶龙骨考虑日后下垂，故安装后，中心应按短边起拱 1/200；

⑤ 凡有灯罩、帘盒等位置应增加龙骨，吊扇不得承力在龙骨架上；

⑥ 罩面板应平整，无翘角、起皮、脱胶等现象，如有拼花，图案应符合条例设计要求。

（3）板条、钢丝网抹灰吊顶

① 木龙骨网架要求同木质吊顶；

② 板条接头必须错开，板面不宜过光，板条和钢丝网均钉牢；

③ 石灰膏必须充分熟化，不允许含石灰固定颗粒，以免抹灰后起鼓起气泡；

④ 板条干燥，易吸水膨胀，吸水后抹灰干燥易开裂，故底灰干后应喷水润湿，再抹找平层才能互相结合好。

（4）轻钢龙骨吊顶

① 选用的轻钢龙骨应符合设计要求，保证质量；

② 所有在吊顶内的零配件、龙骨应为镀锌件；

③ 龙骨、吊杆、连接件均应位置正确，材料平整、顺直，连接牢固，无松动；

④ 凡有悬挂的承重件必须增加横向的次龙骨；

⑤ 吊杆距主龙骨端部不得超过 300mm；

⑥ 质量允许偏差标准可参考木质吊顶。

（5）木格栅式吊顶

① 吊点、吊杆、金属管、木格栅均应制作牢固，连接坚实；

② 木格材料含水率符合要求，无疵病，无节疤裂纹，制作平整、光滑，方格尺寸准确；

③ 拼成整体，安装完毕后，应符合木质吊顶施工允许偏差。

5.32 验收木地板需要注意哪些方面？

（1）木质面层表面的质量规定

合格：木质板面应平整光滑、无刨痕、戗槎和毛刺，图纹清晰，油膜面层颜色均匀。

优良：木质板面应平整光滑、无刨痕、戗槎和毛刺，图纹清晰美观，油膜面层颜色均匀。

（2）木质板面层接缝的质量规定

① 木板面层

合格：缝隙严密，接头位置错开，表面洁净。

优良：缝隙严密，接头位置错开，表面洁净，拼缝平直方正。

② 拼花木板面层

合格：接缝严密，粘钉牢固，表面洁净，粘结无明显溢胶。

优良：接缝严密，粘钉牢固，表面洁净，粘结无溢胶，板块排列合理美观，镶边宽度周边一致。

（3）踢脚线的铺设质量规定：

合格：接缝严密，表面光滑，高度、出墙厚度一致。

优良：接缝严密，表面平整光滑、高度、出墙厚度一致，接缝排列合理美观，上口平直，割角准确。

（4）木地板打蜡的质量规定：

合格：木地板烫硬蜡、擦软蜡、蜡洒布均匀不露底，色泽一致，表面洁净。

优良：木地板烫硬蜡、擦软蜡、蜡洒布均匀不花不露底，光滑明亮，色泽一致，厚薄均匀，木纹清晰，表面洁净。

专家提醒，检查时可用脚踩或用小锤轻击检查，并检查胶的品种及合格证书。

5.33 验收厨厕应该注意哪些方面？

(1) 厕、浴具有无裂痕

检查这一方面包括浴缸、抽水马桶、洗脸池等是否有渗漏现象。

(2) 坐厕功能如何

主要包括检查下水是否顺畅，冲水声响是否正常，冲厕水箱有无漏水声。

(3) 瓷砖等的镶贴质量

应检查厨房瓷砖、马赛克有无疏松脱落及凹凸不平，厨房、卫生间墙面瓷砖砌筑是否合格，要求砖块不能有裂痕，不能空鼓，必须砌实。

(4) 厨、浴具是否清洁

主要是指厨具、瓷砖及下水管上有无粘上水泥，尚未清洗。

(5) 水龙头的质量

主要指水池龙头是否妥当，下水是否顺畅。

(6) 卫、厨的防水问题

主要指卫、厨是否有渗漏现象，坡度绝不能往门口处倾斜，不然水要流进居室内。

(7) 厨房烟道

用纸卷点火后灭火冒烟，放在烟道口下方 10cm 左右，看烟是否上升到烟道口立即拐弯吸走。

(8) 卫生间通风

应在吊顶下留通风口。留在吊顶上面时要用手灯查看是否具备安装性，同时用上法测抽力。烟道、通风口中用手电查看是否存有建筑垃圾。

(9) 管道煤气

用冒烟的纸卷放到报警装置附近，看报警装置是否灵敏动作，报警声光提示同时关闭进气电磁阀。如果不能动作，及时修复。

5.34 验收"电"应该注意哪些方面？

（1）插座

① 五孔插座

在五孔插座上分别插上带有指示灯的电源插板，灯亮就表示有电，此时拉下总开关箱内的插座开关（应有标示），指示灯灭。频繁测试几次，证明开关、接线良好，插座安全。如果开关拉下，插座指示灯仍亮或仍在闪烁，说明开关质量有问题或接线有误，应立即修复，否则可能因为误触电无法及时断电而危及生命。

② 保险插座

保险插座用于保护幼童。为防止幼童把手指头伸进插座孔中，距离地面 30 厘米高的插座都必须带保险装置。

③ 卫生间插座

卫生间插座规矩较多，例如，卫生间内的电源插座应是防潮插座并有防溅措施，卫生间的照明灯座必须是磁口安全灯座，洗手盆的上方不应有插座。

（2）开关箱

开关箱内的各分路开关应有明显的标示。如果没有或不明确，立即纠正。

开关箱内开关应安装牢固，每个都要用力左右晃动检查，如果发现松动，应紧固或更换，否则日后使用中可能会出现接触不良打火现象，是较大的安全隐患。

（3）门铃

自带电池测试门铃，检查门铃是否则正常工作。

（4）电线

① 暗线应铺设在护套管中，最好采用 PVC 阻燃管或金属管，导线的接头应设在接线盒内（万万不可简单地用包布一包，就直接埋在墙里）。

② 视不同用途采用不同规格、类型的导线。电话线应采用

专用护套线(电信公司有售,不可用常规电线代替),有线电视线应采用 75Ω 的铜轴屏蔽电缆线,照明用线应采用截面为 $1.5mm^2$ 的线,空调用线起码在 $2.5mm^2$ 以上。

③ 电源线、电话线和有线电视线不能穿在同一个护套管内。

应采用安全型暗装插座、暗装开关,最好再加装个漏电保护器。各类接线盒内的线头要预留 15cm 以上,在封墙前应仔细通电检查,电话线、有线电视线可用万用表检查。

④ 布线时要确保电线的通畅,务必在隐蔽工程封闭前,检查电线是否有断路或短路。

⑤ 在排线及安装设备时,应时常在旁监督检查,一旦埋进墙内或顶棚中就很难查了,尤其是多联开关,一定要检查其是否有效,如有不符合要求的地方,一定要责令施工方整改。

5.35 验收橱柜应该注意哪些方面?

(1) 位置和结构

橱柜安装位置应按家用厨房设备设计图样要求进行,不得随意变换位置。橱柜摆放应协调一致,例如台面及吊柜组合应保证水平。各个门、柜的开关是否顺滑,门板是否平整,门把手安装是否成一直线,原指定无缝接合的地方是否留有缝隙。

(2) 表面和材料

外表面应保持原有状态,不得有碰伤、划伤、开裂和压痕等损伤现象。所用材料是否为原约定材料,若是木制材料或者已在表面刷漆,还要注意材料是否有怪异的味道。若是石面橱柜,还要注意颜色是否与之前约定的一致,避免出现色差问题。

(3) 板材加工和封边

如果板材不合格或设备不精良则会出现啃边现象,将来在使用中很快就会出现开胶现象;再看封边,板块端面要经封边处理。

专家提醒,专业厂家一般用专用机械封边。一般作坊小厂的手工封边处理则比较粗糙。

(4) 五金部件

检查抽屉、门扇等活动五金部件,开关要灵活、无噪声,有无防撞或自闭功能。可检查出产品所选用的五金配件是否达标。专业厂家设计制作的橱柜,柜体之间应有过山丝连接,整体牢固性好。地柜底部装有水平调整脚,可以调整柜体的水平度,又有防水功能。应设整体移动式踢脚板,方便清洁橱柜底部。由于抽屉是厨房最常用的部分之一,滑轨的好坏直接影响橱柜的寿命,所以挑选橱柜时,要查看抽屉推进拉出是否顺畅或有左右松动状况、抽屉缝隙是否均匀。

另外,门扇配阻尼器来消除噪声,水盆柜体下面有沥水板、台面前沿明有储水沟、暗有沥水沟等,均会对产品使用寿命起到决定性作用。

5.36 验收木作工程应该注意哪些方面?

(1) 缝隙

木封口线、角线、腰线饰面板碰口缝不超过 0.2mm,线与线夹口角缝不超出 0.3mm,饰面板与板碰口不超过 0.2mm,推拉门整面误差不超出 0.3mm。

(2) 结构

检查构造是否平直。无论水平方向还是垂直方向,正确的木工做法都应是平直的。

(3) 转角

看看转角是否准确。正常的转角都是 90°的,特殊设计因素除外。

(4) 拼花

察看拼花是否严密、准确。正确的木质拼花,要做到相互间无缝隙或者保持统一的间隔距离。

(5) 造型

检查弧度与圆度是否顺畅、圆滑。除了单个外,多个同样造型的还要确保造型的一致。应保证木工项目表面的平整,没有起鼓或破缺。对称性木工项目应做到对称。

(6) 柜门

试试柜体柜门开关是否正常。柜门开启时，应操作轻便、没有异声。

(7) 平整

应保证木工项目表面的平整，没有起鼓或破缺。

(8) 对称

对称性木工项目是否对称。

(9) 钉眼

吊顶结构所用的钉子，都需要在钉眼上涂上防锈漆。

第 6 章

产权过户

经过了前期准备、房屋购买以及交房验收等环节，购房者终于等到了产权过户。这是购房的最后一个环节，也是最重要的一个环节。因为房屋作为不动产，只有到房屋管理部门办理了产权过户手续，才能受到法律的保护。因此作为购房者，不要以为交房验收后房子就是自己的了，必须再接再厉，等拿到房屋产权证，再稍微松一口气吧！因为只有在这种情况下，购房者的合法权益才会受到保护。通过本章的介绍，购房者可以对房屋的产权情况以及怎样办理产权过户有一个大致的了解。

6.1 居住权与产权有什么区别？

产权的正式称谓应为所有权。所有权包括占有、使用、收益和处分的权能。

居住权只是对所有权中使用权能的称呼。永久居住权所代表的并非是完全的所有权，它只能说明居住人享有居住的权利，而不能对该房屋进行继承、抵押、转让或作价入股等处分行为，至于出租等收益行为也要经过房屋所有权人的同意并与其分割收益。其在房屋的登记管理部门不会有任何的记载。

6.2 房屋产权有多少种？

房屋产权类型非常复杂，以北京为例，总共包括8大类、11细类24种。

第一类：国有房产，即归国家所有的房产。具体来讲，分为直管产、自管产和军产。直管产又分中央级公产、市级公产、区(县)级公产和拨用产。

第二类：集体所有房产，指城市集体所有制单位投资建造、购买的房产。

第三类：私有房产，包括中国公民、港澳台同胞、海外侨胞、在华外国侨民、外国人投资建造或购买的房产以及中国公民投资的私营企业投资建造、购买的房产。

第四类：联营企业房产，指不同所有制性质的单位之间共同组成新的法人型经济实体所投资建造、购买的房产。

第五类：股份制企业房产，指股份制企业投资建造、购买的房产。

第六类：港、澳、台胞房产。具体又分为合资产、合作产和独资产。

第七类：涉外房产，指中外合资经营企业、中外合作企业和外资企业、外国政府、社会团体、国际性机构投资建造合伙购买的房产，又分为中外合资、中外合作、外企产和外产。

第八类：其他房产。凡不属于以上各类别的房产，都归在这一类。具体有四种：其他产、代管产、宗教产和社团产。

不同类型的房产在权属登记、产权转移等许多方面都存在差异，所面临的问题也不一样。

6.3 什么是国有房产？

所谓国有房产，即归国家所有的房产。具体来讲，它分为直管产、自管产和军产。

直管产是由政府接管、国家经租、收购、新建、扩建的房产

(房屋所有权已正式划拨给单位的除外)。大多数直管产由政府地产管理部门直接管理、出租、维修,少部分免租拨借给单位使用。直管产又分为中央级公产、市级公产、区(县)级公产和拨用产(房屋产权属于房地局所有,免租拨借给单位使用,由使用单位自管、自修的房产)四类。

自管产包括国家划拨给全民所有制单位所有、全民所有制单位自筹资金购建的房产。

军产指中国人民解放军部队所有的房产。包括由国家划拨的房产、利用军费开支购建的房产以及军队自筹资金购建的房产。

6.4 什么是私有房产?

所谓私有房产,指的是指私人所有的房产。具体来讲,包括中国公民、港澳台同胞、海外侨胞、在华外国侨民、外国人投资建造或购买的房产以及中国公民投资的私营企业(私营独资企业、私营合作企业、私营有限责任公司)投资建造或购买的房产。

从分类上来讲,私有房产包含私产和部分产权两个细类。

其中,私产又包括私产、个体产、外私产三种:私产指中国公民投资、建造的房产;个体产指中国公民投资的私营企业投资购建或购买的房产;外私产指港澳台同胞、海外侨胞、在华外国侨民、外国人投资建造或购买的房产。

部分产权,指按照房改政策,职工个人以标准价购买的住房,拥有部分产权。目前,已经取消标准价售房方式,原按标准价向职工售卖的公房,提倡职工补足成本价价款,转为全部产权,即私产。

6.5 私人享有的房产权属有哪些种类?

私人享有的房产权属包括:

(1) 商品房:指直接从开发商手中购买的房产。这是目前私人享有的房产权属中最常见的一种。这种房屋的建筑用地一般是通过出让的方式获得,开发商在取得土地使用权时向国家支付了土地出让金。因此个人在购房产时，房价里也包含了土地出让金，再转让时不用再补交土地出让金。

(2) 经济适用房：也是从开发商手中购买，与一般的商品房相比，政府免收了土地出让金，个人购买时房价也没有包含土地出让金。再转让时，出售人要补交土地出让金。

(3) 直管公房：指属于政府直接管理的已购公房。根据目前的政策，直管公房可以上市交易，原产权单位不得阻挠。

(4) 自管公房：指中央直属或企事业单位自管的已购公房。根据目前的政策，自管房方经原单位同意后，可以比照直管公房上市交易。

(5) 使用权房：指市民租住公有住房，享有使用权的房屋。使用权房的转让，目前还只是试点，没有大面积普及。

6.6 什么是住宅的"全部产权"和"部分产权"？

在国务院发布的《关于继续积极稳妥地进行城镇住房制度改革的通知》中明确规定了"全部产权"和"部分产权"的含义。

所谓"全部产权"，是指按市场价和成本价购买的房屋，购房者拥有全部产权。经济适用房也属于全部产权。

所谓"部分产权"，是指职工按照标准价购买的公有住宅。在国家规定的住房面积之内，职工按标准价购房后只拥有部分产权，可以继承和出售，但出售时原产权单位有优先购买权，售房的收入在扣除有关税费后，按个人和单位所占的产权比例进行分配。

二者的不同之处在于，"部分产权"具有永久使用权和继承权，但在出售时要与单位分割收益。目前，已经取消标准价售房方式，以前按标准价向职工售卖的公房，提倡职工补足成本价价款，转为全部产权。

6.7 什么情况下不能转移房屋所有权？

以下八种情况下房屋的所有权不能够转移：

(1) 房屋的出卖人不是房屋所有人；

(2) 出卖人将产权人去向不明或房屋所有权正处在争议中的房屋出卖的；

(3) 设有抵押权、典当权等他项权利的房屋，未征得他项权利人的同意情况下出卖的房屋；

(4) 代理人超越代理权限或滥用代理权所进行的房屋买卖；

(5) 出卖人在没有征得共有人同意的情况下把共有房屋出卖的；

(6) 在同等条件下，承租人、房屋共有人主张优先购买权的情况下将房屋售与他人的；

(7) 国家批准征用或拆除的房屋，不能转移房屋所有权；

(8) 违反有关法规规定出售房屋的。

6.8 土地使用权期满后，房屋产权还属于购房者吗？

根据我国法律规定，土地所有权属于国家，不能进行交易，但土地使用权可以出让、转让。与此同时，《城市房地产管理法》中明确规定房地产的买卖是房屋所有权和该房屋占用范围内的土地使用权同时转让。

目前，住宅用地的使用年限一般只有70年，土地使用年限届满时，国家根据社会公共利益的需要，有权收回土地的使用权。如果国家对该土地没有特别的规划，原土地使用者可优先取得继续使用该土地的权利。但必须在届满一年前提出续期申请，并依照规定支付土地使用权出让金。即使国家根据需要收回土地的使用权，原产权人仍然享有房产的所有权。以后的土地使用者应该根据房产的具体情况对原使用者进行适当的补偿。

6.9 什么是房产登记？

"房产登记"即房产产权登记，是指凡在规定范围内的房屋产权不论归谁所有，都必须按照登记办法的规定，向房产所在的房产管理机构申请登记。经审核确认产权，由房产管理机关发给

《房屋所有权权证》。

6.10 为什么要进行房产登记?

房产登记是房产产权管理的主要行政手段,是政府为健全法制,加强房产管理,依法确认房产权利的法定手续。具体来讲,房屋产权登记有利于确认房产的权属状态;有利于保障权利人的合法权益;有利于通过房屋产权登记对房产交易状况进行管理和监督。

6.11 房产登记有什么样的法律效力?

依法登记的房产权利受法律保护。房产权利经登记后,产权即得到法律上的承认。产权人可以依法对其房产行使占有、使用、处分和收益权能,任何其他人无权干涉或妨碍,否则产权人可依法请求法律上的保护。

6.12 房产登记的程序是怎样的?

一般来讲,房产登记按下列程序办理:
(1) 提出申请;
(2) 受理申请;
(3) 审查申请文件;
(4) 权属调查;
(5) 依法公告;
(6) 确认房产权利;
(7) 将核准登记事项记载在房产登记册上;
(8) 计收规费并颁发房产权利证书。所谓"规费",是指国家及地方政府规定必须交纳的费用;
(9) 立卷归档。

6.13 房产登记的权利人名称是如何确定的?

房产登记的权利人名称根据如下办法确定:

（1）如果是企业法人，则权利人名称为该企业法人的法定名称；

（2）如果是国家机关、事业单位，则权利人名称为该机关、单位的法定名称或政府确认的名称；

（3）如果是非法人组织，则权利人名称为该组织依法登记的名称或政府批准的名称；

（4）如果是个人，则权利人名称为合法身份证明上的姓名；

（5）如果是共有人，则权利人名称为各权利人的名称或姓名。

6.14 申请房产登记，可以委托他人代理吗？

申请房产登记，申请人完全可以委托他人代理。值得注意的是，由代理人办理申请登记的，应向登记机关提交申请人的委托书。境外申请人的委托书应按规定经过公证或认证。

6.15 房产登记的种类有哪些？

按照登记原因的不同分类，我国目前房产登记分为六类，即：

（1）总登记。总登记是指县级以上地方人民政府根据需要，在一定期限内对本行政区域内的房屋进行统一的权属登记。

（2）初始登记。新建的房屋，申请人应当在房屋竣工后的3个月内向登记机关申请房屋所有权初始登记；集体土地上的房屋转为国有土地上的房屋，申请人应当自事实发生之日起30日内向登记机关提交用地证明等有关文件，申请房屋所有权初始登记。

（3）转移登记。按照《中华人民共和国城市房地产管理法》的有关规定，因房屋买卖、交换、赠与、继承、划拨、转让、分割、合并、裁决等原因致使其权属发生转移的，当事人应当自事实发生之日起90日内申请转移登记。

（4）变更登记。权利人名称变更和房屋现状发生下列情形之

一的,权利人应当自事实发生之日起 30 日内申请变更登记:

① 房屋坐落的街道、门牌号或者房屋名称发生变更的;

② 房屋面积增加或者减少的;

③ 房屋翻建的;

④ 法律、法规规定的其他情形。

(5) 他项权利登记。设定房屋抵押权、典权等他项权利的,权利人应当自事实发生之日起 30 日内申请他项权利登记。

(6) 注销登记。因房屋灭失、土地使用年限届满、他项权利终止等,权利人应当自事实发生之日起 30 日内申请注销登记。

6.16 房地产交易管理机构对房屋产权过户有什么规定?

按照国家的相关规定,房屋买卖双方应当签订房屋买卖合同,合同文本可以使用房屋土地管理局制定的示范文本,也可使用自制合同。使用自制合同的,当事人在过户申请前应委托经市房地局认定的法律服务机构进行预审,法律服务机构对符合规定的自制合同,提出预审合格意见。市、区、县房地产交易管理机构受理过户申请后,应对买卖双方提供的申请过户资料进行审核,审核内容包括:

(1) 当事人提供的材料是否合法、有效;

(2) 申请书填写的内容与提供的材料是否一致、无误;

(3) 房地产的权属是否清楚,有无权属纠纷或他项权利不清的现象,是否属于《房地产转让办法》规定不得转让的范围;

(4) 受让人按规定是否可以受让该房地产;

(5) 买卖的房地产是否已设定抵押权;

(6) 买卖已出租的房地产,承租人是否放弃优先购买权;

(7) 买卖共有的房地产,共有人是否放弃优先购买权;

(8) 房地产交易管理机构认为应该审核的其他内容。

买卖双方当事人对于市、区、县房地产交易管理机构做出的不予过户决定有异议,可向市房地局申请行政复议,也可直接向人民法院起诉。

6.17 怎样办理房屋产权过户登记手续?

《城市房地产开发经营管理条例》中规定:"预售商品房的购买人应当自商品房交付使用之日起 90 日内,办理土地使用权变更和房屋所有权登记手续;现售商品房的购买人应当自销售合同签订之日起 90 日内,办理土地使用权变更和房屋所有权登记手续。房地产开发企业应当协助商品房购买人办理土地使用权变更和房屋所有权登记手续,并提供必要的证明文件。"

房屋买卖的所有权过户和转移登记,一般在购房者购房后,由买卖双方或售房单位代理到住房所在地房产和土地管理部门办理过户与产权转移登记手续。

6.18 哪些房屋不能办理产权登记过户手续?

在现实生活中,法律、法规明确规定有一些房屋是禁止买卖的。私下买卖这类房屋,得不到有关部门承认,也就办理不了产权登记过户手续,因此对于购房者来讲,应该格外注意。

具体来讲,以下这些房屋被法律、法规明令禁止买卖:
(1) 在违法用地上建造的房屋,以及违法建设房屋;
(2) 临时建筑;
(3) 在租赁土地上建造的房屋及租赁的房屋;
(4) 没有合法产权证明文件的存量房;
(5) 产权有争议的房屋;
(6) 经人民法院裁定限制产权转移的房屋;
(7) 未经抵押权人同意的抵押房屋;
(8) 未经共有产权人同意的共有产权房屋;
(9) 经批准征用、划拨的建设用地范围内及已冻结的拆迁范围内的房屋;
(10) 仅享有公房使用权的房屋。

6.19 公证等同于过户吗？

有的购房者在购买二手房时，买卖双方为了逃避交易税，并不到房管局过户，只是请来公证处的工作人员做房屋的买卖公证。事实上，公证并不等同于过户，如果只是公证而没有过户，也只能证明双方签过这种合同，并不能证明房产已经属于买主。因为作为不动产的房产没有到房管部门备案过户，就不算最终完成了交易。

因此购房者千万不要为了逃避交易税而因小失大。

6.20 什么是房屋产权证？

房屋产权证是对进行了房屋产权登记后所发证件的统称，它是权利人依法管理、经营、使用和处分房产的凭证，是合法拥有房产的凭证。根据登记的产权情况又可分为《房屋所有权证》、《房屋共有权保持证》和《房屋他项权证》三种。

《房屋所有权证》发给房屋所有权人。《房屋共有权保持证》发给房屋共有人。《房屋他项权证》发给与房屋所有权有关的其他财产权人，如典权人、抵押权人等。

《房屋产权证》一旦遗失，应尽快到原发证机关申请补领新证。申请人应提交补领新证申请书和登载遗失声明的报纸一份，经房管机关审查确认后，补发新证，并按规定征收重新登记费用。

6.21 现在颁发的《房地产证》与过去有关部门颁发的《房屋所有权证》、《国有土地使用权证》有什么区别？

现在颁发的《房地产证》是由原《房屋所有权证》、《国有土地使用权证》合二为一，统一制作成单一的《房地产证》，由一个部门统一颁发。为统一《房地产证》的发放，加强房地产权管理，过去的《房屋所有权证》、《国有土地使用权证》都要更换成新的《房地产证》，但在更换前继续有效。

6.22 如何取得商品房产权证？

(1) 鉴证。购房者在与开发商签订购房合同后 15 天内，将合同送房地产交易所办理交易鉴证备案手续；

(2) 登记。购房者在使用所购商品房后 3 个月内，到房屋产权监理所办理产权登记手续。登记时，须提交下列材料：

① 购房者的身份和私章；

② 鉴证过的购房合同；

③ 由开发商出具的购买商品房办理产权证明书、购房发票、红线图、位置图(蓝图)、平面图(蓝图)；登记完毕领取收件收据。

(3) 交费。

受理登记 15 个工作日后，到房屋产权所交齐登记费、鉴证费等有关费用；

(4) 领证。

房屋所有人凭身份证、私章、收件收据和收款票据领取《房屋所有权证》。

6.23 什么是房屋的大产权证？

房地产项目竣工以后，开发商应到房地产权属管理部门申请房地产权属初始登记。由登记部门通知房地产测绘部门进行现场勘测，待勘测数据确定以后，权属登记部门还要通知土地管理部门最后核定地价，审核该项目是否是按照规划批准的用途使用土地、是否按规划的面积建房、地价款最终交纳的情况以及拆迁安置结案情况等。只有在上述内容全部审核无误后，才能确认产权，颁发《房屋所有权证》，即所谓的房屋"大产权证"。

6.24 什么是房屋的小产权证？

房屋的小产权证是基于房屋的大产权证取得后，进而再次分割得到的。简单地说，就是开发商就其开发建设的商品房通过竣工验收等相关手续,取得大产权证后,再为每套房屋的购房者办理的该套房屋的产权称为"小产权"。

有些开发商为了将房屋卖出,误导消费者说在将房屋售出前就已经取得了小产权证,事实上这是不可能的,除非该套房屋已经被其他业主所购买并办理了产权证后再次转让,但是此时的房屋属于二手房的概念。

所以对于购房者来讲,应该要求开发商提供"五证"原件以供查验,如果拒不提供,则可以向房屋交易部门进行查询。

6.25 房屋产权证包括了哪些内容?

《房屋产权证》记载的内容包括权利人状况、房屋及土地等。具体来讲,包括权利人、权利人性质、权属来源、取得时间、变化情况和房产的面积、结构、用途、价值、等级、坐落、坐标等内容。

6.26 不按规定时间申请房地产登记,应承担什么法律责任?

不按规定的时间申请登记的,每逾期一日,按登记费的千分之三加收逾期登记费。

6.27 哪几种情况房地产登记机关可以作出暂缓登记的决定?

有下列情形之一的,登记机关可作出暂缓登记的决定:
(1)产权纠纷尚未解决的;
(2)涉及违法用地、违章建筑事项,未经处理或正在处理之中的;
(3)受理申请后发现申请文件需要修正或补正的;
(4)有关机关依法查封或以其他形式限制权利人房地产权利的;
(5)法律、法规、市政府规章规定应暂缓登记的其他事由。

6.28 没有房屋产权证的房屋能买卖吗?

房屋产权证是房屋所有权的惟一证明,没有房屋产权证的房屋不能买卖、置换、赠与、继承、转让。如果没有房屋产权证而从事了上述的行为，是不受法律保护的。

6.29　没有房屋产权证的房屋可以抵押吗？

没有房屋产权证的房屋又被抵押出去的，该抵押合同一般是无效的，但是如果双方因此诉至法院，在一审法庭辩论结束以前能够提供房屋产权证或者补办登记手续的，抵押还是有效的。

6.30　没有房屋产权证的房屋在土地使用期限届满后，能继续使用吗？

我国居住用的土地使用权期限是 70 年，在该期限届满后，如果没有房屋产权证，则无法申请继续使用该土地。

6.31　房屋产权证上要注明房屋面积和施测单位吗？

在房屋权属证书附图中应该明确注明房屋套内建筑面积（在图上标注尺寸）、房屋分摊的共有建筑面积以及房产测绘单位名称。房产测绘单位对其完成的房产测绘结果的质量应当负责。

这是因为，随着测量行为市场化以后，凡是具有相关资质的测量单位都可以接受当事人的委托对房地产项目进行测量，出具测量报告。而目前市场上经常出现一些房地产项目实测面积与预售面积不相符的现象，导致法院在判决时找不到责任人。鉴于此，相关部门做出了"测量该房屋的测绘单位，在房屋权属证书附图中应注明其名称"的规定，明确该测绘单位对其完成的房产测绘结果的质量负责，从而可以有效地保护购房者的利益。

6.32　初始登记与购房者的产权证有什么关系？

开发商在新建房屋竣工后 3 个月向房屋行政登记机关申请房屋所有权初始登记，即申请取得《房屋所有权证》，并应提交用地证明文件或土地使用许可证、施工许可证、房屋竣工验收资料以及其他相关证明材料。只有开发商初始登记完，并取得《房屋所有权证》后，购房者才能申请房屋权属转移登记。

没有商品房的初始登记，也就没有商品房的转移登记，也就是说即使是合法开发的商品房，如果开发商不申请领取《房屋所有权证》，购房者就得不到产权证。

6.33 开发商在办理产权证过程中应该履行什么义务？

在办理产权证过程中，开发商应该履行以下义务：

(1) 开发商应履行委托测绘义务：即房地产开发企业应当在商品房交付使用前将项目委托具有房产测绘资格的单位实施测绘，测绘成果报房地产行政主管部门审核后用于房屋权属登记。

(2) 开发商应履行报送资料的义务：房地产开发企业必须在交付使用后60天内将需要由其提供的办理房屋权属登记的资料报送房屋所在地行政主管部门，留30天由购房者办理权属登记手续。

(3) 开发商应履行协助办证的义务：购房者在缴清全部房款，履行完毕自己在买卖合同中的义务后，开发商应当协助购房者办理土地使用权变更和房屋所有权登记手续。

6.34 业主能自己去交契税和办房屋产权证吗？

如果业主和开发商双方在合同中约定由开发商代收契税代办产权证，那么就应由开发商办理；如果约定业主自己办理，则开发商无权办理。

6.35 开发商不能办理产权证都有哪些原因？

开发商不能办理产权证的可能原因包括：
(1) 利用集体所有土地开发的项目；
(2) 未经立项批准的项目；
(3) 未取得规划审批的项目；

(4) 没有销售许可证又无大产权的房屋;
(5) 未经验收或验收不合格的房屋;
(6) 土地或房屋未解除抵押的;
(7) 开发商未缴纳相关税费的;
(8) 擅自改动规划设计的;
(9) 开发商发生债务纠纷,几方债务人及债权人争持不下,最终导致产权证无法办理的。

总之,开发商不能办理产权证一定是因为其权利存有问题。购房者在签订购房合同、决定购房前,一定要仔细核查开发商的资质以及"五证"的信息,确保所购楼盘权利的完整性。

6.36 怎样识别房屋产权证的真伪?

1998年,由建设部统一设计、监制,中国人民银行北京印钞厂独家印制了新的房屋权属证书。那么,该如何鉴别其真伪呢?

首先,从格式内容上识别。新证一共分为《房屋所有权证》、《房屋共有权证》、《房屋他项权证》三种。内页印有统一规范的填写项目。由于是统一监制、独家印制,这就有效地保证了权证的规范、标准、统一,增强了权证的权威性。其次,权证印制质量上乘。由于新证是独家按照专门工艺和选用专门材料印制,它的质量、质地和印制非一般可比。封面为红色(他项权证为蓝色),印有金色国徽。材料为进口护照面料,内页为粉红色印钞纸,采用了护照和钞票印制工艺。从感官上区分,大体印制精良者为真,印制粗糙者为伪。第三,增加了防伪功能,如注册号、团花、水印等。第四,规范了发证机关和用印。

当然,最重要、最本质的辨别方法还是把握新证的特点和防伪功能。主要有以下几个方面:

(1) 建房注册号。由于新证是建设部监制,建设部对每个能够发证的市(县)发证机关进行了注册登记,并予以编号。在辨别时,要看它是否有编号,编号是否是建设部公告的全国统一编号。

（2）发证机关（盖章）。这里要注意两个方面：一是规范的发证机关是市（县）的房地产管理局（房产管理局）或市（县）人民政府，别的任何单位或部门都无权发证，它们发的权证都属于非法、无效的；二是所盖印章均系机器套印，印迹清晰、干净、均匀，手工盖印是不可比的。

（3）团花。在封面里页有土红、翠绿二色细纹组成的五瓣叠加团花。线条流畅，纹理清晰。

（4）花边。首页，即发证机关盖章页有上下等宽、对称，左右等宽、对称的咖啡色花纹边框。花纹细腻、清晰。

（5）暗印、水印。所用纸张为印钞纸，浅粉底色，并印有等线宋体"房屋所有权证"地纹暗印。将纸对着光亮处，则可见高层或多层水印房屋。

（6）编号。在封面三页，即"注意事项"页右下角有印钞厂的印刷流水编号。同一发证机关的权证号码是连续的。

（7）发证编号。即首页花边框内上端有由发证机关编列的权证号码。此号码与发证机关的簿册、档案记载相一致。

6.37 按揭购买的商品房，产权证办下来以后是给银行还是给购房者？

在按揭贷款购买的商品房取得产权证之前，银行作为抵押权人，只能就商品房买卖合同进行抵押登记，在商品房办理产权证之后，需要向房屋土地管理部门办理房屋产权证的抵押登记手续。作为抵押权人将持有房屋产权证的他项权利证，产权证在办理完毕抵押登记手续后，应由产权人持有。

6.38 如何办理房屋抵押登记手续？

在房屋抵押贷款中，抵押当事人——银行和借款人应在房屋产权证收押后，到房屋所在地的房屋权属部门办理抵押登记手续。借款人应提交抵押登记申请书、身份证，银行应提供购房合同、借款合同和抵押合同、房屋所有权证等材料。登记机关对材料进行审核后予以登记发证,在原《房屋所有权证》上做抵押情况注记交给借款人,同时向银行颁发《房屋他项权证》。

6.39 拿了房产证,是否还需到房产局登记?

如果房产证是原始取得,如购买商品房,则不需要到房产局登记,因为按照正常程序,该证是由开发商通过房产局办理的,然后购房者才拿到房产证;如果是通过继受取得的,例如通过转让、继承等方式,则需要到房产局办理变更登记。

6.40 购房可以过户到未成年人的名下吗?

很多购房者为了以后不用再过户,想在产权证上写自己子女的名字,但是又担心违反了相关的政策法规。事实上,未成年人是可以单独购置物业的,但因其没有债务偿还能力,无法贷款,所以必须一次性付款。除此之外,必须由法定的监护人为其代办财产登记手续;如果需要贷款,产权人的名字就不能单独写上子女的名字,还需要加上一个大人的名字。房地产交易中心受理未成年人名下的房屋产权转让,不会因为他是未成年人而推托说"无法办理",值得注意的是,这些未成年业主的房产处置权要由其法定监护人代理行使。

6.41 使用权房能否继承?

房地产继承是房地产转让中的一种方式,是指有继承权的公民依法接受死者房屋遗产的行为。所谓死者房屋遗产,按照我国《民法通则》的规定,系指死者生前拥有所有权的房屋,在公民死亡后作为死者的遗产来处理,继承人有权继承该合法遗产。如果死者生前对其居住的房屋没有所有权,只有使用权,如租用的是房管局所有公房或租用其他私人拥有的房屋,则不能作为遗产来继承。死者的亲属如果要继续使用该房屋,则需要与房管局或出租人协商一致,变更承租人,才能继续居住使用。

6.42 购买房屋时,如果购买了屋顶花园,能否在《房地产证》上反映出来?

现行的法律法规规定,屋顶空间是一个公共空间,是不能销售的,它不符合房地产登记条例的规定,所以在办理产权登记时没有体现出来。购房者只能从所签订的购房合同中体现其对屋顶的使用权利,但其产权并未得到现行法律、法规的保障。

6.43 某物业加建两层,这样做可以吗?产权有保证吗?

建筑物的扩建、改建必须报主管部门批准并对原《建筑工程规划许可证》进行变更或备注并领取施工许可证后,方可施工。如未履行以上手续,将会被认定为违法建筑。因此,其产权没有保证。

6.44 集资房、合作建房如何办理《房地产证》?

(1) 集资建房、合作建房的,必须是经政府有关部门批准的,并办理了房地产初始登记的房地产才可以办理小业主的《房地产证》;

(2) 未经政府有关部门批准的非法集资建房、合作建房,必须经过有关部门处理并补交地价款,按规定办理房地产初始登记后,方可办理小业主《房地产证》;

(3) 经初始登记后的集资建房、合作建房提交下列资料后即可办理《房地产证》:《房地产转移登记申请书》;身份证明;集资建房或合作建房合同书或协议书;购房发票复印件;发展商出具的付清房款证明。

6.45 购买二手房在产权过户时需要带哪些资料?

具体来讲,购买二手房办理过户时需要带《房屋所有权登记申请书》、买卖合同、双方的身份证原件和复印件、卖方婚姻证明的原件和复印件以及配偶同意出售房屋的意见书、原房屋所有权证、原房屋所有权证上的附图及房屋登记表复印件、买卖双方的个人名章(无章可不提供)等相关资料。

6.46 购买二手房在产权过户时应注意哪些问题？

在对二手房进行产权过户时，首先应该注意核实房屋的所有权是否有瑕疵，房屋的共有权人是否同意转让房屋，房屋是否存在抵押、出租、作为出资等情形；其次，应该尽量将房屋价款的给付放在产权过户之后再进行，或可以提存方式办理房屋价款的给付，以降低风险；再次，应该了解核实其他诸如公共维修基金、物业费等费用的缴纳和结清情况，以及落实过户等相关手续。

6.47 购买按揭贷款方式的二手房应该如何过户？

如果二手房的前业主是贷款购买的房屋，到二手房交易时，贷款还没有还清，需要购房者接着还贷款，那么过户的时候需要注意的是：如果该房屋的产权证已办理完毕，则需购房者与原业主签署房屋转让合同，同时由原业主与贷款银行办理贷款合同及抵押担保合同的终止。其次，购房者与贷款银行签署新的贷款合同及抵押担保合同，或由购房者与贷款银行办理贷款合同及抵押担保合同的变更手续。如果开发商作为担保人提供担保的，还需征得开发商对债务人变更的同意后办理担保合同的变更或重新签订的手续；如果该房屋尚未取得产权证，则在上述手续之外，还需要在原业主与开发商办理买卖合同的终止手续后，由购房者与开发商再签署新的买卖合同，并办理预售预购登记的变更手续。

6.48 怎样查询二手房的产权状况？

在购买二手房时，了解房屋的产权状况尤为重要。只有对所购房屋的产权有清楚的认识以后，才能尽可能避免上当受骗，减少因为产权引起的纠纷。

一般来讲，购房者应该首先要求卖方提供合法的证件，包括产权证件、身份证件、资格证件以及其他证件。产权证件是指"房屋所有权证"和"土地使用权证"。身份证件是指身份证、工作证和户口簿。资格证件用于查验交易双方当事人的主体资格。例如，商品房出售需要查验出售方房屋开发经营资格证书；代理人需要查验代理委托书是否有效；共有房屋出售，需要提交其他共有人同意的证明书等。而对于其他证件，主要是指对于出租房产，需要查验承租人放弃优先购买权的协议或证明；对于共有房产，需要查验共有人放弃优先购买权的协议或证明；对于中奖房产，需要查验中奖通知单和相应的证明等。

其次，购房者应该向有关房产管理部门查验所购房产产权的来源。具体来讲，就是查验产权记录。

再次，购房者应该查验房屋有无债务负担。房屋产权记录只登记了房主拥有产权的真实性以及原始成交情况，至于该房屋在经营过程中发生债务和责任，则必须查验有关的证明文件。具体包括抵押贷款的合同、租约等。另外，购房者还需要详细了解贷款和偿还额度、利息和租金的来源，从而对该房产有更深的了解。除此之外，购房者还需了解所购房有无抵押，房屋是否被法院查封等。

总之，要了解房屋产权的真实情况，购房者除了要向卖房方索要一切产权文件，还需要到房屋管理部门查询有关房产的产权记录，两者相对照，才能清楚地知道该房的一切产权细节，不至于有所遗漏。

6.49 为什么购买二手房应该及时办理产权过户手续？

现实生活中，会出现购房者没有及时办理过户手续，而所购房屋被法院查封的情形。而此时购房者要想再办理过户手续则会遇到困难。因为根据有关规定，房屋如被法院裁定查封或者以其他形式限制房地产权利，则房屋不得转让过户。

在二手房买卖中，即使房屋已经实际交付，但买卖双方未到交易中心办理登记过户手续，产权人未进行变更的，在法律上仍然认为卖方是房屋的产权人，买方仅对房屋享有债权。同时有关规定指出，房屋权属的变更转移应当办理过户手续，未经登记不得对抗善意第三人。

当然，房屋不能过户，购房者此时可要求卖方承担相应的违约责任，如返还房款、支付违约金、赔偿损失等，但往往此时卖方的还款能力有限，购房者的利益很难得到保障。

因此，在房屋买卖尤其是二手房买卖过程中，除了应该对购房合同条款注意把关外，还要加强权利登记的风险意识，合同签订后应及时进行过户登记，以免造成不必要的损失。

6.50 购买二手房可以自己办理过户手续吗？

购买二手房可以不通过中介，自己办理过户手续。只需要携带相关材料，如房屋产权证、身份证件、户口本、买卖合同等，到房产交易中心办理过户即可。为避免上当，房款可以到银行提存冻结。

6.51 二手房过户后的物业需要交验哪些项目？

当二手房过户以后，需要进行物业交验。具体来讲，公共维修基金应该到小区办办理更名手续；至于水、电、通讯、有线电视等，应该到供应商处办理更名手续。

6.52 二手房过户后还需交纳公共维修基金吗？

如果二手房前业主已经交过公共维修基金，那么过户时购房者不用再交纳，只需要和卖方就该款项进行结清。

6.53 购买二手房后的水、电、气等应该如何过户？

二手房过户以后，购房者只需要凭过户证明及产权证到水、电、气的主管单位办理变更，就可以将水、电、气的户主更换到自己的名下。

6.54 购买二手房忘记过户有线电视该怎么办？

如果二手房的购房者在办交接的过程中忘记了有线电视的过户，使得《有线电视用户证》上仍然写着卖方的名字（在购房合同中写明有线电视无偿转让），购房者应该联系卖方索取身份证办理过户手续。如果此时购房者已经无法联系到卖方，则可以向中介公司索取卖方的身份证复印件。万一中介公司也没有保留，购房者只要有《有线电视用户证》，仍可以带着该证和买卖合同（或者房屋产权证）到房屋所在地的有线电视台办理更名手续。

6.55 赠与的房屋应该怎样办理产权过户手续？

对于房产赠与的过户手续，按《公证法》的相关规定，首先应该在不动产所在地公证处办理赠与合同公证，然后向房管部门提交经公证的亲属关系证明书、房地产转移登记申请书、身份证明及原产权证书办理过户手续。境外当事人提交的证明材料按规定需经司法部认可的律师认证或我国驻当地大使馆（领使馆）公证。带着公证书、产权证、双方的身份证原件复印件到房管部门办理过户手续即可。

该产权办理的具体程序如下：

首先需要校验资料，然后受理收件，在21个工作日后缴纳契税，其次缴纳过户服务手续费以及权证登记费，最后到产权处发证窗口领取房屋所有权证。

6.56 赠与的房屋办理过户需要哪些证件？

办理过户时，赠与方需提供：
(1) 房屋所有权证；
(2) 公证书；
(3) 已购公房上市交易确认申请表；
(4) 已购公房上市交易过户审核表；
(5) 公房上市征询意见表；

(6) 房屋所有权人及配偶身份证及户籍证明；
(7) 双方当事人身份证明及户口簿原件、复印件；
(8) 同住成年人及房屋共有权人同意房屋上市交易的证明材料；
(9) 房屋上市交易后不会造成居住困难的具结；
(10) 评估报告（三代以内血亲不必提供）；
(11) 墙界表、申请表。

受赠方则需要提供受赠（或赠与合同）公证书、身份证明及复印件1份；

另外，还需要提供房地产转让合同3份（其中1份加盖印章后返还）。

6.57 央产房上市出售进行产权登记的手续是怎样的？

首先，出售人应当填写《中央在京单位已购公房上市出售登记表》，交易办公室根据职工住房档案进行核对；核对无误的，出售人可以到房屋所在区、县国土房管局交易管理、权属登记部门办理过户手续，也可以委托定点交易机构代为办理房屋买卖以及交易过户手续。

6.58 央产房上市出售进行产权登记需要提供哪些材料？

央产房上市出售进行产权登记需要提供的材料包括：
(1) 房屋所有权证书；
(2) 房屋共有权人同意出售的书面意见；
(3) 身份证或者其他有效身份证明；
(4) 与原产权单位签订的公有住房买卖合同；
(5) 与买受人签订的已购公房买卖合同；
(6) 物业费、供暖费清结证明。

其中，出售人无法提供与原产权单位签订的公有住房买卖合同的，可以以该房屋的档案材料或者原产权单位出具的证明作为依据。

6.59 未办理产权过户手续能获得拆迁补偿费吗？

即使购房者签订了房屋买卖合同并且公证，只能证明该合同是依法成立的，但是并未生效。因为房屋买卖合同除应具备合同的一般生效要件——行为主体适当、意思表示自愿真实、行为内容合法、行为不违反社会利益和公共道德外，还应该满足我国现行法律法规的相关规定。我国现行行政法规和相关司法解释中规定，房屋买卖合同须经登记方能生效。如《城市房地产管理法》第35条规定："房地产转让、抵押，当事人应当依照本法第五章的规定办理权属登记"。《城市房屋权属登记管理办法》第四条："国家实行房屋所有权登记发证制度。申请人应当按照国家规定到房屋所在地的人民政府房地产行政主管部门（以下简称登记机关）申请房屋权属登记，领取房屋权属证书"。该法第五条："房屋权属证书是权利人依法拥有房屋所有权并对房屋行使占有、使用、收益和处分权利的惟一合法凭证。依法登记的房屋权利受国家法律保护"。

可见，如果购房者还未办理产权变更登记，则不能办理拆迁补偿手续。因此对购房者来讲，应该尽快办理产权变更手续，以便尽快签订拆迁补偿协议。

第 7 章

纠纷处理

矛盾无处不在，无时不有，最重要的是如何处理矛盾，使事情向好的方面转化。在房屋买卖过程中、在购房买卖行为已经完成之后，由于多方面的原因，必然存在着纠纷。不论是已经买了房的消费者，还是将要购房的消费者，懂得相关的知识才能在纠纷处理中化主动为被动。通过阅读本章，准购房者和已购房者可以了解到常见的房地产纠纷类型、处理房产纠纷时的原则、房产买卖纠纷的法律处理程序、解决房产纠纷的途径等方面的知识。

7.1 常见的房地产纠纷类型有哪些？

随着市场经济的发展，城市化进程的推进，房地产业的迅速发展，房地产纠纷案件数量逐年增加。常见的房地产纠纷类型，按其不同的领域，可划分为三大类。

（1）生产领域

一般有土地使用权纠纷、参建联建纠纷、建筑工程承包合同纠纷、材料供应纠纷等。

（2）流通领域

一般有房地产转让纠纷、房地产抵押纠纷、房屋租赁纠纷。其中转让纠纷的内容最多，有土地使用权转让纠纷、在建工程转让纠纷、商品房预售和出售纠纷、存量房买卖纠纷、差价换房纠纷，还有转让、抵押、租赁之间相互交叉并存的纠纷。

(3) 管理领域

该领域里又分为两种类型：一种是民事型，一种为行政型。其中，民事型一般有承租权纠纷、相邻关系纠纷、物业管理收费纠纷等。

房屋买卖纠纷属于流通流域的纠纷。

7.2 法律在处理房屋买卖纠纷时有哪些原则？

(1) 有利于房地产业健康发展，遵循市场经济规律，促进交易成功。

(2) 依法保护合同的原则，契约至上，不违反法律、法规的强制性规定。

(3) 严格掌握合同的解除。只要不是根本性的违约，并且一方提出要求的，法院不支持解除合同的请求。

(4) 历史遗留问题，从轻解决。《城市房地产管理法》实施以前的行为，不以现存的法律严格规范。

(5) 安全原则，工程质量问题，不符合安全标准的，不得判令交付。

(6) 对应当履行的法律批准手续，如未履行，因此应当判令合同无效的情况，只要在诉讼期间补办了批准手续，仍按照有效处理。如开发企业不具备开发资质，建筑企业不具备承包资质，土地使用权转让没有交清土地出让金或未取得土地使用权证书，无偿划拨的土地未经主管部门批准或未缴纳出让金，农村集体的土地未通过国家征用等等。上述违反法律规定、欠缺法定要件的情况，只要能在诉讼期间弥补所欠缺的法定要件，即可以按照有效处理。

7.3 房屋买卖纠纷的处理途径有哪些？

房屋买卖纠纷一般属于民事纠纷，即公民与公民、公民与法人、法人与法人之间平等主体间因房屋买卖经济权益而发生的争执。房屋买卖纠纷的处理途径一般包括协商、调解、仲裁和诉讼。

(1) 协商

协商是购房方和售房方对双方所产生的纠纷进行协商,提出一个双方都满意的解决方案,并就此达成一个纠纷解决协议。

(2) 调解

调解是指双方当事人自愿将争议提交给第三方,在查清事实的基础上分清是非和责任,以促进当事人和解的一种解决争议的方式。可以根据《人民调解委员会组织条例》规定由基层调解组织调解,或须请房产部门调解。但现在通常的、便捷的方式是可以委托有房产经验的律师事务所律师调解,并有利于全程处理纠纷。

(3) 仲裁

仲裁也被称为公断,是指购房者和售房者在争议发生前或争议发生后达成协议,自愿将争议交给第三者进行审理并做出对各方当事人均具有约束力的裁决。

(4) 诉讼

诉讼是指人民法院在纠纷当事人和其他诉讼参与人的共同参与下,解决购房合同纠纷的一种方式。

7.4 解决房屋买卖纠纷的四种途径有何差别?

根据房屋买卖纠纷处理的程序,可知解决房屋买卖纠纷的途径有协商、调解、仲裁和诉讼四种。

协商解决的优势在于解决争议的速度快,有助于保持双方之间的友好合作关系。但是如果双方的立场相差较大,那么往往不能就纠纷达成解决办法,需要采取其他的方式来解决纠纷。

调解以双方自愿为前提,可以快捷地解决当事人之间的争议,不会损及双方以往的友好关系。调解书(调解协议)对当事人有约束力,若一方当事人在签署和解协议后拒不履行,应承担违约责任。但调解没有期限及法律强制制约,当遇到无信誉的售房者或购房者时调解书(调解协议)原有的约束力则徒有虚名。

仲裁解决房产纠纷有利于保护双方当事人的隐私,简单、灵活,费用也较为低廉。仲裁的实质为一裁终结,不存在当事人上诉的问题,仲裁裁决一经生效,即具有法律效力。但是通过仲裁程序需要法定条件限制,购房方和售房方必须达成请求明确的仲裁协议,自愿提交仲裁机构解决。如果其中一方不愿将纠纷提交仲裁解决,那么就不能够采取这种方式来解决纠纷。

诉讼是买卖双方当事人依法向人民法院提起诉讼,由人民法院依据有关法律和事实作出判决解决纠纷的一种方式。我国实行的是二审终审制,当事人对一审法院作出的判决不服的。可以向上一级人民法院上诉。但是诉讼往往耗时比较长,花费较大,一旦二审结束,上诉人就不能再上诉。

7.5 购房消费者优先权是否必然大于工程款权利人的优先权?

《最高人民法院关于建设工程价款优先受偿权问题的批复》规定,消费者交付购买商品房的全部或者大部分款项后,承包人就该商品房享有的工程价款优先受偿权不得对抗买受人。该解释的重要意义在于确定消费者的基本生存权优于经营权。交纳了50%以上购房款的消费者对其所购房屋享有优先于工程款请求权人的受偿权,有权以实物交付的方式或者以拍卖价款优先受偿的方式实现。

购房消费者享有优于工程款的优先受偿权应当同时满足以下三个条件:

(1) 购房人应当是消费者,即必须以生活消费为目的的自然人;

(2) 购房人已经交付了50%以上的购房款;

(3) 签订的商品房预售合同合法有效。

以上三个条件缺一不可。由于最高人民法院就此《批复》未对商品房预售合同是否必然进行预售登记作为享有优先权的前提条件作出规定,故消费者享有优先权不以预售登记为要件。

7.6 购房消费者的优先权是否必然大于抵押权人的优先受偿权?

商品房买卖合同有效成立后,出卖人又在此房屋上设置了抵押权,妨碍了消费者在房管部门办理过户,若消费者起诉出卖人,请求取得房屋产权,应当分别以下列情况处理:

(1) 若买卖合同没有登记,抵押合同已经登记,则应当按照《担保法》的有关规定处理。因为抵押物登记具有物权公示公信效力,登记物权得以对抗未登记的其他权利,抵押权人享有对抵押物的优先受偿权。但是,若消费者有证据证明抵押权人明知房屋已经出售,而为债权的实现就该房屋设定抵押权的,这种行为是恶意损害第三人的违法行为,故抵押权人的优先受偿权不能对抗购房人的优先权。

(2) 若预售合同已经登记,出卖人就该房屋向债权人设定抵押的,债权人应当对抵押物的权属状况尽审查义务,以此可以防范出卖人恶意抵押损害购房人利益,但若债权人未尽审查义务而与出卖人签订了抵押协议,则抵押权人的优先受偿权不能对抗购房消费者的优先权。

(3) 若房屋设定抵押并经抵押登记后才出卖的,此种情况下虽然可以认定购房合同有效,但抵押权是一种担保物权,有物权效力,因此,抵押权人有权行使物上追及权。这种情况下应该按照《担保法》及《最高人民法院关于适用担保法若干问题的解释》之规定处理,即消费者的优先权不能对抗抵押权人的优先受偿权。

7.7 房屋买卖纠纷申请调解需要注意什么?

(1) 应满足的条件

当事人申请调解纠纷,应当符合下列条件:

① 申请调解内容属于调解所受理的范围;

② 有调解申请、协议书或填写申请表；
③ 有具体的调解请示和事实、理由；
④ 有发生纠纷案件的事实根据或证据。

(2) 应载明的事项

申请书应当载明下列事项：

① 申请人、被申请人及其代理人的姓名、性别、年龄、工作单位、住所、职务、法人或其他组织的全称、地址、法定代表人或主要负责人姓名、职务、联系电话及邮编；

② 申请调解的具体事实、理由和明确的要求事项；

③ 证据和证据来源、证人姓名、住址。证据包括：房产所有证、土地使用证、租赁契约、换房协议及有关证件；购房合同书、公证书；建设中的联建合同，合作、合资合作及立项文件、规划用地许可、规划建设工程许可证、开工证及缴纳税费凭证；土地划拨、征地、租赁文件，出让、转让合同，附图或有关补充协议；

④ 申请书应由申请人单位法人授权的代理人签字或盖章。

7.8 房屋买卖纠纷调解的程序及办法是什么？

(1) 申请

当事人申请调解房屋买卖纠纷，应当符合下列条件：申请调解内容属于调解所受理的范围；有调解申请、协议书或填写申请表；有具体的调解请求和事实、理由；有发生纠纷案件的事实根据或证据。

(2) 纠纷调解办受理申请

符合受理条件的申请，调解办公室在收到申请书 5 日内就要进行受理登记，填写受理书。认为不符合条件的，调解办要电话或书面通知当事人不予受理，并说明理由。如果是申请书不符合申请条件，调解办会通知当事人补正，逾期不补正的，视为未申请；案件受理后，调解办会在 5 日内通知被申请人并将立案通知书和申请书副本发送给被申请人；在双方确定的时间内双方填写调解协议书或在立案登记卷上双方签署同意调解意见。

(3) 调解办案人进行调查

调解办案人员根据申请调解的情况材料，进行调查、勘验、取证工作，为纠纷双方当事人进行调解。调解员在查明事实，分清责任，注重证据，依据法律的基础上进行调解。纠纷当事双方在调解时可以互相对证，有权辩论，双方在互谅互让的条件下，在主要问题上达成协议形成调解书。

(4) 达成协议、制作调解书

应写明的事项包括：双方当事人（申请人、被申请人）姓名、年龄、民族、工作单位、住址、身份证号码与产权关系，企事业单位、机关、团体的名称、住址和法定代表人的姓名和职务；纠纷的主要事实、争执焦点及责任，请求调解意思表示；查证的事实及责任，达成协议的主要内容；费用的承担；调解书双方签字盖章，调解员签字盖章，调解办公室盖章。

7.9 房屋买卖纠纷的仲裁程序是什么？

根据《仲裁法》规定，房屋买卖纠纷仲裁的程序包括以下步骤：

(1) 申请与受理

当事人申请仲裁，应当向仲裁委员会递交仲裁协议，仲裁申请书，并按被申请人的人数提交副本，仲裁委员会收到仲裁申请书之日起5日内，认为符合受理条件的，应当受理，并通知当事人；认为不符合受理条件的，应当书面通知当事人不予受理，并说明理由。仲裁委员会受理仲裁申请后，应当在仲裁规则规定的期限内将仲裁规则和仲裁员名册送达申请人，并将仲裁申请书、仲裁员名册送达被申请人。被申请人收到仲裁申请书副本后，应当按照仲裁规则在规定的期限内向仲裁委员会提交答辩状。仲裁委员会收到答辩书后，应当在仲裁规则规定的期限内将答辩书副本送达申请人。被申请人未提交答辩书，不影响仲裁程序的进行。

(2) 开庭和裁决

仲裁应当开庭进行,当事人协议不开庭的,仲裁庭可以根据仲裁申请书、答辩书及其他材料作出裁决,仲裁不公开进行。当事人协议公开的,可以公开进行。仲裁委员会应当在仲裁规则规定的期限内将开庭日期通知双方当事人。申请人经书面通知,无正当理由不到庭或者未经仲裁庭许可中途退庭的,视为撤回仲裁申请。被申请人经书面通知,无正当理由不到庭或者未经仲裁庭许可中途退庭的,可以缺席裁决。当事人应当对自己的主张提供证据,仲裁庭认为有必要搜集的证据,可以自行搜集。仲裁庭审理案件按下列顺序进行:

① 询问当事人和当事人陈述事实;
② 出示证据,双方互相质证;
③ 申请人或其代理人发言;
④ 被申请人或其代理人答辩;
⑤ 双方辩论。

辩论终结后,多数仲裁员或者独任仲裁员应当征询当事人的最后意见。裁决应当按照多数仲裁员的意见作出,少数仲裁员的不同意见可以记入笔录。仲裁庭不能形成多数意见时,应当按照首席仲裁员的意见作出裁决。裁决书应当写明仲裁请求、争议事实、裁决理由、裁决结果、仲裁费用的负担和裁决日期。裁决书由仲裁员签名,加盖仲裁委员会印章。裁决书自作出之日起发生法律效力。

7.10 房屋买卖纠纷仲裁需要交纳什么费用?

按照我国《仲裁法》的规定,房屋买卖纠纷申请仲裁时必须交付仲裁诉讼费,诉讼费包括案件受理费和案件处理费。

(1) 案件受理费

主要用于仲裁机关的业务经费开支的补充,各地的标准不同。北京市的收费标准是:

① 不涉及房屋产权的一般性案件,受理费为:公民纠纷每

件 20 元，法人单位纠纷每件 40 元；私房租赁纠纷，按年租金 10％收费，低于 20 元的按 20 元收取。

② 涉及房屋产权争执或收回一个自然间以上的使用权（即收回空房）的，按争议的标的价值收取，具体标准是：标的超过 1000 元～5 万元的部分，按 3％收取；标的超过 5～10 万元的部分，按 2.5％收取；标的超过 10～20 万元的部分，按 1.5％收取；标的超过 20～50 万元的部分，按 1.12％收取；标的超过 50～100 万元的部分，按 0.75％收取；标的超过 100～500 万元的部分，按 0.37％收取。

(2) 案件处理费

案件处理费不同于案件的受理费。处理费是根据当事人双方争执的事项或仲裁诉讼的需要，对房屋、土地进行评估、勘测、鉴定或取证等所需的费用，是按实际支出由当事人先向有关单位支付，或由当事人先预交处理费，由仲裁机关代付给有关单位，结案后统一结账。

案件处理费主要包括：评估房产、装修、水暖设备及附属物的价格；测量房屋、宅基地、房基地的面积、竖向标高等；鉴定房屋设备等工程质量和完损状况；拆砌墙身、鉴定所有权；证人误工补贴及差旅费；仲裁人员跨省、市外调的差旅等所需的费用。

7.11 房屋买卖纠纷仲裁费用的负担与减免有哪些规定？

(1) 仲裁费的负担

由仲裁机关采取依法裁决责令负担。责令负担又根据败诉或受益比例分别采取不同的方式：

① 败诉人负担；

② 按比例负担，其中又分为当事人部分败诉、部分胜诉，按比例和责任大小分担和共同诉讼人败诉时，按共同诉讼人的不同责任、不同的份额或占有标的成数分担；

③ 申请人负担，申请人出于某种原因，申请仲裁立案收费

后,又申请撤诉的,原缴纳的受理费仍由申请人负担,不再退还。

(2) 仲裁费的减免

在仲裁实际受理中,有两种情况可减免仲裁费:一种是当事人确有经济困难,无力缴纳受理费的,可由当事人申请,仲裁机关审查批准,可以适当减收或免收;另一种是因仲裁机关的过失,可经仲裁委员会批准,当事人免交仲裁费用。

7.12 房屋买卖纠纷的诉讼程序是什么?

房屋买卖纠纷民事诉讼程序是指人民法院、当事人及其他诉讼参与人在进行诉讼时,依据《民事诉讼法》的规定必须遵守的法律程序,包括第一审程序、第二审程序和审判监督程序。

(1) 第一审程序

① 起诉与受理

人民法院在收到起诉状或口头起诉,经审查认为符合起诉条件的,应当在7日内立案,立案后应5日内通知被告,并发送起诉状副本,被告应在15日内提交答辩状。人民法院应在收到答辩状之日起5日内发送给原告。被告不提出答辩的,不影响人民法院审理。人民法院经审查认为不符合条件的,应当在7日内裁定不予受理,原告对裁定不服的,可以提起上诉。

② 开庭审理

开庭审理前的准备阶段:这一阶段的工作主要是在开庭3日前将开庭日期、地点通知当事人和他的诉讼代理人。公开审理的案件,还要公告当事人姓名、案由和开庭的时间、地点。在开庭审理前,书记员应当查明当事人和其他诉讼参与人是否到庭,并宣布法庭纪律。然后由审判长宣布庭审开始,核对当事人,宣布案由,宣布审判人员、书记员名单,告知当事人的有关诉讼权利义务,询问当事人是否提出回避申请。若当事人提出回避申请的,应暂时休庭,决定是否回避;当事人不提出回避申请的,法庭审理即进入调查阶段。

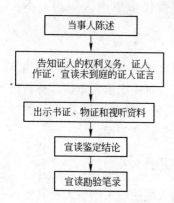

法庭调查阶段：法院调查主要是在法庭上调查案件的全部事实，并对有关证据进行审查判断。法庭调查按下列顺序进行：

当事人在法庭上可以提出新的证据，也可以要求重新进行调查、鉴定或者勘验，是否允许，由人民法院决定。

③ 辩论阶段

法庭调查结束后，进入法庭辩论阶段。法庭辩论按下列顺序进行：

原告及其诉讼代理人发言；被告及其诉讼代理人答辩；第三人及其诉讼代理人发言或答辩；互相辩论。

法庭辩论结束，愿意调解的，人民法院可进行调解，调解不成或不愿调解的，审判长宣布休庭，当事人及其诉讼代理人经阅读后在法庭笔录中签字或盖章，合议庭应及时对案件作出评议，并依法作出裁决。

(2) 第二审程序

诉讼的当事人不服地方人民法院第一审判决的，除判决认定房屋无主案件外，有权在判决书送达之日起 15 日内向上一级人民法院提起上诉；不服地方人民法院第一审裁定的，有权在裁定书送达之日起 10 日内向上级人民法院提起上诉。上诉应当通过原审人民法院提交上诉状，并按双方当事人或代表人的人数提交副本。上诉状中应写明当事人的姓名、法人名称、案件编号和案由，上诉的请求和理由。原审人民法院收到上诉状，应在 5 日内将上诉状副本送达对方当事人，对方当事人在收到上诉状之日起 15 日内提出答辩状，人民法院应当在收到答辩状之日起 5 日内将答辩状副本送达上诉人。对方当事人不提出答辩的，不影响人民法院审理。原审人民法院收到上诉状、答辩状，应当在 5 日内连同全部案卷和证据，报送第二审人民法院。

第二审人民法院对上诉案件,应由审判员组成合议庭开庭审理。经过阅卷和调查、询问当事人,在事实核对清楚后,合议庭认为不需要开庭审理的,也可以进行判决、裁定。第二审人民法院审理上诉案件,除依照《民事诉讼法》关于第二审程序的特别规定外,适用第一审普通程序的有关规定。第二审人民法院应当对上诉请求的有关事实和适用法律进行审查,经审查认为:

① 原判决认定事实清楚,适用法律正确的,判决驳回上诉,维持原判;

② 原判决适用法律错误的,依法改判;

③ 原判决认定事实错误或原判决认定事实不清,证据不足,裁定撤销原判决,发回原审人民法院重审,或者查明事实后改判;

④ 原判决违反法定程序,可以影响案件正确判决的,裁定撤销原判决,发回原审人民法院重审。

第二审人民法院审理对判决的上诉案件,应在第二审立案之日起 30 日内作出终审裁定。第二审人民法院作出的判决、裁定,是终审判决、裁定,当事人不能上诉。

(3) 审判监督程序

审判监督程序是人民法院对已经发生法律效力的判决、裁定,发现确有错误而再次进行审理并作出裁决的程序。根据《民事诉讼法》的规定,审判监督程序的提起,可以来自法院内部,也可以来自当事人的申请及检察机关的抗诉。即各级人民法院院长对本院已经发生法律效力的判决、裁定,发现确有错误的,认为需要再审的,应提交审判委员会讨论决定;最高人民法院对地方各级人民法院已经发生法律效力的判决、裁定,上级人民法院对下级人民法院已经发生法律效力的判决、裁定,发现确有错误的,有权提审或者指令下级人民法院再审。当事人对已经发生法律效力的判决、裁定,认为有下列错误的,可以向原审人民法院或上一级人民法院申请再审:

① 有新的证据,足以推翻原判决、裁定的;

② 原判决、裁定认定事实的主要证据不足的；

③ 原判决、裁定适用的法律确有错误的；

④ 人民法院违反法定程序，可以影响案件正确判决、裁定的；

⑤ 审判人员在审理该案件时有贪污受贿、徇私舞弊、枉法裁判行为的。

对不符合上述规定的再审申请，人民法院应予以驳回。当事人对发生法律效力的调解书，提出证据证明调解违反自愿原则或调解协议的内容违反法律的，可以申请再审，人民法院经查证属实的，应当再审。

7.13 房屋买卖纠纷诉讼需要交纳什么费用？

根据《中华人民共和国民事诉讼法》、《中华人民共和国行政诉讼法》和《人民法院诉讼收费办法》的规定，当事人进行诉讼时，应该交纳案件受理费和其他诉讼费用。案件受理费是指人民法院经审查并决定受理当事人的起诉后，依法向当事人收取的费用；其他诉讼费是指人民法院在受理案件及处理有关案件的其他事项时实际支出的费用。案件受理费一般由案件的原告预交，被告反诉的也应当预交案件受理费。上诉案件费用由上诉人预交，双方都上诉的由双方当事人分别预交。

（1）受理费

依据《人民法院诉讼收费办法》的规定，房屋买卖纠纷诉讼（民事案件）的案件受理费，应按财产案件的收费标准交纳：

① 不满1000元的每件交50元。

② 超过1000元至5万元的部分，按4%交纳。

③ 超过5万元至10万元的部分，按3%交纳。

④ 超过10万元至20万元的部分，按2%交纳。

⑤ 超过20万元至50万元的部分，按1.5%交纳。

⑥ 超过50万元至100万元的部分，按1%交纳。

⑦ 超过100万元的部分，按0.5%交纳。

另外，按照《民事诉讼法》和《人民法院诉讼收费办法》的规定，案件受理费虽然由原告预交，但最终它由败诉的当事人负担。双方都有责任的，由双方负担。共同诉讼的利害关系，决定各自应负担的金额。

(2) 其他诉讼费用

在房屋买卖纠纷案件中，当事人所应缴纳的其他诉讼费用有以下几项：

① 勘验、鉴定、公告、翻译（当地通用的民族语言、文字外）费。

② 证人、鉴定人、翻译人员在人民法院决定日期出庭的交通费、住宿费和误工补贴费。

③ 财务诉讼保全措施的申请费和实际支出费用。

④ 执行判决、裁定或者调解协议所实际支出的费用。

⑤ 人民法院认为应当负担的其他诉讼费用。

⑥ 其他诉讼费用，由人民法院根据具体情况，决定当事人双方应负担的金额。

7.14 房屋买卖纠纷案件举证包括哪些？

(1) 房屋确权的证明

① 确认房产，应提供土地房产登记证、房屋买受、继承、析产、受赠等证明。

② 建房申请、有关部门批准文件等证据。

③ 确认房产共有，应提供共同投资建造、翻建、继承、受赠，共同投资购买的证据。

(2) 房屋分析的证明

① 房屋产权证明以及共有财产形成（共同投资建造、购买、继承、受赠等）的证据。

② 对所主张分析的房产使用、管理、收益的情况及证据。

(3) 房产买卖的证明

① 房屋买卖，应提供买卖房屋的契约；已办理所有权转移

手续的，应出具产权凭证。

② 房屋买卖双方收、付房款的证据；有证人证明的，就提供证人(包括证人的姓名、地址及证人与当事人关系)名单。

③ 房屋买卖后房屋交付情况的证明。

④ 出卖共有房屋的，应提供其他共有人同意的证明及有优先购买权者(共有人、房客等)放弃优先购买权的证据。

注：析产又称财产分析，是指财产共有人通过协议的方式，根据一定的标准，将共同财产予以分割，而分属各共有人所有。析产一般发生在大家庭分家或者夫妻离婚时对财产的处理。

7.15 房屋买卖合同纠纷投诉主要涉及哪些问题？

(1) 合同约定不履行，承诺不兑现

主要是因为目前房产市场"求大于供"，房产商即便违约也不怕消费者要求退房；房产商在支付一定违约金后，也不会影响第二次销售抬高价格。

(2) 自制合同、自制协议不规范，规避法律

其形式多样，有"购房意向书"、"房屋定购书"和"房屋临时预定协议书"等，自制合同故意不标明主要内容，从而规避自身责任。

(3) 宣传广告误导购房者

例如有的房产商在广告上写明"商住"楼盘，但在实际订立合同时，房屋性质却变成了"商办"；有的广告写明"离某城区只需10分钟"，但实际距离却比较远。

(4) 房产中介服务鱼龙混杂

例如，有的中介公司明知不能经营房屋买卖，却与消费者签订"房屋买卖合同"；有的中介违约，却不付违约金，有的故意混淆定金、订金和预付款的法定含义。

7.16 房屋买卖纠纷起诉状需要注意什么？

根据我国法律的有关规定，房屋买卖纠纷起诉状应注意写明

以下事项：

(1) 当事人的基本情况

包括注明原告、被告、第三人的姓名、性别、年龄、民族、职业、工作单位、住所等。如果当事人是法人或其他组织的，要写明该法人或组织的名称、住所、法定代表人或者主要负责人的姓名、职务。如果原告有委托代理人（律师或其他委托人）参加诉讼，还应当写明代理人的基本情况以及与被代理人的关系。

(2) 诉讼请求事项

要写明诉请人民法院依法保护其合法权益的具体要求。例如要求被告方承担某种民事责任，请求人民法院撤销、变更或部分撤销行政机关的某种行政行为等。

(3) 诉讼请求所依据的事实和理由

在诉讼状中必须严谨、详细地叙述清楚诉讼事件存在的事实和发生争议纠纷的主要焦点，以及这些事实纠纷中支持自己诉讼的法律、法规条款依据。例如，目前商品房买卖纠纷主要集中在开发商交房延期、房屋合同标注与实测面积出入过大、建筑质量及装修标准与合同注明的不相符合等几个问题上。如果是因为这几点而向售房方提出诉讼索赔，填写诉状时就要将合同签订时间、地点、合同中相关条款约定的内容以及被告方在何处违约的事由写清，并且标注被告违约事实违犯了哪一项法律规定。

(4) 提出诉讼的证据和证据来源。法院受理诉讼案件必须依据充足的事实依法进行判决，这就要求原告提出诉讼请求时，必须尽可能地提供证明自己享有法律赋予的权益，对方应承担法律责任的证据材料。比如属于商品房交易纠纷的，当事人应提供的证据就要包括：房屋买卖协议（合同）、房屋权属证明、房款给付情况等方面的证明，以及对方未兑付约定事项的证据材料。

7.17　订有仲裁协议的当事人可以向法院起诉吗？

我国《仲裁法》第五条规定："当事人达成仲裁协议，一方向人民法院起诉的，人民法院不予受理，但仲裁协议无效的除外。"

公民对房屋买卖纠纷事项订有仲裁协议的,只能向协议中约定的仲裁委员会申请仲裁,而不能向人民法院提起诉讼。即使提起诉讼,人民法院也不予受理。如果一方当事人向人民法院起诉未声明有仲裁协议,人民法院受理后,另一方在开庭前提交仲裁协议的,人民法院应当驳回起诉,仲裁协议无效的除外。但另一方当事人在首次开庭前未对人民法院受理此案提出异议的,视为放弃仲裁协议,人民法院应当继续审理。

7.18 购房者如何主动规避购房陷阱?

(1) 强烈的法律意识

对于购房人来说,学会如何挑选所购房屋的位置和压低价格固然重要,但更重要的是要学会如何在尚不规范、陷阱无处不在的房地产市场中保障自己的利益。因此,学习了解有关法律、法规,向专业人士(特别是专业律师)咨询、了解有关购房方面的法规、知识是十分必要的。

(2) 依法行使权利

充分行使法律赋予的权利,在交易过程中始终坚持平等互利、协商一致的原则。

平等交易是一个法律原则。目前在房地产交易过程中,开发商处在强势地位。开发商与购房者之间的信息极不对称,开发商往往利用此做霸王买卖。消费者首先要摆正心态,不要有"怕麻烦"的心理。购房时要把问题弄清楚、搞细致。对合同条款有异议、约定不明确、不满意的,就不签,不要图一时之快,随便妥协,给自己带来无穷的烦恼和巨大经济损失。

(3) 认真签约,保留好证据

在购房过程中,不要轻信一些开发商的花言巧语。在签署合同时一定要认真审查每一个条款,把相关问题弄清楚;承诺和双方业已形成的协议内容,务必以书面形式记录下来,以免日后空口无凭。收楼时和入住后,一旦发现问题,应保存好各种证据,必要时对相关事实可以通过办理公证的方式保留证据，以证明侵权事实的存在。

(4) 借"他力"维护自己的权利

房屋买卖不同于一般消费，涉及工程、质量、合同、物业管理等多个领域，有关法律法规比较复杂。购房人即使经多方考察，一般也很难通过个人的努力搞清问题的症结所在。因此，为有效地维护自己的正当权益，购房者应及时和该领域专业人士、法律界人士、中介机构、维权组织取得联系，以求得帮助。

7.19 购买期房一般存在哪些纠纷？

(1) 定金问题

购期房一般要交付定金，对于定金的"交付"法律是有明文规定的。《担保法》第八十九条规定："当事人一方可以约定另一方向对方给付定金作为债权的担保。债务人履行债务后，定金应抵作价款或者收回。给付定金的一方不履行债务的，无权要求返还定金；接受定金的一方不履行债务的，应当双倍返还定金"。第九十条规定："定金应当以书面形式约定，当事人在定金合同中应约定交付定金的期限。定金合同从实际交付定金之日起生效。"第九十一条规定："定金的数额由当事人约定，但不得超出合同标的额的20%。"由这些法律规定可以看出：

① 定金条款并不具有强制性，它只是指导性的，消费者可以依法自主决定是否订立定金条款；

② 应当在定金条款中注明不履行合同的具体情况；

③ 虽然已订立了定金条款，消费者在交付定金前要充分了解自己履行合同的能力，如果可能没有能力履行合同，就不要交付定金。

(2) 不可抗力问题

《民法通则》第一百零七条明确规定："因为不可抗力不能履行合同或者造成他人损害的，不承担民事责任"。一旦延期交房，开发商多以"不可抗力"为由推卸责任。为防止这方面的损失，购房人在签约时，一定要对涉及不可抗力的有关条款给予高度重视，购房合同示范文本中延期交房的免责条款有两条：一是"人力不可抗拒的自然灾害"；二是"施工中遇到异常困难或重大技术问题不能及时解决"。从实际发生的商品房买卖纠纷来看，因"人力不可抗拒的自然灾害问题产生的纠纷较少"，因"施工中遇到异常困难或重大技术问题不能及时解决"问题产生的纠纷较多。如果施工中遇到的异常困难及重大技术问题不能及时解决，或有其他卖方不能控制的事件等存在，购房人可以考虑放弃。

（3）面积纠纷问题

期房最大的特征是在预售合同订立时，房屋并未现实存在，有关房屋状况只能体现在图纸上。这样，使得按图纸预测的建筑面积和竣工后现场实测的建筑面积常有误差，而预售商品房的价格又往往是按图纸预测的建筑面积来计算的。为防止花冤枉钱，购房人应在合同中这样明确："误差率为±0.5％时，房屋单价不另行结算；误差率低于±0.5％时，合同继续履行，按每平方米建筑面积据实结算；误差率超过±0.5％时，购房人有权单方解除合同并要求双倍返还定金，追究法律责任。"

（4）房屋产权证的发放期限问题

开发商在解释产权证的发放进度为何一再拖延时，一个常用借口是有关部门不给办。其实，根据《城市房屋权属登记管理办法》规定，登记机关是指房地产行政主管机关，登记机关在对申请人的申请进行审查后，凡权属清楚、产权来源资料齐全的，登记机关应在受理登记之日起两个月内核准登记并颁发房屋产权证。也就是说，造成房屋产权证迟迟办不下来的原因很可能在于开发商，比如，开发手续不健全、欠缴出让金、进度有误等，一旦属于这些情况，购房人就要提高警惕，一方面了解能否解决，一方面考虑是否要放弃购买该房产的计划。

7.20 "内部认购"可能导致的风险有哪些？

为了达到造声势，摸清底的目的，开发商在楼盘预售前，喜欢推行内部认购。内部认购的价格相对而言较低，往往吸引不少购房人。但是，有专家认为，内部认购并不是政府认可的行为，政府也没有将其纳入管理，存在着一些隐患问题：

（1）开发商还没有缴清开发地块的土地使用权出让金，导致将来难以取得房产证；

（2）该商品房可能已被开发商拿去抵押，将来购房人取得的不是完全的房屋所有权；

（3）内部认购合同没有到政府部门登记、备案，可能会出现房屋一楼多售的问题。

7.21 转让人延期交付商品房应当承担什么责任？

因转让人的过错，不能按约定的时间交付房屋的，转让人应当支付违约金。违约金数额在房屋买卖合同中有约定的，从合同约定；未约定的，为延期交付房屋期间的指导租金。造成受让人损失的，转让人除支付违约金外，还应当负赔偿责任。转让人超过房屋买卖合同约定时间 90 日仍不交付房屋的，受让人有权解除合同，但转让人与受让人另有约定的除外。

7.22 开发商擅自更改小区环境怎么办？

很多购房者之前决定买下某套房屋，主要是因为中意该小区的环境或因为小区中某种特别景观。但不少购房者也发现，在自己入住不久后，小区环境、景观却遭到破坏。遇到这种情况，业主可以先核实改动规划设计是在销售房屋之前还是之后，销售人员有无如实告知，根据情况与开发商协商，要求开发商给予赔偿或恢复景观的原状。在协商未果的前提下，可以相邻权纠纷提起诉讼或仲裁，要求开发商停止侵害行为。

7.23 开发商发布虚假房地产广告，应承担什么责任？

对违规发布房地产广告及发布失实、虚假房地产广告的开发企业和广告经营者、发布者，建设、房管部门可责令其限期改正,逾期不改正的可通过新闻媒体曝光,给予停止审批新的商品房预售项目、降低资质等级等处罚。工商部门可责令广告发布者停止发布,并依照有关规定给予处罚。

7.24 买受人不能按时付款时,应当承担什么责任?

现售房屋的买受人不按约定期限给付价款的,应当比照中国人民银行有关延期付款的规定支付违约金;因买受人过错造成出卖人损失的,买受人除支付违约金外,还应当负赔偿责任。买受人超过房屋买卖合同约定时间 90 日仍不给付价款的,出卖人有权解除合同,但买受人与出卖人另有约定的除外。

预售房屋的买受人不按期给付价款的,按下列规定承担违约责任:

(1) 买受人给付的金额达应付价款 50% 的,买受人应当比照中国人民银行有关延期付款的规定向出卖人支付延期付款违约金;

(2) 买受人给付的金额不足应付价款 50% 的,出卖人可要求买受人支付违约金。买受人超过合同约定时间九十日仍不给付应付价款的,出卖人有权解除房屋买卖合同。

7.25 如何避免精装房纠纷?

(1) 完善购房合同

现在适用的《商品房买卖合同》附件三,是对装饰、装修标准的约定,但在签订该文件时购房者会发现,附件三中只简单地约定了几种项目名称,很少涉及细节方面的问题,无法适应精装修所要求的复杂性和细致性。

购房者应就所购房屋(室内及室外)的所有装修项目名称、装饰材料的品牌、颜色、规格、位置、施工工艺等给予详细而明确的记载。如果开发商有样板间或其他样品的,可以对其进行拍照,作为合同的其他附件。

(2) 细化违约责任

有关装修的违约责任，在购买毛坯房时显得不太重要，但对于精装修的商品房则显得尤为实际。《商品房买卖合同》第十三条对违反合同附件三的处理方法有两种规定：

① 出卖人赔偿双倍的装饰、设备差价

② 不作规定，双方可以协商处理

如果在购房时消费者选择第一种方式，那么在完成第一点注意事项的基础上，一定要明确约定各种装饰装修及设备的价格标准，避免一旦发生争议，双方互相推诿。另外，即便选择双方协商的其他方式，也要对装饰装修及设备价值做出约定。

（3）质量保证

"装饰装修及设备"作为商品房的附属物，由买受人一并购得，这种"带装修的售房"方式完全区别于买受人委托他人进行装修的行为。前者的装修及设备作为附属物，由出卖人（开发商）承担产品及质量责任，出卖人直接承担全部责任；后者的装修及设备是在出卖人履行完合同义务后，由其他主体履行的独立的装修义务，其他装修主体承担产品及质量责任，与出卖人无直接的权利义务关系。虽然以上两种方式均达到了装修商品房的目的，但是根据合同法规定，合同的主体及各自应承担的责任完全不同。

出卖人如何承担装修设备质量责任、以什么标准对装修及设备进行验收、由谁进行验收以及验收程序等问题，建设行政主管部门并没有明确的规定。因此，买受人能否因精装修达不到合同约定标准而要求退房，以及由谁承担装修的质量保证责任，在目前情况下，只能依据双方合同约定进行。

7.26　小区外部意外风险有哪些？

不少消费者在选房时只注意了小区环境，而忽略了对小区外部意外风险的防范，结果被开发商钻了空子，酿成纠纷。买房时，一定要注意小区外部存在的意外风险。

小区外部意外风险突出表现在以下五个方面：

（1）买房时周围全部或部分是空地，但最后上面修建的建筑不是挡住了光线，就是存在污染源（如噪声等），或者不符合消费者的选择意愿；

（2）买房时周围全部或部分是旧房，不久旧房拆除，新修建的建筑同样存在挡光、有污染等问题，或者不符合消费者的选择意愿；

（3）买房后围墙以外建筑改变功能，出现环保、交通等问题，或者不符合消费者当初的选择要求；

（4）消费者买房时没有注意而买房后才发现，围墙周围有噪声源等影响住户生活、安全的问题；

（5）一些开发商修建的商品房一楼是门市，时间久了，门市功能改变，影响住户的生活。

7.27 在签订正式房屋买卖合同后，购房者退房应当承担什么责任？

按规定，在双方签订正式房屋买卖合同之后，买卖双方必须按合同条款履行合同。如果开发商违约，并符合合同中有关退房的约定，购房者不但不需要承担责任，还可追究开发商的违约责任；如果开发商没有违约，购房者想退房，在没有取得开发商同意的情况下，可能会被要求按合同依法追究违约责任并没收定金。因此，购房者在签订正式房屋买卖合同时，应慎重行事。

7.28 哪些情况可以退房？

在以下情况下，买房人可以把房子退掉，讨回房款并索赔相应的损失。

（1）延迟交房

延迟交房是指到了开发商与购房者在合同中约定的交房日后，购房者仍迟迟得不到入住通知的情况。此种情况在现实房地产交易中比较严重。

一般约定的延迟交付房屋可以退房的期限是 30 天到 90 天不

等,如果超过这个期限开发商还不能交房,购房人就可以要求开发商退房,并要求双倍返还定金或支付房款利息。

(2) 开发商缺少有效证件与批文

按规定,开发商必须具备齐全的证件才能开始相关房地产业务。如果证件不全,开发商的行为便属于违法操作,与此对应,开发商与买房人签署的合同就属于无效合同。因是无效合同,开发商应当返还购房人交纳的房款。

(3) 开发商未经购房者同意变更设计

在购房者与开发商签订的合同中,一般都约定开发商在变更设计之前,必须经过购房者同意。否则,开发商构成违约,购房者有权退房。发生开发商未经购房者同意而擅自变更房屋户型、朝向、面积等有关设计的情况,购房者可以依据合同约定要求开发商退房。

(4) 没有拿到产权证

由于开发商的原因,买房人在合同约定的期限内无法得到产权证,如约定此条件可退房,买房人就可以要求退房。另外,由于前几年一些房地产运作不规范,一些开发商拖欠政府土地出让金等问题时有发生,导致购买这些楼盘的购房人入住多年后无法拿到房屋产权证,购房人也可以要求退房。

(5) 无法得到贷款

在签订合同时,除一次性付款或分期付款外,都有对商业贷款或公积金贷款的约定。如果是公积金贷款,需要开发商出具相关资料,交由公积金归集部门审核。如果开发商提供的资料显示出不具备公积金贷款条件,购房人因此而不能取得公积金贷款,购房人就可以要求退房。如果因开发商的原因购房人无法办理商业按揭贷款的,也可以依照合同规定退房。

(6) 实测房屋面积与暂测面积的误差超过3%

套内建筑面积误差比绝对值超出3%时,买受人有权退房。这突破了以前按建筑面积来测量的"惯例"。

(7) 房屋质量不合格

房屋质量不合格首先是开发商难以拿到《竣工备案表》，无法交房。或者是房屋交付使用后，房屋主体结构质量经核验确属不合格。

(8) 房屋质量导致严重影响使用

根据2003年出台的《最高人民法院关于审理商品房买卖合同纠纷案件适用法律若干问题的解释》，因房屋质量问题严重影响正常居住使用，购房人要求退房并要求开发商赔偿损失的，法院也会支持。一般认定房屋质量问题严重影响正常居住使用，主要是房屋入住后由于前期施工原因导致房内空气质量差影响室内居住人的健康、房内噪声影响居住等。

(9) 开发商把房子抵押

如果开发商在出售房屋之前就把所售房屋抵押，或卖给购房人后，又把房子抵押给他人，根据有关法律规定，在没有告知购房人房产已经被抵押的情况下卖房，合同无效，购房人可以要求退房。

买受人退房的，出卖人应当退还全部已付款，并付给利息，给买受人造成损失的由出卖人承担赔偿责任。因此而发生的检测费用由出卖人承担。

7.29 离婚案件中涉及房产纠纷时如何处理？

房屋关系到当事人生活起居等切身利益，故房屋产权往往成为离婚案件双方当事人争执的焦点之一。房屋作为不动产，具有难以分割的特点，这使得该类纠纷处理起来较为困难，下面是处理房屋产权纠纷的基本原则：

(1) 婚后所得房产有约定的，从其约定，没有约定的为夫妻双方共同共有。婚前一方所得房产，婚后经过8年为双方共同共有。

(2) 对夫妻共同共有的房产，分割时，不能只考虑财产来源，还需考虑双方对家庭贡献大小，坚持二者兼顾原则。

(3) 对夫妻共有房产，分割时应考虑保护妇女和无过错一方的原则。

（4）对夫妻共有房产，分割时应根据有利于生产、生活，有助于发挥房产实际效用原则。

（5）夫妻共有房产，当涉及案外人利益的，离婚时不作处理，由当事人另行起诉。

夫妻共有房产涉及案外人利益的，大致有以下几种情况：一是夫妻与他人合伙经营而共同购置房产；二是一方在婚姻关系存续期间与其他法定继承人共同继承取得共有房产，在法定继承人尚未析产以前，夫妻离婚，其配偶主张分割对方因继承取得的共有房产。

第 8 章

房屋买卖纠纷案例集锦

本章的案例集锦是实际房屋买卖中经常出现的一些纠纷类型以及处理方法，可供读者参考。

8.1 如何读懂售楼小姐的话中话？

买房不简单，读懂售楼小姐的话更是不简单，购房者常常被售楼小姐美好的描述弄昏了头，待到真正买了房后才知道自己被忽悠了。

专家支招教你如何读懂售楼小姐的话：

【例一】 "距市中心仅 8 分钟车程"

一般而言，离市区越远，地价越便宜，因此大多数开发商倾向于把房子盖在远离市区的地方。为"吸引"购房者，售楼小姐们很少说楼盘距离市中心多少公里，而是用"车程"代替。例如：距离为 20 公里时，她们会说：距市中心仅 8 分钟车程。有人戏言，8 分钟车程的前提是：时速 160 公里以上的进口轿车加警车开道。

专家提示：不要轻易相信"车程"的说法，真正弄清楼盘距市中心的距离。可以询问楼盘附近一些比较知名的建筑物，在空间上形成大致的认识。也可以亲自驾车或者乘公交感受一下，这样就不会轻易上当。

【例二】 "首付万元月供几百即可入住"

首先，此首付万元非彼首付万元。

在一般人看来，首付万元是指首次交上万余元后即可拿到钥匙。但是，房产商的意思是，首付是指交上万元之后才可以办理住房按揭，各种开口费、产权登记费、手续费等若干交费另算。事实是首付款万余元根本下不来。

其次，月供几百是真，却未言贷款年限。

"月供几百元"听来的确很诱人，但是，购房者往往忽略了时间期限。如果是30年还清，当然月供几百元是可能的，但是如果申请不到30年的贷款年限，实际的月供可能会在千元以上。

专家提示：莫贪便宜掉进陷阱，算算时间再决定。

【例三】 "各种开口费全免"

在购房中，煤气、水电、暖气等开口费是一笔不菲的开支，售楼小姐往往描述得天花乱坠，"各种开口费全免"，"纯属让利给消费者"。不少购房者就经受不住，心动不如行动了。业内人士透露，实际上，房产商已事先把这些费用均摊到房价里，转移了利润点。其他的回报顾客的活动，例如赠送豪华装修、赠送全套家电、赠送整体厨房等也都是羊毛出在羊身上而已。

专家提示：面对各种各样的"让利回报活动"，要保持清醒的头脑，不要以为自己捡了便宜，要货比三家后再行动。

【例四】 "花园式住宅正在热售中"

过去，商业化住宅区一般是根据地域命名，例如城西小区、城中小区等等，如今，为迎合现代人追求美和时尚的需求，商业住宅区往往将名字美化，吸引购房者。例如，丽景花园、春天公寓就让人感到绿意盎然，花朵争艳。但事实上，真正的住所与效果图上描述的并不相同，没有成片的树木，也没有青翠的小草，更不用说漂亮的花朵。

专家提示：爱美之心人皆有之，舒适的环境可以让人身心愉悦。但是，耳听为虚，眼见为实，不要被效果图给蒙了。

【例五】 "社区设施一应俱全"

便利、省心是购房者选房的标准之一，销售小姐很善于抓住买房人的这个心理。在介绍社区时，售楼小姐往往给社区"镀金"：社区将会有健身设施、中小学校、托儿所、银行、邮局、超市等，一应俱全。实际上，并不是每一个社区都有较为齐全的设施，而要设置相应的设施也必须取得相关部门的批准。

专家提示：当售楼小姐说"别着急，一切都在规划中"时，要特别的小心。可以向有经验的购房人询问，莫图便利上了当。

8.2 如何减少优惠带来的纠纷？

房屋购买中，大多数开发商为在市场竞争中占据优势地位，往往推出一些优惠活动用以吸引购房者，这是正当的行为，但是，有一些开发商表面上采取优惠方式，实际上却暗暗给购房者下了陷阱，种种优惠背后有着这样那样的猫腻。

【例一】 "返还差价"

某开发商承诺，在某时段购买某楼盘，以后若此楼盘价格下滑，愿意向购房者以现金返还差价损失。

专家提示：房产商的承诺并不意味着购房者没有风险，在签合同时应从三方面考虑：

① 承诺要写入合同

在签合同时，购房者要注意将"返还差价"等承诺写进合同，如果没有明确约定，则不具有法律效力。

② 具体细节要谈妥

即使将承诺写进合同，在以后的操作中仍会存在问题，例如如何确定差价损失的标准，如何确定差价损失的计算依据。

③ 时间限制要注意

在签合同时，还要注意差价损失的计算期限有无时间限制，若没有，就会降低对开发商的约束力度；若有，也会由于市场千变万化而产生许多不确定因素，此外，是否会得到法院的支持也是不确定的。

【例二】 "无理由退房"

某开发商表示,两年内购房者如要退房,公司将提供原价退房或差价补足两种选择。退房时,购房者的房款还将获得一定的年利率。

专家提示:对于购房者来说,"无理由退房"既存在利益,亦存在风险。原因如下:

① 交房与退房时间都是由开发商决定,购房者从时间差上丧失了自由;

②"无理由退房"变成有理由退房。

购房者付款的方式多为银行按揭,在还款期间退房,对银行来说,存在以下问题:

第一,购房者的抵押借款合同如何继续履行或如何终止;

第二,相关的税费、保险费的支出如何退还;

第三,若退房时房屋已交付,装修费、契税等费用由谁承担。

此外,退房时,开发商对审核或批准等环节在时间上具有主动权,这给"无理由退房"加上了个"有理由"的时间。而且,在退房期间,房市的涨跌、开发商经营状况均影响开发商承兑情况。

若签这样的合同,购房人的房款支付后应专门汇入开发商在银行单独设立的账户,该资金专门用于担保两年后退房时房款和利息的支付。而在两年内,开发商无权动用这笔资金,并且,开发商还应向该账户事先存入相应房款的利息。

【例三】 "延期付款"

一个豪华楼盘的开发商,提出购房者只要先支付30%的首付款,余下的款项待交房时再付清。

专家提示:这种促销策略降低了购房者付款的财务成本,但这类房屋的余款如果购房者是基于银行贷款的话,建议购房者在与开发商签约时,应当确定银行同意两年后给予足额银行贷款。

因为目前银行贷款政策也是经常变化的,若房产开发商交房时购房者银行贷款不足,买卖双方之间势必会引起纠纷。另外,还需要提醒的是,应当在支付首付后立即办理商品房的预告登记,以保护自己的权益。

【例四】"购房保价"

某楼盘推出购房保价,承诺客户在区域平均房价下跌时给予差额补偿。

专家提示:按照购房保价的承诺,消费者买房后一定期间内,若房价下跌开发商应补偿差额。但具体怎么补,如何保证开发商遵守承诺,如何确定房价开始的时点,若出现房子有质量问题或者开发商迟延交房,购房人要求退房时,该按什么价格进行退款和赔偿都是必须考虑的问题。

如果参与购房保价,要注意以下方面:

其一,要明确"区域平均价格"的范围、时间节点和确定主体;

其二,要明确开发商补差的时间和违约责任;

其三,要明确开发商在合同中违反交房义务情形下的赔偿责任的计算基数,是合同约定的房价还是已经扣除补偿差额后的房价;

其四,要求开发商最好有一笔资金,作为补差资金来源的担保。

【例五】"送保楼金"

某套房屋卖100万元,承诺每年以10%~12%的保楼金给购房者。另如某开发商承诺购买某商铺后,即送总商铺款27%的养铺金。

专家提示:"保楼金"、"养铺金"其实均为价格打折或售后返利的形式变化而已。目前,有的开发商承诺购房者购买后立即支付,有的则答应分期支付,在现实中以后者居多。如果开发商承诺的"保楼金"、"养铺金"不是立即一次性支付的话,要充分考虑开发商的履约能力以及是否有强有力的担保,事实上售后返利由于开发商不能实现承诺而造成纠纷的案例比比皆是。

【例六】"返税购房"

某开发商承诺,如购买140平方米以上的户型,只须缴纳2%的契税,上调的契税可以在房价中返还。

专家提示:根据有关政策,140平方米以上房屋属于非普通住宅,购买非普通住宅的风险并非仅仅体现在第一次购房契税上,今后可能开征的各种保有税(如物业税和转让税、土地增值税、营业税、个人所得税等)均可因为是购买了非普通住宅而将区别对待,故这个承诺对今后来讲,不确定因素较多,风险也较大,购房者对此应作好充分的思想准备。

8.3 遭遇质量问题,可要求退房及赔偿吗?

【案情】2004年5月,赵某看中了正在建设中的位于劲松的一套房子,与开发公司签订合同当日将29万余元房款付清。之后,蔡某又向开发公司缴纳公共设施维修费等各种费用3万余元。2005年,蔡某花了12万余元对房子进行了装修。可是,2005年7月,其房屋开始漏水,未能实际进住。蔡某就维修和赔偿问题多次找开发公司交涉未果,于2005年11月诉至法院。

专家提示:最高人民法院《关于审理商品房买卖合同纠纷案件适用法律若干问题的解释》第十二条规定:因房屋主体结构质量不合格不能交付使用,或者房屋交付使用后,房屋主体结构质量经检验确属不合格,买受人请求解除合同和赔偿损失的,应予支持。第十三条规定:因房屋质量问题严重影响正常居住使用,买受人请求解除合同和赔偿损失的,应予支持。交付使用的房屋存在质量问题,在保修期内,出卖人应当承担修复责任;出卖人拒绝修复或者在合理期限内拖延修复的,买受人可以自行或者委托他人修复,修复费用及修复期间造成的其他损失由出卖人承担。

8.4 遇面积缩水,可提出双倍返还购房款吗?

【案情】谢小姐于2002年6月在北京黄寺附近购买了两处

房屋，总建筑面积为442.6平方米。合同签订后，谢小姐缴纳了全额购房款。之后，在收房时，谢小姐认为房屋实际面积与合同约定面积不符，于2002年8月提起诉讼，要求按合同约定及法律规定返还房屋面积差价款12万余元。经测绘，该幢房屋地上一层至二层建筑面积为420.57平方米。如果算上地下室面积，则为476.7平方米。由于双方没有对地下室作出约定，开发公司以房屋实际面积大于合同约定面积，于同年9月提出反诉，请求补交购房款9万余元。

专家提示：

(1) 商品房不同于一般商品

通常，人们通过观察即可发现一般商品是否"缺斤少两"，而对商品房则需要经过专业的测量，才能发现面积误差。加上公共面积如何分摊是一个专业性很强的问题，普通消费者很难掌握。一些开发商利用购房者这一弱点，故意在签订合同时，通过模糊不清的公摊面积使消费者商品房的实际面积大大缩水。

提醒：有的开发商甚至将小区内的会所、车库、地下室也算进了公摊面积之列，消费者要当心再当心。

(2) 依据及理由

《最高人民法院关于审理商品房买卖合同纠纷案件适用法律若干问题的解释》中就解决房屋建筑面积缩水问题作出规定："出卖人交付使用的房屋套内建筑面积或者建筑面积与商品房买卖合同约定面积不符，合同有约定的，按照约定处理；合同没有约定或者约定不明确的，按照以下原则处理：面积误差比绝对值在3%以内(含3%)，按照合同约定的价格据实结算，买受人请求解除合同的，不予支持；面积误差比绝对值超出3%，买受人请求解除合同、返还已付购房款及利息的，应予支持。买受人同意继续履行合同，房屋实际面积大于合同约定面积的，面积误差比在3%以内(含3%)部分的房价款由买受人按照约定的价格补足，面积误差比超出3%部分的房价款由出卖人承担，所有权归买受人；房屋实际面积小于合同约定面积的，面积误差比在3%

以内(含3%)部分的房价款及利息由出卖人返还买受人,面积误差比超过3%部分的房价款由出卖人双倍返还买受人。"

8.5 签了购房确认书的房子涨价有理吗?

【案情】 2004年1月,陈女士看中了北京天通苑的一套房子,房子不论从品质还是价格,都让陈女士相当满意。因怕房子被人提前买走,陈女士当场就订了一套,签订了购房确认书,支付了10万元订金。在确认书中,陈女士和开发商约定了房号、坐落、建筑面积、房屋销售单价等方面内容,并约定开发商在取得有关销售文件后即与客户办理有关购房付款手续。

但一个月后,陈女士收到了开发商的通知,通知中说随着房地产市场的发展,房价普遍见涨,陈女士所购的房子也要涨价。开发商限定白女士一周之内交齐上涨的房款,否则就视为放弃该套房子。

专家提示:开发商单方面提出的房屋价格上涨是无理违约要求。陈女士所签订的购房确认书中对房号、坐落、建筑面积、房屋销售单价都作了明确约定,是双方一致同意的结果,对双方都具有约束力。在没有取得对方的同意前,任何一方都不能擅自变更,否则就是一种违约行为,应当承担相应的违约责任。

8.6 房屋交付使用,"三证"为何不能到手?

【案情】 2004年5月1日和2004年7月15日,王先生分别购买了同一个楼盘的一套住宅和一套商铺。按合同,这两套房子的交付期限都是2004年10月,而且当时还约定房子交付使用后60天内,房子的《房屋所有权证》、《契税证明》、《国有土地使用权证》就要交到业主手中,如果因为开发商的原因造成房产权属证书不能在双方约定的期限内取得时,开发商将对购房者进行一定的赔偿。此后,房子按合同规定的日期如期交付,但是开发商承诺将在房子交付使用后60日内办出的三证却一直迟迟未见踪影。

专家提示：最高人民法院在《关于审理商品房买卖合同纠纷案件适用法律若干问题的解释》第十八条中对延期办证有明确规定：

由于出卖人的原因，买受人在下列期限届满未能取得房屋权属证书的，除当事人有特殊约定外，出卖人应当承担违约责任。

（1）商品房买卖合同约定的办理房屋所有权登记的期限。

（2）商品房买卖合同的标的物为尚未建成房屋的，自房屋交付使用之日起 90 日。

（3）商品房买卖合同的标的物为已竣工房屋的，自合同订立之日起 90 日，合同没有规定违约金或者损失数额难以确定的，可以按照已付房款总额，参照中国人民建设银行规定的金融机构计收逾期贷款利息的标准计算。

综上所述，责任是非均已明确。王先生可以先与开发商协商，若协商不成，可以通过诉讼（或仲裁）程序达到维权目的。

8.7 新房借口精装延期交付可否申请赔偿？

【案情】 刘女士于 2003 年 5 月签下新房的购房合同，合同约定在 2004 年 7 月交房。到了 2004 年 5 月，开发商打电话通知刘女士，说因是精装修商品房，本身工期比一般商品房长，加上装修设计已做出调整，故将交房日期推迟一个月。但是，刘女士一直等到 10 月底，房产公司仍没有通过任何形式通知刘女士拿新房钥匙。尽管刘女士三番五次地给房产公司打电话，但都没有得到交房的准确时间。待到刘女士拿到新房钥匙，已是 12 月，超出了合同约定的交房时间。

专家提示：

（1）房产商应该承担合同约定延期交房的违约金（或赔偿金），虽然刘女士同意延期一个月，但并没有同意免除房产商违约应该承担的责任。

（2）关于延期交房的赔偿问题，买卖合同双方有约定的按约定赔偿；没有约定的，根据最高人民法院的司法解释，逾期交付使用房屋的，按照逾期交付使用房屋期间有关主管部门公布或者有资格的房地产评估机构评定的同地段同类房屋租金标准确定。

8.8 按合同说话，单方解除合同行使追索权是否有理？

【案情】 刘先生看中了北京三环内一处商品房，并与开发商签订了预售买卖合同，约定分期付款。之后，刘先生因资金吃紧而脱期。开发商依预售合同第七条的约定行使了单方解除合同权，不但未返还刘先生前几期支付的购房款，还要求他支付违约金。

面对上述问题，不少购房者往往认为，开发商单方解除合同，自己应该是有理的一方，开发商不应该，也不能扣留之前所支付的购房款，要求自己支付违约金更是没有道理。

专家提示：从合同的角度来说，开发商的做法是有理有据的，分析如下：

(1) 预售合同中已有约定

按照预售合同的第七条约定，乙方(刘先生)如果未按合同约定的时间付款，甲方(开发商)有权单方解除预售合同，乙方应承担赔偿责任。

(2) 关于赔偿金额的约定

根据《合同法》当事人意思自治原则，赔偿金额应由双方当事人按房屋总价款的一定比例约定，开发商依约定的比例计算。甲方有权在乙方支付的房价款中扣除乙方支付的赔偿金额，剩余房款退还给乙方，如果出现乙方支付的房价款不足以赔偿甲方的情况，甲方有权追索。在上述案例中，李先生已支付的房价款正好是约定的赔偿比例，所以不存在退还已付房价款的问题。

律师提醒，当出现分期付款脱期情况时，一般来说，购房者应当自约定期限的第二天开始支付违约金，直到实际付款之日止。在上述案例中，开发商单方行使解除合同权，在购房者已支付的房价款中扣除赔偿金额后，已没有多少余款扣除逾期付款的违约金，所以催讨违约金，正是开发商行使合同赋予的追索权。

8.9 合同和协议"绑"在一起签还是不签?

【案情】 朱先生于 2004 年 7 月 3 日与某房地产开发有限公司签署《商品房买卖合同》,并随后签署了关于付款方式的《补充协议》。《补充协议》中规定朱先生应于 2004 年 9 月 5 日之前付清房款,而该开发公司应于房款到账后 15 日内将别墅交付朱先生。交完房款后朱先生准备收房入住,但该开发公司却要求其签署一份物业合同,同意接受北京某物业管理公司的管理。朱先生拒绝了这份带有"霸王"性质的强制合同,并相信有之前签署的《补充协议》中的相关规定存在,开发商不应逾期交房。但事实上,开发商因朱先生拒签物业合同而拒绝交房。于是朱先生把该房地产开发公司告上了法院。经法院终审判定该房地产公司败诉,要求其退还 504 万元房款以及违约金和案件受理费。

专家提示:

(1) 合同自依法成立之日起,就对合同当事人具有约束力。合同债务人应当全面、及时地履行合同约定的义务,任何一方不能擅自对合同条件进行变更。本案中的房地产开发企业要求朱先生先签订物业管理合同才能交房的行为,是擅自变更合同条件的违约行为。

(2) 买卖合同一方违约的,守约方可以要求违约一方承担违约责任,也可以依据合同约定或者法律规定,通知违约方解除合同。本案中,朱先生请求法院依法判决开发企业承担违约责任并支付违约金的主张是正确的,值得消费者借鉴。

8.10 期房限转之后的房屋买卖与购房合同能否履行?

【案情】 蔡先生于 2005 年上半年与张先生签订了购房合同,合同总价为 70 万元。由于是期房,房产证大约要到 2005 年下半年才能够办出,于是双方约定由蔡先生先支付 39 万元房款,张先生则将该房屋交付给蔡某使用。待房产证办出之后 3 日内,由张先生协助办理产权过户,蔡先生通过贷款支付余款。但是当张先生在办理出房产证之后，却以签订合同时没有房产证合同应属无效为由拒绝交易。蔡先生为此起诉到法院，要求继续履行合同。

专家提示：案例中交易双方所签订的购房合同应当受到法律保护，虽然根据相关规定，没有房产证的房屋不能转让，但是双方已经在合同中约定，当房屋符合国家规定的转让条件时办理产权过户，而张先生现在也已经取得了房产证，符合法定转让条件，因此应当履行合同。法院最终也判决要求张先生继续履行合同，协助办理产权过户。

8.11 已签房产合同，以风水为由可以获赔吗？

【案情】 徐小姐通过中介看中一套朝阳区的二手房。经过中介的居间服务，徐小姐与上家丁先生签订了《房地产买卖合同》。合同签订当天，徐小姐付了定金1万元，上下家对交房、付款等条款作了约定。签约三天后，刘小姐反悔，并向中介发出书面通知，认为上家隐瞒了在一年左右内房屋里连续死亡两人的重要事实，造成重大误解，要求解除买卖合同。上家原本不同意解除买卖合同，经中介沟通后同意解除买卖合同，但双方对定金返还不能达成一致，直至闹上法庭。庭审中，下家刘小姐认为，房屋内发生过死人情况，不吉利，因上家没有告知而产生误解，合同解除归咎于上家。上家认为，生老病死属人之常理，下家没有询问，自己没有告知的义务，合同解除应归咎于下家。法院判决将合同解除归咎于下家，驳回了刘小姐的诉讼请求。

专家提示：
(1) 人员死亡的事实是否应当告知

对于人员死亡的事实是否应当告知存在着争议，但大多数人认为，除非下家事先有特别要求，否则上家对屋内死过人的情况没有法定的事先告知义务。

(2) 没有证据证明上家或中介有欺诈行为

欺诈通常是指故意告诉对方虚假情况或者故意隐瞒真实情

况,诱使对方做出错误决定的行为。但是由案例可以看出,丁先生并不是故意隐瞒,而且生老病死本来就是人之常理,不属于刻意的欺骗。

(3) 重大误解之说难以成立

重大误解通常是指行为人对行为的性质、内容、行为对象或其他直观信息认识错误,导致行为的后果与自己意思相悖的情形。在庭审中,下家刘小姐提出其购房目的是用作婚房,但由于无证据证明在合同签订前有过约定或要求,且其同意接受房屋内原有设施、家具,法院据此没有采纳刘小姐的辩解。如果有证据证明,下家购房的确是用作婚房,法院至少应免除双方的缔约过失。

8.12 购买了没有预售许可证的房屋怎么办?

【案情】 马先生于2003年11月与某家房产公司签订了预售合同,付了定金1.2万元以及首付款5.8万元。合同签订一个多月后,房产公司一直都没有到房管局登记预售合同。之后,马先生在和售楼小姐交涉时得知,那个楼盘还没有办出预售许可证。马先生考虑到该房日后可能有问题,当即要求解除预售合同退回房款,却遭到售楼员的拒绝。

专家提示:根据国家相关房地产法律法规的规定,房产开发商在预售商品房之前应当取得《预售许可证》;没有取得《预售许可证》销售或预售商品房的,属于违法行为;开发商与购房者签订的商品房销售或预售合同属于无效合同。

2003年6月1日起施行的《最高人民法院关于审理商品房买卖合同纠纷案件适用法律若干问题的解释》已经做出明确规定:出卖人(开发商)未取得商品房预售许可证明,与买受人(购房者)订立的商品房预售合同,应当认定无效,但是在起诉前取得商品房预售许可证明的,可以认定有效。

据此,开发商应当将已经收受的房款以及定金及时返还给马先生。若因此给马先生造成损失的,开发商作为导致合同无效的过错方还应当承担赔偿责任。若马先生的确不愿意再购买那套房子，要讨回首笔房款，则必须先解除预售合同。为此，马先生应当尽早向法院起诉。否则，正如最高人民法院解释中规定的那样，若开发商在马先生起诉之前把预售许可证办出来了，预售合同很有可能就不再认定为无效合同。

8.13 买二手房是否需要弄清上家户口迁移情况？

【案情】 2003年12月，曾女士购买了一套老式的售后公房，取得产权证之后，曾女士按约支付了全部房款。数日后想迁入户口才发现自己所购买的房屋中有其他人的户口。质问售房人后，曾女士得知是售房人购买此房屋时上家所留下的户口，但售房人表示自己无能为力，联系不到自己的上家。曾女士找到房产所在地的派出所，派出所表示该户口没有迁入地不能办理迁出。

专家提示：目前，户籍纠纷中存在着不少管理盲点，购房者应当在合同中约定以户籍迁移为条件的违约责任，要求未按照约定迁移户口的售房人承担赔偿责任，直至解除合同。为保证售房人履行合同，保障购房人在售房人违约时的权益，可以以户籍迁移作为支付部分房款的条件。在目前的房产转让与户籍迁移相分离的体制中，这样的措施是必不可少的。

8.14 房屋买卖过程中甩开中介行不行？

【案情】 韩先生通过中介选定了一套房，为省去中介费，他未在中介公司办理相应手续，而是直接联系业主。在业主对此也无异议后，韩先生向业主交了两万元定金的同时，交换到一张业主手写的收据。二人还约定了去国土局办理过户的日期。但到了过户当日，韩先生没有筹到全部的房款，就又去跟业主交涉办理银行按揭，业主不肯，并以毁约为由，将其定金全部没收。

专家提示：由于对房地产中介机构的管理不够完善，房地产市场上出现了不少"黑"中介，直接损害到了购房者的利益。又出于对"省下"中介费的考虑，不少购房者往往倾向于直接与业主进行洽谈。但是，正如以上案例所述，韩先生为省小钱而给自己带来了不少麻烦。专家认为，此事通过中介机构，至少可有以下解决方法：

（1）办理银行按揭。没有中介的参与，买卖双方实际上是很难办理银行按揭手续的，即买方不可能愿意以原业主的名字办理房屋抵押，但买到的房子还在原业主名下；卖方也不会愿意先将房产过户，房屋已经转让了但却未收到房款。中介公司的参与可以解决以上问题。一般来说，中介公司与银行签有协议，可以按照以下程序进行：买方先交部分首期款后，中介公司拿委托书到银行申请按揭，银行承诺可按揭后再到国土局办理过户手续，然后以新的房产证抵押贷款（贷款额为房价的剩余部分），所贷钱款交原业主。这样，风险得到控制，双方利益均可保障。

（2）中介公司垫支。如韩先生确实困难，而业主又急于收到房款，中介公司会考虑在收取一定手续费和办理全权委托的前提下，替韩先生垫钱支付，以解燃眉之急。

8.15 包购纠纷增多，按"定金法则"能否获赔？

【案情】 廖某通过中介看上一套挂牌出售的二手房，觉得比较合适，随即通过中介联系看房并达成购买意向，当天向中介付了意向金1万元。但是，当中介联系到上家，确认房屋买卖事宜并转付意向金时，上家反悔，以家庭意见不统一为由拒绝卖房。无奈，中介只得通知廖某，居间不成功，上家不肯卖房，请他另换其他房屋，或取回意向金。但廖某认为，买卖不成，中介公司应承担违约责任。经多次协商，廖某与中介未取得一致。廖某把中介告上法院，要求中介按照"定金法则"承担赔偿责任。法院一审判决驳回了廖某的赔偿请求，二审维持原判。

专家提示：此类纠纷称为"包购纠纷"，即下家误认为中介必须居间成功，否则即是违约。这类纠纷有共同的特征，即下家认为既然与中介签订居间合同，约定具体的买卖条件，且付了一定数额的意向金或预付了部分房款，最后却未能买到房子，那么就是中介违约了。但这样的主张法院是不能支持的。居间服务是信息服务和媒介服务，其最显著的特征是"居间性"，即居间人不是上下家任何一方的代理人，其服务行为是事务性行为，不是法律行为，不能决定买卖最后能否成功，当然也不能承担上下家任何一方的权利或义务。当然，若居间不成，根据我国《合同法》的规定，中介不得向委托人收取报酬。居间活动的商业风险依法由居间人自行承担。

8.16 遇欺诈和恶意违约，怎样提出惩罚性赔偿？

【案情】 2000年1月，陈某与开发公司签订《商品房认购书》，认购了某处一套价值60万余元的房子，并于2002年6月缴纳了15万余元购房款，余款银行按揭。2004年1月，开发公司又将该房屋以高价卖给他人。陈某于2004年6月诉至法院，请求判令开发公司继续履行合同，赔偿损失或者解除合同，退还购房款及利息，赔偿损失，并承担已付房款一倍的赔偿责任。

专家提示：最高人民法院出台的《关于审理商品房买卖合同纠纷案件适用法律若干问题的解释》中，对商品房买卖适用惩罚性赔偿问题予以较明确的规定，《解释》中的惩罚性赔偿原则主要是针对出卖人订立合同的欺诈行为和恶意违约行为，在因出卖人恶意违约、欺诈行为导致商品房买卖合同的目的无法实现的情况下适用。共包括五种情况：

(1) 商品房买卖合同订立后，出卖人未告知买受人又将房屋抵押给第三人；

(2) 商品房买卖合同订立后，出卖人又将该房出卖给第三人；

(3) 故意隐瞒没有取得商品房预售许可证明的事实或提供虚假商品房预售许可证明；

(4) 故意隐瞒所售房屋已抵押的事实；

(5) 故意隐瞒所售房屋已经出卖给第三人或者为拆迁补偿安置房屋的事实。

在审判实践中,适用惩罚性赔偿时应当符合以下几个条件:

(1) 必须是房地产开发企业向社会销售的商品房;

(2) 符合上述五种情况且买受人无法取得房屋;

(3) 惩罚性赔偿的标准是所交购房款一倍以内,主要根据出卖人的违约程度以及给买受人造成的损失情况确定。

8.17 离婚后房子归谁?

【案情】 张先生婚前通过银行按揭买了一套住宅,当时的首付款是由张先生多年的积蓄和父母资助来支付的,其余的是按月还款,他的妻子并未出一元钱支付房款,而且在结婚后岳父、岳母也搬进了新居,共同居住了3年多。目前张先生与妻子的感情破裂,女方提出离婚,在如何分房上二人产生了纠纷。

另外,张先生的父母于7年前买了一套两室两厅的住房,当时产权证上是张先生的名字,但实际上一直是两位老人长期居住。这次闹离婚,女方提出该套房子也应该分割,张先生不知道这两套房子是否应该分割以及如何分割。

专家提示:此案例涉及婚前财产是否会转化为夫妻共同财产的问题。

(1) 法律依据:

中国《婚姻法》第十八条规定,有下列情形之一的,为夫妻一方的财产:

① 一方的婚前财产;

② 一方因身体受到伤害获得的医疗费、残疾人生活补助费等费用;

③ 遗嘱或赠与合同中确定只归夫或妻一方的财产;

④ 一方专用的生活用品;

⑤ 其他应当归一方的财产。

《婚姻法》第十九条规定:夫妻可以约定婚姻关系存续期间所得的财产以及婚前财产归各自所有、共同所有或部分各自所有、部分共同所有。

《最高人民法院关于适用〈中华人民共和国婚姻法〉若干问题的解释(一)》第十九条规定:"《婚姻法》第十八条规定为夫妻一方所有的财产,不因婚姻关系的延续而转化为夫妻共同财产。但当事人另有约定的除外。"

可见,中国《婚姻法》规定夫妻财产遵循的是有约定从约定,无约定从法定。

(2) 案例分析:

如果张先生和他的妻子对上述两件不动产没有约定,根据《婚姻法》有关规定,两位老人现在住的宅所为张先生的个人财产,它不因婚姻关系的延续转化为共同财产。而张先生与妻子为筹备结婚所买的住房,如果张先生有证据证明是他的个人财产,它同样不因婚姻关系的延续而转化为共同财产,但如果张先生没有证据证明是他的个人财产,通常作为夫妻共同财产处理。

8.18 分手后房子归谁?

【案情】 小王(男)和小刘(女)是一对情侣。二人随着感情的发展,小刘提出要与小王一起买房结婚。但由于当时小刘的家庭条件不好,小王及其父母支付了买房的资金。2002年3月,小王在市中心买下了一套三室两厅的商品房,考虑到与小刘即将成为夫妻,在办理房屋过户登记的时候,将小刘登记为房屋的产权人。之后,两人共同居住在此房,但并未办理结婚登记手续。2004年底,小刘认为与小王性格不合,提出分手。两人因此发生了数次冲突,小王要求小刘搬出房屋并且要更改房屋的产权人,但小刘则认为房屋产权登记的是自己的名字,因此房屋应该归其所有,不同意搬出。万般无奈之下,小王向法院提出诉讼,希望能确定房屋的产权。

专家提示:案例中,有几点值得注意。首先,购买房屋的价款全部由小王的父母资助。其次,小王将房屋产权登记在小刘名下客观上存在一个前提,即小刘将与小王登记为夫妻,这个前提应当是关于产权名义人合意的条件。尽管这个前提条件可能没有以书面形式表达出来，但应该是可以从常理推导出来的。现在既然小刘不可能与小王结婚，也就是说，将房屋产权登记在小刘名下的前提条件不存在了，因此，前述关于产权名义人协议终止效力。

根据《中华人民共和国城市房地产管理法》第 40 条规定："房地产转让，应当签订书面转让合同，合同中应该载明土地使用权取得的方式。"而房屋赠与作为房屋转让的一种形式，应以书面赠与合同为必要条件。本案中争议双方之间并不存在书面赠与合同。所以原、被告之间缺乏形成房屋赠与关系的形式要件。综合以上的分析，被告关于原告已将房屋赠与其所有的主张是缺乏法律依据的。

8.19 保证金怎么说退又不退了？

【案情】 2005 年，郝先生和某家开发商签订了《商品房认购书》，购买了一套 120m² 左右的房子，约定的价格 4200 元/m²，并明确郝先生所订房源的房号、建筑面积和周边的规划。但开发商要求每位业主交纳 5 万元"认购保证金"，并解释如果业主未购买该房，就会全额退还。

当房产公司通知郝先生去签订购房合同时，郝先生却发现自己原先订购的那套房子外面的风景不见了。因为规划有了调整，郝先生要求退房。但售楼小姐却告诉他，退房可以，但 5 万元的定金不能退还，将作为违约金赔偿给房产公司。

专家提示：

(1) 合同一旦签订，对双方都具有约束力，任何一方都不得擅自变更或解除。每位购房者在签订合同前都应慎重全面考虑。

(2) 不要轻信房产商的口头承诺。

附录一　商品房买卖合同示范文本（新）

商品房买卖合同说明

1. 本合同文本为示范文本，也可作为签约使用文本。签约之前，买受人应当仔细阅读本合同内容，对合同条款及专业用词理解不一致的，可向当地房地产开发主管部门咨询。

2. 本合同所称商品房是指由房地产开发企业开发建设并出售的房屋。

3. 为体现合同双方的自愿原则，本合同文本中相关条款后都有空白行，供双方自行约定或补充约定。双方当事人可以对文本条款的内容进行修改、增补或删减。合同签订生效后，未被修改的文本印刷文字视为双方同意内容。

4. 本合同文本中涉及到的选择、填写内容以手写项为优先。

5. 对合同文本【　】中选择内容、空格部位填写及其他需要删除或添加的内容，双方应当协商确定。【　】中选择内容，以划√方式选定；对于实际情况未发生或买卖双方不作约定时，应在空格部位打×，以示删除。

6. 在签订合同前，出卖人应当向买受人出示应当由出卖人提供的有关证书、证明文件。

7. 本合同条款由中华人民共和国建设部和国家工商行政管理局负责解释。

商品房买卖合同

（合同编号：　　　　）

合同双方当事人：

出卖人：_____

注册地址：_____

营业执照注册号：_____
企业资质证书号：_____
法定代表人：_____联系电话：_____
邮政编码：_____
委托代理人：_____地址：_____
邮政编码：_____联系电话：_____
委托代理机构：_____
注册地址：_____
营业执照注册号：_____
法定代表人：_____联系电话：_____
邮政编码：_____
买受人：_____
【本人】【法定代表人】姓名：_____国籍：_____
【身份证】【护照】【营业执照注册号】【   】_____
地址：_____
邮政编码：_____联系电话：_____
【委托代理人】【   】姓名：_____国籍：_____
地址：_____
邮政编码：_____电话：_____

根据《中华人民共和国合同法》、《中华人民共和国城市房地产管理法》及其他有关法律、法规之规定，买受人和出卖人在平等、自愿、协商一致的基础上就买卖商品房达成如下协议：

第一条　项目建设依据

出卖人以_____方式取得位于_____、编号为_____的地块的土地使用权。【土地使用权出让合同号】【土地使用权划拨批准文件号】【划拨土地使用权转让批准文件号】为_____。

该地块土地面积为_____，规划用途为_____，土地使用年限自_____年_____月_____日至_____年_____月_____日。

出卖人经批准，在上述地块上建设商品房，【现定名】【暂定名】_____。建设工程规划许可证号为_____，施工许可证号为_____。

_____。

第二条　商品房销售依据

买受人购买的商品房为【现房】【预售商品房】。预售商品房批准机关为_____，商品房预售许可证号为_____。

_____。

第三条 买受人所购商品房的基本情况

买受人购买的商品房(以下简称该商品房，其房屋平面图见本合同附件一，房号以附件一上表示为准)为本合同第一条规定的项目中的：

第_____【幢】【座】_____【单元】【层】_____号房。

该商品房的用途为_____，属_____结构，层高为_____，建筑层数地上_____层，地下_____层。

该商品房阳台是【封闭式】【非封闭式】。

该商品房【合同约定】【产权登记】建筑面积共_____平方米，其中，套内建筑面积_____平方米，公共部位与公用房屋分摊建筑面积_____平方米(有关公共部位与公用房屋分摊建筑面积构成说明见附件二)。

_____。

_____。

第四条 计价方式与价款

出卖人与买受人约定按下述第_____种方式计算该商品房价款：

1. 按建筑面积计算，该商品房单价为(_____币)每平方米_____元，总金额(_____币)_____千_____百_____拾_____万_____千_____百_____拾_____元整。

2. 按套内建筑面积计算，该商品房单价为(_____币)每平方米_____元；

总金额(_____币)_____千_____百_____拾_____万_____千_____百_____拾_____元整。

3. 按套(单元)计算，该商品房总价款为(_____币)_____千_____百_____拾_____万_____千_____百_____拾_____元整。

4. _____
_____。

第五条 面积确认及面积差异处理

根据当事人选择的计价方式，本条规定以【建筑面积】【套内建筑面积】(本条款中均简称面积)为依据进行面积确认及面积差异处理。

当事人选择按套计价的，不适用本条约定。

合同约定面积与产权登记面积有差异的，以产权登记面积为准。

商品房交付后,产权登记面积与合同约定面积发生差异,双方同意按第_____种方式进行处理:

1. 双方自行约定:

(1) _____;

(2) _____;

(3) _____;

(4) _____。

2. 双方同意按以下原则处理:

(1) 面积误差比绝对值在3%以内(含3%)的,据实结算房价款;

(2) 面积误差比绝对值超出3%时,买受人有权退房。

买受人退房的,出卖人在买受人提出退房之日起30天内将买受人已付款退还给买受人,并按_____利率付给利息。

买受人不退房的,产权登记面积大于合同约定面积时,面积误差比在3%以内(含3%)部分的房价款由买受人补足;超出3%部分的房价款由出卖人承担,产权归买受人。产权登记面积小于合同登记面积时,面积误差比绝对值在3%以内(含3%)部分的房价款由出卖人返还买受人;绝对值超出3%部分的房价款由出卖人双倍返还买受人。

面积误差比=[(产权登记面积-合同约定面积)/合同约定面积]×100%

因设计变更造成面积差异,双方不解除合同的,应当签署补充协议。

第六条 付款方式及期限

买受人按下列第_____种方式按期付款:

1. 一次性付款_____。

2. 分期付款_____。

3. 其他方式_____。

第七条 买受人逾期付款的违约责任

买受人如未按本合同规定的时间付款,按下列第_____种方式处理:

1. 按逾期时间,分别处理(不作累加)

(1) 逾期在_____日之内,自本合同规定的应付款期限之第二天起至实际全额支付应付款之日止,买受人按日向出卖人支付逾期应付款万分之_____的违约金,合同继续履行;

(2) 逾期超过_____日后,出卖人有权解除合同。出卖人解除合同的,买受人按累计应付款的_____%向出卖人支付违约金。买受人愿意继续履行合同的,经出卖人同意,合同继续履行,自本合同规定的应付款期限之第二天起至实际全额支付应付款之日止,买受人按日向出卖人支付逾期应付款万分之_____(该比率应不小于第(1)项中的比率)的违约金。

本条中的逾期应付款指依照本合同第六条规定的到期应付款与该期实际已付款的差额;采取分期付款的,按相应的分期应付款与该期的实际已付款的差额确定。

2. _____。

第八条 交付期限

出卖人应当在_____年_____月_____日前,依照国家和地方人民政府的有关规定,将具备下列第_____种条件,并符合本合同约定的商品房交付买受人使用:

1. 该商品房经验收合格。
2. 该商品房经综合验收合格。
3. 该商品房经分期综合验收合格。
4. 该商品房取得商品住宅交付使用批准文件。
5. _____。

但如遇下列特殊原因,除双方协商同意解除合同或变更合同外,出卖人可据实予以延期:

1. 遭遇不可抗力,且出卖人在发生之日起_____日内告知买受人的;
2. _____;
3. _____。

第九条 出卖人逾期交房的违约责任

除本合同第八条规定的特殊情况外,出卖人如未按本合同规定的期限将该商品房交付买受人使用,按下列第_____种方式处理:

1. 按逾期时间,分别处理(不作累加)

(1)逾期不超过_____日,自本合同第八条规定的最后交付期限的第二天起至实际交付之日止,出卖人按日向买受人支付已交付房价款万分之_____的违约金,合同继续履行;

(2)逾期超过_____日后,买受人有权解除合同。买受人解除合同的,出卖人应当自买受人解除合同通知到达之日起_____天内退还全部已付款,并按买受人累计已付款的_____%向买受人支付违约金。买受人要求继续履行合同的,合同继续履行,自本合同第八条规定的最后交付期限的第二天起至实际交付之日止,出卖人按日向买受人支付已交付房价款万分

_____(该比率应不小于第(1)项中的比率)的违约金。
2._____。

第十条 规划、设计变更的约定

经规划部门批准的规划变更、设计单位同意的设计变更导致下列影响到买受人所购商品房质量或使用功能的,出卖人应当在有关部门批准同意之日起 10 日内,书面通知买受人:

(1) 该商品房结构形式、户型、空间尺寸、朝向;
(2) _____;
(3) _____;
(4) _____;
(5) _____;
(6) _____;
(7) _____。

买受人有权在通知到达之日起 15 日内做出是否退房的书面答复。买受人在通知到达之日起 15 日内未作书面答复的,视同接受变更。出卖人未在规定时限内通知买受人的,买受人有权退房。

买受人退房的,出卖人须在买受人提出退房要求之日起_____天内将买受人已付款退还给买受人,并按_____利率付给利息。买受人不退房的,应当与出卖人另行签订补充协议。_____。

第十一条 交接

商品房达到交付使用条件后,出卖人应当书面通知买受人办理交付手续。双方进行验收交接时,出卖人应当出示本合同第八条规定的证明文件,并签署房屋交接单。所购商品房为住宅的,出卖人还需提供《住宅质量保证书》和《住宅使用说明书》。出卖人不出示证明文件或出示证明文件不齐全,买受人有权拒绝交接,由此产生的延期交房责任由出卖人承担。

由于买受人原因,未能按期交付的,双方同意按以下方式处理:
_____。

第十二条 出卖人保证销售的商品房没有产权纠纷和债权债务纠纷,因出卖人原因,造成该商品房不能办理产权登记或发生债权债务纠纷的,由出卖人承担全部责任。_____
_____。

第十三条 出卖人关于装饰、设备标准承诺的违约责任

出卖人交付使用的商品房的装饰、设备标准应符合双方约定(附件三)的标准。达不到约定标准的,买受人有权要求出卖人按照下述第_____种方式处理:

1. 出卖人赔偿双倍的装饰、设备差价。
2. _____。
3. _____。

第十四条 出卖人关于基础设施、公共配套建筑正常运行的承诺

出卖人承诺与该商品房正常使用直接关联的下列基础设施、公共配套建筑按以下日期达到使用条件:

1. _____;
2. _____;
3. _____;
4. _____;
5. _____。

如果在规定日期内未达到使用条件,双方同意按以下方式处理:

1. _____;
2. _____;
3. _____。

第十五条 关于产权登记的约定

出卖人应当在商品房交付使用后_____日内,将办理权属登记需由出卖人提供的资料报产权登记机关备案。如因出卖人的责任,买受人不能在规定期限内取得房地产权属证书的,双方同意按下列第_____项处理:

1. 买受人退房,出卖人在买受人提出退房要求之日起_____日内将买受人已付房价款退还给买受人,并按已付房价款的_____%赔偿买受人损失。

2. 买受人不退房,出卖人按已付房价款的_____%向买受人支付违约金。

3. _____。

第十六条 保修责任

买受人购买的商品房为商品住宅的,《住宅质量保证书》作为本合同的附件。出卖人自商品住宅交付使用之日起,按照《住宅质量保证书》承诺

的内容承担相应的保修责任。

买受人购买的商品房为非商品住宅的,双方应当以合同附件的形式详细约定保修范围、保修期限和保修责任等内容。

在商品房保修范围和保修期限内发生质量问题,出卖人应当履行保修义务。因不可抗力或者非出卖人原因造成的损坏,出卖人不承担责任,但可协助维修,维修费用由购买人承担。_____
_____。

第十七条 双方可以就下列事项约定:
1. 该商品房所在楼宇的屋面使用权_____;
2. 该商品房所在楼宇的外墙面使用权_____;
3. 该商品房所在楼宇的命名权_____;
4. 该商品房所在小区的命名权_____;
5. _____;
6. _____。

第十八条 买受人的房屋仅作_____使用,买受人使用期间不得擅自改变该商品房的建筑主体结构、承重结构和用途。除本合同及其附件另有规定者外,买受人在使用期间有权与其他权利人共同享用与该商品房有关联的公共部位和设施,并按占地和公共部位与公用房屋分摊面积承担义务。

出卖人不得擅自改变与该商品房有关联的公共部位和设施的使用性质。_____。

第十九条 本合同在履行过程中发生的争议,由双方当事人协商解决;协商不成的,按下述第_____种方式解决:
1. 提交_____仲裁委员会仲裁。
2. 依法向人民法院起诉。

第二十条 本合同未尽事项,可由双方约定后签订补充协议(附件四)。

第二十一条 合同附件与本合同具有同等法律效力。本合同及其附件内,空格部分填写的文字与印刷文字具有同等效力。

第二十二条 本合同连同附件共_____页,一式_____份,具有同等法律效力,合同持有情况如下:

出卖人_____份,买受人_____份,_____份,_____份。

第二十三条 本合同自双方签订之日起生效。

第二十四条 商品房预售的,自本合同生效之日起30天内,由出卖人向_____申请登记备案。

  出卖人(签章)：   买受人(签章)：

  【法定代表人】：   【法定代表人】：

  【委托代理人】：   【委托代理人】：

  (签章)   (签章)

  ____年____月____日   ____年____月____日

  签于   签于

(商品房买卖合同内容由建设部提供)

附件一：房屋平面图

附件二：公共部位与公用房屋分摊建筑面积构成说明

附件三：装饰、设备标准

1. 外墙：

2. 内墙：

3. 顶棚：

4. 地面：

5. 门窗：

6. 厨房：

7. 卫生间：

8. 阳台：

9. 电梯：

10. 其他：

附件四：合同补充协议

附录二 二手房买卖合同示范文本

  本合同双方当事人：

  卖方(以下简称甲方)：_____(本人)(法定代表人)姓名：_____国籍：_____(身份证)(护照)(营业执照号码)：_____

  地址：_____邮政编码：_____联系电话：_____委托代理人：_____国籍：_____电话：_____地址：_____邮政编码：_____

  买方(以下简称乙方)：_____(本人)(法定代表人)姓名：_____国籍：_____(身份证)(护照)(营业执照号码)：_____

  地址：_____邮政编码：_____联系电话：_____委托代理人：

_____国籍：_____电话：_____地址：_____邮政编码：_____

第一条 房屋的基本情况。

甲方房屋(以下简称该房屋)坐落于_____；位于第_____层，共_____(套)(间)，房屋结构为_____，建筑面积_____平方米(其中实际建筑面积_____平方米，公共部位与公用房屋分摊建筑面积_____平方米)，房屋用途为_____；该房屋平面图见本合同附件一，该房屋内部附着设施见附件二；(房屋所有权证号、土地使用权证号)(房地产权证号)为_____。

第二条 房屋面积的特殊约定。

本合同第一条所约定的面积为(甲方暂测)(原产权证上标明)(房地产产权登记机关实际测定)面积。如暂测面积或原产权证上标明的面积(以下简称暂测面积)与房地产产权登记机关实际测定的面积有差异的，以房地产产权登记机关实际测定面积(以下简称实际面积)为准。

该房屋交付时，房屋实际面积与暂测面积的差别不超过暂测面积的±_____%(不包括±_____%)时，房价款保持不变。

实际面积与暂测面积差别超过暂测面积的±_____%(包括±_____%)时，甲乙双方同意按下述第_____种方式处理：

1. 乙方有权提出退房，甲方须在乙方提出退房要求之日起_____天内将乙方已付款退还给乙方，并按_____利率付给利息。

2. 每平方米价格保持不变，房价款总金额按实际面积调整。

3. _____。

第三条 土地使用权性质。

该房屋相应的土地使用权取得方式为_____；土地使用权年限自_____年_____月_____日至_____年_____月_____日止。以划拨方式取得土地使用权的房地产转让批准文件号为_____；该房屋买卖后，按照有关规定，乙方(必须)(无须)补办土地使用权出让手续。

第四条 价格。

按(总建筑面积)(实际建筑面积)计算，该房屋售价为(　　币)每平方米_____元，总金额为(　　币)_____亿_____千_____百_____拾_____万_____千_____百_____拾_____元整。

第五条 付款方式。

乙方应于本合同生效之日向甲方支付定金(　　币)_____亿_____千_____百_____拾_____万_____千_____百_____拾_____元整，并应于本合同生效之日起_____日内将该房屋全部价款付给甲方。具体付款方式可由双方另行约定。

第六条 交付期限。

甲方应于本合同生效之日起三十日内，将该房屋的产权证书交给乙方，并应收到该房屋全部价款之日起_____日内，将该房屋付给乙方。

第七条 乙方逾期付款的违约责任。

乙方如未按本合同第四条规定的时间付款，甲方对乙方的逾期应付款有权追究违约利息。自本合同规定的应付款限期之第二天起至实际付款之日止，月利息按_____计算。逾期超过_____天后，即视为乙方不履行本合同。届时，甲方有权按下述第_____种约定，追究乙方的违约责任。

1. 终止合同，乙方按累计应付款的_____%向甲方支付违约金。甲方实际经济损失超过乙方支付的违约金时，实际经济损失与违约金的差额部分由乙方据实赔偿。

2. 乙方按累计应付款的_____%向甲方支付违约金，合同继续履行。

3. _____。

第八条 甲方逾期交付房屋的违约责任。

除人力不可抗拒的自然灾害等特殊情况外，甲方如未按本合同第五条规定的期限将该房屋交给乙方使用，乙方有权按已交付的房价款向甲方追究违约利息。按本合同第十一条规定的最后交付期限的第二天起至实际交付之日止，月利息在_____个月内按_____利率计算；自第_____个月起，月利息则按_____利率计算。逾期超过_____个月，则视为甲方不履行本合同，乙方有权按下列第_____种约定，追究甲方的违约责任。

1. 终止合同，甲方按乙方累计已付款的_____%向乙方支付违约金。乙方实际经济损失超过甲方支付的违约金时，实际经济损失与违约金的差额部分由甲方据实赔偿。

2. 甲方按乙方累计已付款的_____%向乙方支付违约金，合同继续履行。

3. _____。

第九条 关于产权登记的约定。

在乙方实际接收该房屋之日起，甲方协助乙方在房地产产权登记机关规定的期限内向房地产产权登记机关办理权属登记手续。如因甲方的过失造成乙方不能在双方实际交接之日起_____天内取得房地产权属证书,乙方有权提出退房,甲方须在乙方提出退房要求之日起_____天内将乙方已付款退还给乙方,并按已付款的_____%赔偿乙方损失。

第十条 甲方保证在交易时该房屋没有产权纠纷,有关按揭、抵押债务、税项及租金等,甲方均在交易前办妥。交易后如有上述未清事项,由甲方承担全部责任。

第十一条 因本房屋所有权转移所发生的土地增值税由甲方向国家交纳,契税由乙方向国家交纳;其他房屋交易所发生的税费除另有约定的外,均按政府的规定由甲乙双方分别交纳。

第十二条 本合同未尽事项,由甲、乙双方另行议定,并签订补充协议。

第十三条 本合同之附件均为本合同不可分割之一部分。本合同及其附件内,空格部分填写的文字与印刷文字具有同等效力。

本合同及其附件和补充协议中未规定的事项,均遵照中华人民共和国有关法律、法规和政策执行。

第十四条 甲、乙一方或双方为境外组织或个人的,本合同应经该房屋所在地公证机关公证。

第十五条 本合同在履行中发生争议,由甲、乙双方协商解决。协商不成时,甲、乙双方同意由_____仲裁委员会仲裁。(甲、乙双方不在本合同中约定仲裁机构,事后又没有达成书面仲裁协议的,可向人民法院起诉。)

第十六条 本合同(经甲、乙双方签字)(经_____公证(指涉外房屋买卖))之日起生效。

第十七条 本合同连同附表共_____页,一式_____份,甲、乙双方各执一份,_____各执一份,均具有同等效力。

甲方(签章): 乙方(签章):
甲方代理人(签章): 乙方代理人(签章):
_____年_____月_____日 _____年_____月_____日
签于_____ 签于_____

附件一:房屋平面图(略)
附件二:室内附着设施(略)

附录三 与房屋买卖有关的法律规范目录

种类	序号	名称(按实施日期排序)	发布机关或发布文号	实施日期	备注
法律	1	土地管理法	第十届全国人民代表大会常务委员会第十一次会议第二次修正	1986-6-25	
	2	民法通则	第六届全国人民代表大会第四次会议通过	1987-1-1	常用
	3	行政诉讼法	第七届全国人民代表大会第二次会议通过	1990-10-1	
	4	民事诉讼法	第七届全国人民代表大会第四次会议通过	1991-4-9	
	5	消费者权益保护法	第八届全国人民代表大会常务委员会第四次会议通过	1994-1-1	
	6	广告法	第八届全国人民代表大会常务委员会第十次会议通过	1994-10-27	常用
	7	城市房地产管理法	第八届全国人民代表大会常务委员会第八次会议通过	1995-1-1	
	8	担保法	第八届全国人民代表大会常务委员会第十四次会议通过	1995-6-30	
	9	仲裁法	第八届全国人民代表大会常务委员会第九次会议通过	1995-9-1	
	10	建筑法	第八届全国人民代表大会常务委员会第二十八次会议通过	1998-3-1	
	11	价格法	第八届全国人民代表大会常务委员会第二十九次会议通过	1998-5-1	常用
	12	合同法	第九届全国人民代表大会第二次会议通过	1999-10-1	常用
	13	公证法	第十届全国人民代表大会常务委员会第十七次会议通过	2005-8-28	
行政法规	1	城市私有房屋管理条例	国务院发布	1983-12-17	
	2	印花税暂行条例	国务院令第11号发布	1988-10-1	常用
	3	城镇国有土地使用权出让和转让暂行条例	国务院令第55号发布	1990-5-19	
	4	契税暂行条例	国务院令第224号发布	1997-7-7	常用
	5	城市房地产开发经营管理条例	国务院令第248号发布	1998-7-20	常用
	6	建设工程质量管理条例	国务院第25次常务会议通过	2000-1-30	

续表

种类	序号	名称(按实施日期排序)	发布机关或发布文号	实施日期	备注
部门规章	1	关于继续积极稳妥地进行城镇住房制度改革的通知	国务院	1991-6-7	
	2	城市居住区规划设计规范	建标[1993]542号	1995-2-1	
	3	商品房销售面积计算及公用建筑面积分摊规则	建房[1995]第517号	1995-12-1	常用
	4	房地产广告发布暂行规定	国家工商行政管理局第71号令	1997-2-1	常用
	5	个人住房贷款管理办法	银发[1998]190号	1998-5-15	常用
	6	中央国家机关个人住房组合贷款管理暂行规定	国家机关房资字[1998]第07号文	1998-6-25	
	7	商品住宅实行住宅质量保证书和住宅使用说明书制度的规定	建设部发布	1998-9-1	常用
	8	已购公有住房和经济适用住房上市出售管理暂行办法	中华人民共和国建设部令第69号	1999-5-1	
	9	住宅设计规范	建设部,第142号	1999-6-1	
	10	商品住宅性能认定管理办法(试行)	建住房[1999]114号	1999-7-1	
	11	房屋建筑工程和市政基础设施工程竣工验收暂行规定	建标[2000]142号	2000-6-30	常用
	12	房产测量规范	国家质量技术监督局发布	2000-8-1	
	13	商品房销售管理办法	建设部令第88号发布	2001-6-1	常用
	14	关于规范住房金融业务的通知	中国人民银行关于规范住房金融业务的通知	2001-6-19	常用
	15	城市房地产转让管理规定	建设部令第96号发布	2001-8-15	常用

续表

种类	序号	名称(按实施日期排序)	发布机关或发布文号	实施日期	备注
部门规章	16	城市房屋权属登记管理办法	建设部令第99号发布	2001-8-15	常用
	17	住宅建筑模数协调标准	建标[2001]171号	2001-11-1	
	18	关于进一步加强房地产广告管理的通知	工商广字[2002]68号	2002-3-25	常用
	19	关于审理商品房买卖合同纠纷案件适用法律若干问题的解释	最高人民法院[2003]7号发布	2003-6-1	常用
	20	关于进一步加强房地产信贷业务管理的通知	银发[2003]121号	2003-6-5	常用
	21	经济适用住房管理办法	建住房[2004]77号发布	2004-5-13	常用
	22	城市商品房预售管理办法	建设部	2004-7-20	常用
	23	健康住宅建设技术要点	国家住宅与居住环境工程中心	2004年版	
	24	国家税务总局关于个人住房转让所得征收个人所得税有关问题的通知	国税发[2006]108号	2006-7-28	

附录四　部分房屋买卖法律规范

商品房销售管理办法

（建设部令第88号发布，自2001年6月1日起施行）

第一章　总　　则

第一条　为了规范商品房销售行为，保障商品房交易双方当事人的合法权益，根据《中华人民共和国城市房地产管理法》、《城市房地产开发经营管理条例》，制定本办法。

第二条 商品房销售及商品房销售管理应当遵守本办法。

第三条 商品房销售包括商品房现售和商品房预售。

本办法所称商品房现售,是指房地产开发企业将竣工验收合格的商品房出售给买受人,并由买受人支付房价款的行为。

本办法所称商品房预售,是指房地产开发企业将正在建设中的商品房预先出售给买受人,并由买受人支付定金或者房价款的行为。

第四条 房地产开发企业可以自行销售商品房,也可以委托房地产中介服务机构销售商品房。

第五条 国务院建设行政主管部门负责全国商品房的销售管理工作。

省、自治区人民政府建设行政主管部门负责本行政区域内商品房的销售管理工作。

直辖市、市、县人民政府建设行政主管部门、房地产行政主管部门(以下统称房地产开发主管部门)按照职责分工,负责本行政区域内商品房的销售管理工作。

第二章 销售条件

第六条 商品房预售实行预售许可制度。

商品房预售条件及商品房预售许可证明的办理程序,按照《城市房地产开发经营管理条例》和《城市商品房预售管理办法》的有关规定执行。

第七条 商品房现售,应当符合以下条件:

(一)现售商品房的房地产开发企业应当具有企业法人营业执照和房地产开发企业资质证书;

(二)取得土地使用权证书或者使用土地的批准文件;

(三)持有建设工程规划许可证和施工许可证;

(四)已通过竣工验收;

(五)拆迁安置已经落实;

(六)供水、供电、供热、燃气、通讯等配套基础设施具备交付使用条件,其他配套基础设施和公共设施具备交付使用条件或者已确定施工进度和交付日期;

(七)物业管理方案已经落实。

第八条 房地产开发企业应当在商品房现售前将房地产开发项目手册及符合商品房现售条件的有关证明文件报送房地产开发主管部门备案。

第九条 房地产开发企业销售设有抵押权的商品房,其抵押权的处理按照《中华人民共和国担保法》、《城市房地产抵押管理办法》的有关规定执行。

第十条 房地产开发企业不得在未解除商品房买卖合同前,将作为合同标的物的商品房再行销售给他人。

第十一条 房地产开发企业不得采取返本销售或者变相返本销售的方式销售商品房。房地产开发企业不得采取售后包租或者变相售后包租的方式销售未竣工商品房。

第十二条 商品住宅按套销售,不得分割拆零销售。

第十三条 商品房销售时,房地产开发企业选聘了物业管理企业的,买受人应当在订立商品房买卖合同时与房地产开发企业选聘的物业管理企业订立有关物业管理的协议。

第三章 广告与合同

第十四条 房地产开发企业、房地产中介服务机构发布商品房销售宣传广告,应当执行《中华人民共和国广告法》、《房地产广告发布暂行规定》等有关规定,广告内容必须真实、合法、科学、准确。

第十五条 房地产开发企业、房地产中介服务机构发布的商品房销售广告和宣传资料所明示的事项,当事人应当在商品房买卖合同中约定。

第十六条 商品房销售时,房地产开发企业和买受人应当订立书面商品房买卖合同。

商品房买卖合同应当明确以下主要内容:

(一)当事人名称或者姓名和住所;

(二)商品房基本状况;

(三)商品房的销售方式;

(四)商品房价款的确定方式及总价款、付款方式、付款时间;

(五)交付使用条件及日期;

(六)装饰、设备标准承诺;

(七)供水、供电、供热、燃气、通讯、道路、绿化等配套基础设施和公共设施的交付承诺和有关权益、责任;

(八)公共配套建筑的产权归属;

(九)面积差异的处理方式;

(十)办理产权登记有关事宜;

(十一)解决争议的方法;

(十二)违约责任;

(十三)双方约定的其他事项。

第十七条　商品房销售价格由当事人协商议定，国家另有规定的除外。

第十八条　商品房销售可以按套（单元）计价，也可以按套内建筑面积或者建筑面积计价。

商品房建筑面积由套内建筑面积和分摊的共有建筑面积组成，套内建筑面积部分为独立产权，分摊的共有建筑面积部分为共有产权，买受人按照法律、法规的规定对其享有权利，承担责任。

按套（单元）计价或者按套内建筑面积计价的，商品房买卖合同中应当注明建筑面积和分摊的共有建筑面积。

第十九条　按套（单元）计价的现售房屋，当事人对现售房屋实地勘察后可以在合同中直接约定总价款。

按套（单元）计价的预售房屋，房地产开发企业应当在合同中附所售房屋的平面图。平面图应当标明详细尺寸，并约定误差范围。房屋交付时，套型与设计图纸一致，相关尺寸也在约定的误差范围内，维持总价款不变；套型与设计图纸不一致或者相关尺寸超出约定的误差范围，合同中未约定处理方式的，买受人可以退房或者与房地产开发企业重新约定总价款。买受人退房的，由房地产开发企业承担违约责任。

第二十条　按套内建筑面积或者建筑面积计价的，当事人应当在合同中载明合同约定面积与产权登记面积发生误差的处理方式。

合同未作约定的，按以下原则处理：

（一）面积误差比绝对值在3％以内（含3％）的，据实结算房价款；

（二）面积误差比绝对值超出3％时，买受人有权退房。买受人退房的，房地产开发企业应当在买受人提出退房之日起30日内将买受人已付房价款退还给买受人，同时支付已付房价款利息。买受人不退房的，产权登记面积大于合同约定面积时，面积误差比在3％以内（含3％）部分的房价款由买受人补足；超出3％部分的房价款由房地产开发企业承担，产权归买受人。产权登记面积小于合同约定面积时，面积误差比绝对值在3％以内（含3％）部分的房价款由房地产开发企业返还买受人；绝对值超出3％部分的房价款由房地产开发企业双倍返还买受人。

面积误差比＝[（产权登记面积－合同约定面积）/合同约定面积]×100％

因本办法第二十四条规定的规划设计变更造成面积差异，当事人不解除合同的，应当签署补充协议。

第二十一条　按建筑面积计价的，当事人应当在合同中约定套内建筑面积和分摊的共有建筑面积,并约定建筑面积不变而套内建筑面积发生误差以及建筑面积与套内建筑面积均发生误差时的处理方式。

第二十二条 不符合商品房销售条件的,房地产开发企业不得销售商品房,不得向买受人收取任何预订款性质费用。

符合商品房销售条件的,房地产开发企业在订立商品房买卖合同之前向买受人收取预订款性质费用的,订立商品房买卖合同时,所收费用应当抵作房价款;当事人未能订立商品房买卖合同的,房地产开发企业应当向买受人返还所收费用;当事人之间另有约定的,从其约定。

第二十三条 房地产开发企业应当在订立商品房买卖合同之前向买受人明示《商品房销售管理办法》和《商品房买卖合同示范文本》;预售商品房的,还必须明示《城市商品房预售管理办法》。

第二十四条 房地产开发企业应当按照批准的规划、设计建设商品房。商品房销售后,房地产开发企业不得擅自变更规划、设计。

经规划部门批准的规划变更、设计单位同意的设计变更导致商品房的结构型式、户型、空间尺寸、朝向变化,以及出现合同当事人约定的其他影响商品房质量或者使用功能情形的,房地产开发企业应当在变更确立之日起 10 日内,书面通知买受人。

买受人有权在通知到达之日起 15 日内做出是否退房的书面答复。买受人在通知到达之日起 15 日内未作书面答复的,视同接受规划、设计变更以及由此引起的房价款的变更。房地产开发企业未在规定时限内通知买受人的,买受人有权退房;买受人退房的,由房地产开发企业承担违约责任。

第四章 销售代理

第二十五条 房地产开发企业委托中介服务机构销售商品房的,受托机构应当是依法设立并取得工商营业执照的房地产中介服务机构。房地产开发企业应当与受托房地产中介服务机构订立书面委托合同,委托合同应当载明委托期限、委托权限以及委托人和被委托人的权利、义务。

第二十六条 受托房地产中介服务机构销售商品房时,应当向买受人出示商品房的有关证明文件和商品房销售委托书。

第二十七条 受托房地产中介服务机构销售商品房时,应当如实向买受人介绍所代理销售商品房的有关情况。受托房地产中介服务机构不得代理销售不符合销售条件的商品房。

第二十八条 受托房地产中介服务机构在代理销售商品房时不得收取佣金以外的其他费用。

第二十九条 商品房销售人员应当经过专业培训,方可从事商品房销售业务。

第五章 交 付

第三十条 房地产开发企业应当按照合同约定,将符合交付使用条件的商品房按期交付给买受人。未能按期交付的,房地产开发企业应当承担违约责任。

因不可抗力或者当事人在合同中约定的其他原因,需延期交付的,房地产开发企业应当及时告知买受人。

第三十一条 房地产开发企业销售商品房时设置样板房的,应当说明实际交付的商品房质量、设备及装修与样板房是否一致,未作说明的,实际交付的商品房应当与样板房一致。

第三十二条 销售商品住宅时,房地产开发企业应当根据《商品住宅实行质量保证书和住宅使用说明书制度的规定》(以下简称《规定》),向买受人提供《住宅质量保证书》、《住宅使用说明书》。

第三十三条 房地产开发企业应当对所售商品房承担质量保修责任。当事人应当在合同中就保修范围、保修期限、保修责任等内容做出约定。保修期从交付之日起计算。

商品住宅的保修期限不得低于建设工程承包单位向建设单位出具的质量保修书约定保修期的存续期;存续期少于《规定》中确定的最低保修期限的,保修期不得低于《规定》中确定的最低保修期限。

非住宅商品房的保修期限不得低于建设工程承包单位向建设单位出具的质量保修书约定保修期的存续期。

在保修期限内发生的属于保修范围的质量问题,房地产开发企业应当履行保修义务,并对造成的损失承担赔偿责任。因不可抗力或者使用不当造成的损坏,房地产开发企业不承担责任。

第三十四条 房地产开发企业应当在商品房交付使用前按项目委托具有房产测绘资格的单位实施测绘,测绘成果报房地产行政主管部门审核后用于房屋权属登记。

房地产开发企业应当在商品房交付使用之日起 60 日内,将需要由其提供的办理房屋权属登记的资料报送房屋所在地房地产行政主管部门。

房地产开发企业应当协助商品房买受人办理土地使用权变更和房屋所有权登记手续。

第三十五条 商品房交付使用后,买受人认为主体结构质量不合格的,可以依照有关规定委托工程质量检测机构重新核验。经核验，确属主体结构质量不合格的，买受人有权退房；给买受人造成损失的，房地产开发企业应当依法承担赔偿责任。

第六章 法律责任

第三十六条 未取得营业执照，擅自销售商品房的，由县级以上人民政府工商行政管理部门依照《城市房地产开发经营管理条例》的规定处罚。

第三十七条 未取得房地产开发企业资质证书，擅自销售商品房的，责令停止销售活动，处5万元以上10万元以下的罚款。

第三十八条 违反法律、法规规定，擅自预售商品房的，责令停止违法行为，没收违法所得；收取预付款的，可以并处已收取的预付款1%以下的罚款。

第三十九条 在未解除商品房买卖合同前，将作为合同标的物的商品房再行销售给他人的，处以警告，责令限期改正，并处2万元以上3万元以下罚款；构成犯罪的，依法追究刑事责任。

第四十条 房地产开发企业将未组织竣工验收、验收不合格或者对不合格按合格验收的商品房擅自交付使用的，按照《建设工程质量管理条例》的规定处罚。

第四十一条 房地产开发企业未按规定将测绘成果或者需要由其提供的办理房屋权属登记的资料报送房地产行政主管部门的，处以警告，责令限期改正，并可处以2万元以上3万元以下罚款。

第四十二条 房地产开发企业在销售商品房中有下列行为之一的，处以警告，责令限期改正，并可以处以1万元以上3万元以下罚款。

（一）未按照规定的现售条件现售商品房的；

（二）未按照规定在商品房现售前将房地产开发项目手册及符合商品房现售条件的有关证明文件报送房地产开发主管部门备案的；

（三）返本销售或者变相返本销售商品房的；

（四）采取售后包租或者变相售后包租方式销售未竣工商品房的；

（五）分割拆零销售商品住宅的；

（六）不符合商品房销售条件，向买受人收取预订款性质费用的；

（七）未按照规定向买受人明示《商品房销售管理办法》、《商品房买卖合同示范文本》、《城市商品房预售管理办法》的；

（八）委托没有资格的机构代理销售商品房的。

第四十三条 房地产中介服务机构代理销售不符合销售条件的商品房

的,处以警告,责令停止销售,并可处以2万元以上3万元以下罚款。

第四十四条 国家机关工作人员在商品房销售管理工作中玩忽职守、滥用职权、徇私舞弊,依法给予行政处分;构成犯罪的,依法追究刑事责任。

第七章 附 则

第四十五条 本办法所称返本销售,是指房地产开发企业以定期向买受人返还购房款的方式销售商品房的行为。

本办法所称售后包租,是指房地产开发企业以在一定期限内承租或者代为出租买受人所购该企业商品房的方式销售商品房的行为。

本办法所称分割拆零销售,是指房地产开发企业以将成套的商品住宅分割为数部分分别出售给买受人的方式销售商品住宅的行为。

本办法所称产权登记面积,是指房地产行政主管部门确认登记的房屋面积。

第四十六条 省、自治区、直辖市人民政府建设行政主管部门可以根据本办法制定实施细则。

第四十七条 本办法由国务院建设行政主管部门负责解释。

第四十八条 本办法自2001年6月1日起施行。

城市商品房预售管理办法

(2004年7月20日建设部令第131号重发,自2004年8月15号起施行)

第一条 为加强商品房预售管理,维护商品房交易双方的合法权益,根据《中华人民共和国城市房地产管理法》、《城市房地产开发经营管理条例》,制定本办法。

第二条 本办法所称商品房预售是指房地产开发企业(以下简称开发企业)将正在建设中的房屋预先出售给承购人,由承购人支付定金或房价款的行为。

第三条 本办法适用于城市商品房预售的管理。

第四条 国务院建设行政主管部门归口管理全国城市商品房预售管理;

省、自治区建设行政主管部门归口管理本行政区域内城市商品房预售管理;

城市、县人民政府建设行政主管部门或房地产行政主管部门(以下简称房地产管理部门)负责本行政区域内城市商品房预售管理。

第五条 商品房预售应当符合下列条件:

(一)已交付全部土地使用权出让金,取得土地使用权证书;

（二）持有建设工程规划许可证和施工许可证；

（三）按提供预售的商品房计算，投入开发建设的资金达到工程建设总投资的25%以上，并已经确定施工进度和竣工交付日期。

第六条 商品房预售实行许可证制度。开发企业进行商品房预售，应当向城市、县房地产管理部门办理预售登记，取得《商品房预售许可证》。

第七条 开发企业申请办理《商品房预售许可证》应当提交下列证件（复印件）及资料：

（一）本办法第五条第（一）项至第（三）项规定的证明材料；

（二）开发企业的《营业执照》和资质等级证书；

（三）工程施工合同；

（四）商品房预售方案。预售方案应当说明商品房的位置、装修标准、竣工交付日期、预售总面积、交付使用后的物业管理等内容，并应当附商品房预售总平面图、分层平面图。

第八条 房地产管理部门在接到开发企业申请后，应当详细查验各项证件和资料，并到现场进行查勘。经审查合格的，应在接到申请后的10日内核发《商品房预售许可证》。

第九条 开发企业进行商品房预售，应当向承购人出示《商品房预售许可证》。售楼广告和说明书必须载明《商品房预售许可证》的批准文号。

未取得《商品房预售许可证》的，不得进行商品房预售。

第十条 商品房预售，开发企业应当与承购人签订商品房预售合同。预售人应当在签约之日起30日内持商品房预售合同向县级以上人民政府房地产管理部门和土地管理部门办理登记备案手续。

商品房的预售可以委托代理人办理，但必须有书面委托书。

第十一条 开发企业进行商品房预售所得的款项必须用于有关的工程建设。

城市、县房地产管理部门应当制定对商品房预售款监管的有关制度。

第十二条 预售的商品房交付使用之日起90日内，承购人应当持有关凭证到县级以上人民政府房地产管理部门和土地管理部门办理权属登记手续。

第十三条 开发企业未按本办法办理预售登记，取得商品房预售许可证明预售商品房的，责令停止预售、补办手续，没收违法所得，并可处以已收取的预付款1%以下的罚款。

第十四条 开发企业不按规定使用商品房预售款项的，由房地产管理部门责令限期纠正,并可处以违法所得3倍以下但不超过3万元的罚款。

第十五条 省、自治区建设行政主管部门、直辖市建设行政主管部门或房地产行政管理部门可以根据本办法制定实施细则。

第十六条 本办法由国务院建设行政主管部门负责解释。

第十七条 本办法自1995年1月1日起施行。

城市房地产转让管理规定

(建设部令第96号重发,自2001年8月15日起施行)

第一条 为了加强对城市房地产转让的管理,维护房地产市场秩序,保障房地产转让当事人的合法权益,根据《中华人民共和国城市房地产管理法》,制定本规定。

第二条 凡在城市规划区国有土地范围内从事房地产转让,实施房地产转让管理,均应遵守本规定。

第三条 本规定所称房地产转让,是指房地产权利人通过买卖、赠与或者其他合法方式将其房地产转移给他人的行为。

前款所称其他合法方式,主要包括下列行为:

(一)以房地产作价入股、与他人成立企业法人,房地产权属发生变更的;

(二)一方提供土地使用权,另一方或者多方提供资金,合资、合作开发经营房地产,而使房地产权属发生变更的;

(三)因企业被收购、兼并或合并,房地产权属随之转移的;

(四)以房地产抵债的;

(五)法律、法规规定的其他情形。

第四条 国务院建设行政主管部门归口管理全国城市房地产转让工作。

省、自治区人民政府建设行政主管部门归口管理本行政区域内的城市房地产转让工作。

直辖市、市、县人民政府房地产行政主管部门(以下简称房地产管理部门)负责本行政区域内的城市房地产转让管理工作。

第五条 房地产转让时,房屋所有权和该房屋占用范围内的土地使用权同时转让。

第六条 下列房地产不得转让:

(一)以出让方式取得土地使用权但不符合本规定第十条规定的条件的;

(二)司法机关和行政机关依法裁定、决定查封或者以其他形式限制房地产权利的；

（三）依法收回土地使用权的；

（四）共有房地产，未经其他共有人书面同意的；

（五）权属有争议的；

（六）未依法登记领取权属证书的；

（七）法律、行政法规规定禁止转让的其他情形。

第七条 房地产转让，应当按照下列程序办理：

（一）房地产转让当事人签订书面转让合同；

（二）房地产转让当事人在房地产转让合同签订后 90 日内持房地产权属证书、当事人的合法证明、转让合同等有关文件向房地产所在地的房地产管理部门提出申请，并申报成交价格；

（三）房地产管理部门对提供的有关文件进行审查，并在 7 日内作出是否受理申请的书面答复，7 日内未作书面答复的，视为同意受理；

（四）房地产管理部门核实申报的成交价格，并根据需要对转让的房地产进行现场查勘和评估；

（五）房地产转让当事人按照规定缴纳有关税费；

（六）房地产管理部门办理房屋权属登记手续，核发房地产权属证书。

第八条 房地产转让合同应当载明下列主要内容：

（一）双方当事人的姓名或者名称、住所；

（二）房地产权属证书名称和编号；

（三）房地产坐落位置、面积、四至界限；

（四）土地宗地号、土地使用权取得的方式及年限；

（五）房地产的用途或使用性质；

（六）成交价格及支付方式；

（七）房地产交付使用的时间；

（八）违约责任；

（九）双方约定的其他事项。

第九条 以出让方式取得土地使用权的，房地产转让时，土地使用权出让合同载明的权利、义务随之转移。

第十条 以出让方式取得土地使用权的，转让房地产时，应当符合下列条件：

（一）按照出让合同约定已经支付全部土地使用权出让金，并取得土地使用权证书；

（二）按照出让合同约定进行投资开发，属于房屋建设工程的，应完成开发投资总额的百分之二十五以上；属于成片开发土地的，依照规划对土地进行开发建设，完成供排水、供电、供热、道路交通、通信等市政基础设施、公用设施的建设，达到场地平整，形成工业用地或者其他建设用地条件。

转让房地产时房屋已经建成的，还应当持有房屋所有权证书。

第十一条 以划拨方式取得土地使用权的，转让房地产时，按照国务院的规定，报有批准权的人民政府审批。有批准权的人民政府准予转让的，除符合本规定第十二条所列的可以不办理土地使用权出让手续的情形外，应当由受让方办理土地使用权出让手续，并依照国家有关规定缴纳土地使用权出让金。

第十二条 以划拨方式取得土地使用权的，转让房地产时，属于下列情形之一的，经有批准权的人民政府批准，可以不办理土地使用权出让手续，但应当将转让房地产所获收益中的土地收益上缴国家或者作其他处理。土地收益的缴纳和处理的办法按照国务院规定办理。

（一）经城市规划行政主管部门批准，转让的土地用于建设《中华人民共和国城市房地产管理法》第二十三条规定的项目的；

（二）私有住宅转让后仍用于居住的；

（三）按照国务院住房制度改革有关规定出售公有住宅的；

（四）同一宗土地上部分房屋转让而土地使用权不可分割转让的；

（五）转让的房地产暂时难以确定土地使用权出让用途、年限和其他条件的；

（六）根据城市规划土地使用权不宜出让的；

（七）县级以上人民政府规定暂时无法或不需要采取土地使用权出让方式的其他情形。依照前款规定缴纳土地收益或作其他处理的，应当在房地产转让合同中注明。

第十三条 依照本规定第十二条规定转让的房地产再转让，需要办理出让手续、补交土地使用权出让金的，应当扣除已经缴纳的土地收益。

第十四条 国家实行房地产成交价格申报制度。

房地产权利人转让房地产，应当如实申报成交价格，不得瞒报或者作不实的申报。

房地产转让应当以申报的房地产成交价格作为缴纳税费的依据。成交价格明显低于正常市场价格的，以评估价格作为缴纳税费的依据。

第十五条 商品房预售按照建设部《城市商品房预售管理办法》执行。

第十六条 房地产管理部门在办理房地产转让时,其收费的项目和标准,必须经有批准权的物价部门和建设行政主管部门批准,不得擅自增加收费项目和提高收费标准。

第十七条 违反本规定第十条第一款和第十一条,未办理土地使用权出让手续,交纳土地使用权出让金的,按照《中华人民共和国城市房地产管理法》的规定进行处罚。

第十八条 房地产管理部门工作人员玩忽职守、滥用职权、徇私舞弊、索贿受贿的,依法给予行政处分;构成犯罪,依法追究刑事责任。

第十九条 在城市规划区外的国有土地范围内进行房地产转让的,参照本规定执行。

第二十条 省、自治区人民政府建设行政主管部门、直辖市房地产行政主管部门可以根据本规定制定实施细则。

第二十一条 本规定由国务院建设行政主管部门负责解释。

第二十二条 本规定自1995年9月1日起施行。

城市房屋权属登记管理办法

(建设部令第99号重发,2001年8月15日起施行)

第一章 总 则

第一条 为加强城市房屋权属管理,维护房地产市场秩序,保障房屋权利人的合法权益,根据《中华人民共和国城市房地产管理法》的规定,制定本办法。

第二条 本办法适用于城市规划区国有土地范围内的房屋权属登记。

第三条 本办法所称房屋权属登记,是指房地产行政主管部门代表政府对房屋所有权以及由上述权利产生的抵押、典权等房屋他项权利进行登记,并依法确认房屋产权归属关系的行为。

本办法所称房屋权利人(以下简称权利人),是指依法享有房屋所有权和该房屋占用范围内的土地使用权、房地产他项权利的法人、其他组织和自然人。

本办法所称房屋权利申请人(以下简称申请人),是指已获得了房屋并提出房屋登记申请,但尚未取得房屋所有权证书的法人、其他组织和自然人。

第四条 国家实行房屋所有权登记发证制度。

申请人应当按照国家规定到房屋所在地的人民政府房地产行政主管部

门(以下简称登记机关)申请房屋权属登记,领取房屋权属证书。

第五条 房屋权属证书是权利人依法拥有房屋所有权并对房屋行使占有、使用、收益和处分权利的惟一合法凭证。

依法登记的房屋权利受国家法律保护。

第六条 房屋权属登记应当遵循房屋的所有权和该房屋占用范围内的土地使用权权利主体一致的原则。

第七条 县级以上地方人民政府由一个部门统一负责房产管理和土地管理工作的,可以制作、颁发统一的房地产权证书,依照《城市房地产管理法》的规定,将房屋的所有权和该房屋占用范围内的土地使用权的确认和变更,分别载入房地产权证书。房地产权证书的式样报国务院建设行政主管部门备案。

第八条 国务院建设行政主管部门负责全国的房屋权属登记管理工作。

省、自治区人民政府建设行政主管部门负责本行政区域内的房屋权属登记管理工作。

直辖市、市、县人民政府房地产行政主管部门负责本行政区域内的房屋权属登记管理工作。

第二章 房屋权属登记

第九条 房屋权属登记分为:

(一)总登记;

(二)初始登记;

(三)转移登记;

(四)变更登记;

(五)他项权利登记;

(六)注销登记。

第十条 房屋权属登记依以下程序进行:

(一)受理登记申请;

(二)权属审核;

(三)公告;

(四)核准登记,颁发房屋权属证书。

本条第(三)项适用于登记机关认为有必要进行公告的登记。

第十一条 房屋权属登记由权利人(申请人)申请。权利人(申请人)为法人、其他组织的,应当使用其法定名称,由其法定代表人申请;

权利人(申请人)为自然人的,应当使用其身份证件上的姓名。

共有的房屋,由共有人共同申请。

房屋他项权利登记,由权利人和他项权利人共同申请。

房地产行政主管部门直管的公房由登记机关直接代为登记。

第十二条 权利人(申请人)可以委托代理人申请房屋权属登记。

第十三条 权利人(申请人)申请登记时,应当向登记机关交验单位或者相关人的有效证件。

代理人申请登记时,除向登记机关交验代理人的有效证件外,还应当向登记机关提交权利人(申请人)的书面委托书。

第十四条 总登记是指县级以上地方人民政府根据需要,在一定期限内对本行政区域内的房屋进行统一的权属登记。

登记机关认为需要时,经县级以上地方人民政府批准,可以对本行政区域内的房屋权属证书进行验证或者换证。

凡列入总登记、验证或者换证范围,无论权利人以往是否领取房屋权属证书,权属状况有无变化,均应当在规定的期限内办理登记。

总登记、验证、换证的期限,由县级以上地方人民政府规定。

第十五条 总登记、验证、换证应当由县级以上地方人民政府在规定期限开始之日30日前发布公告。

公告应当包括以下内容:

(一)登记、验证、换证的区域;

(二)申请期限;

(三)当事人应当提交的有关证件;

(四)受理申请地点;

(五)其他应当公告的事项。

第十六条 新建的房屋,申请人应当在房屋竣工后的3个月内向登记机关申请房屋所有权初始登记,并应当提交用地证明文件或者土地使用权证、建设用地规划许可证、建设工程规划许可证、施工许可证、房屋竣工验收资料以及其他有关的证明文件。

集体土地上的房屋转为国有土地上的房屋,申请人应当自事实发生之日起30日内向登记机关提交用地证明等有关文件,申请房屋所有权初始登记。

第十七条 因房屋买卖、交换、赠与、继承、划拨、转让、分割、合并、裁决等原因致使其权属发生转移的,当事人应当自事实发生之日起90日内申请转移登记。

申请转移登记，权利人应当提交房屋权属证书以及相关的合同、协议、证明等文件。

第十八条 权利人名称变更和房屋现状发生下列情形之一的，权利人应当自事实发生之日起30日内申请变更登记：

（一）房屋坐落的街道、门牌号或者房屋名称发生变更的；

（二）房屋面积增加或者减少的；

（三）房屋翻建的；

（四）法律、法规规定的其他情形。

申请变更登记，权利人应当提交房屋权属证书以及相关的证明文件。

第十九条 设定房屋抵押权、典权等他项权利的，权利人应当自事实发生之日起30日内申请他项权利登记。

申请房屋他项权利登记，权利人应当提交房屋权属证书，设定房屋抵押权、典权等他项权利的合同书以及相关的证明文件。

第二十条 房屋所有权登记应当按照权属单元以房屋的门牌号、幢、套（间）以及有具体权属界限的部分为基本单元进行登记。

第二十一条 有下列情形之一的，由登记机关依法直接代为登记，不颁发房屋权属证书：

（一）依法由房地产行政主管部门代管的房屋；

（二）无人主张权利的房屋；

（三）法律、法规规定的其他情形。

第二十二条 有下列情形之一的，经权利人（申请人）申请可以准予暂缓登记：

（一）因正当理由不能按期提交证明材料的；

（二）按照规定需要补办手续的；

（三）法律、法规规定可以准予暂缓登记的。

第二十三条 有下列情形之一的，登记机关应当作出不予登记的决定：

（一）属于违章建筑的；

（二）属于临时建筑的；

（三）法律、法规规定的其他情形。

第二十四条 因房屋灭失、土地使用年限届满、他项权利终止等，权利人应当自事实发生之日起30日内申请注销登记。

申请注销登记，权利人应当提交原房屋权属证书、他项权利证书，相关的合同、协议、证明等文件。

第二十五条 有下列情形之一的,登记机关有权注销房屋权属证书:

(一)申报不实的;

(二)涂改房屋权属证书的;

(三)房屋权利灭失,而权利人未在规定期限内办理房屋权属注销登记的;

(四)因登记机关的工作人员工作失误造成房屋权属登记不实的。

注销房屋权属证书,登记机关应当作出书面决定,送达当事人,并收回原发放的房屋权属证书或者公告原房屋权属证书作废。

第二十六条 登记机关自受理登记申请之日起7日内应当决定是否予以登记,对暂缓登记、不予登记的,应当书面通知权利人(申请人)。

第二十七条 登记机关应当对权利人(申请人)的申请进行审查。凡权属清楚、产权来源资料齐全的,初始登记、转移登记、变更登记、他项权利登记应当在受理登记后的30日内核准登记,并颁发房屋权属证书;注销登记应当在受理登记后的15日内核准注销,并注销房屋权属证书。

第二十八条 房屋权属登记,权利人(申请人)应当按照国家规定交纳登记费和权证证书工本费。

登记费的收取办法和标准由国家统一制定。在国家统一制定的办法和标准颁布之前,按照各省、自治区、直辖市的办法和标准执行。

第二十九条 权利人(申请人)逾期申请房屋权属登记的,登记机关可以按照规定登记费的3倍以下收取登记费。

第三十条 从事房屋权属登记的工作人员必须经过业务培训,持证上岗。

第三章 房屋权属证书

第三十一条 房屋权属证书包括《房屋所有权证》、《房屋共有权证》、《房屋他项权证》或者《房地产权证》、《房地产共有权证》、《房地产他项权证》。

第三十二条 共有的房屋,由权利人推举的持证人收执房屋所有权证书。其余共有人各执房屋共有权证书1份。

房屋共有权证书与房屋所有权证书具有同等的法律效力。

第三十三条 房屋他项权证书由他项权利人收执。他项权利人依法凭证行使他项权利,受国家法律保护。

第三十四条 《房屋所有权证》、《房屋共有权证》、《房屋他项权证》的式样由国务院建设行政主管部门统一制定。证书由国务院建设行政主管部门统一监制，市、县房地产行政主管部门颁发。

第三十五条 房屋权属证书破损，经登记机关查验需换领的，予以换证。房屋权属证书遗失的，权利人应当及时登报声明作废，并向登记机关申请补发，由登记机关作出补发公告，经6个月无异议的，予以补发。

第四章 法律责任

第三十六条 以虚报、瞒报房屋权属情况等非法手段获得房屋权属证书的，由登记机关收回其房屋权属证书或者公告其房屋权属证书作废，并可对当事人处以1千元以下罚款。

涂改、伪造房屋权属证书的，其证书无效，登记机关可对当事人处以1千元以下罚款。

非法印制房屋权属证书的，登记机关应当没收其非法印制的房屋权属证书，并可对当事人处以1万元以上3万元以下的罚款；构成犯罪的，依法追究刑事责任。

第三十七条 因登记机关工作人员工作过失导致登记不当，致使权利人受到经济损失的，登记机关对当事人的直接经济损失负赔偿责任。

第三十八条 登记机关的工作人员玩忽职守、徇私舞弊、贪污受贿的，滥用职权、超越管辖范围颁发房屋权属证书的，依法给予行政处分；构成犯罪的，依法追究刑事责任。

第五章 附 则

第三十九条 本办法第二条规定范围外的房屋权属登记，参照本办法执行。

第四十条 各省、自治区、直辖市人民政府可以根据本办法制定实施细则。

第四十一条 本办法由国务院建设行政主管部门负责解释。

第四十二条 本办法自1998年1月1日起施行。

经济适用住房管理办法

(建住房〔2004〕77号发布，2004年5月13日起施行)

第一章 总 则

第一条 为规范经济适用住房建设、交易和管理行为，保护当事人合法权益，制定本办法。

第二条 本办法所称经济适用住房，是指政府提供政策优惠，限定建设标准、供应对象和销售价格，具有保障性质的政策性商品住房。

第三条 从事经济适用住房建设、交易，实施经济适用住房管理，应当遵守本办法。

第四条 发展经济适用住房应当坚持"在国家宏观政策指导下,各地区因地制宜、分别决策"的原则,由市、县人民政府根据当地经济社会发展水平、居民住房状况和收入水平等因素,合理确定经济适用住房的政策目标、建设标准、供应范围和供应对象等,并负责组织实施。

第五条 购买经济适用住房实行申请、审批和公示制度。

第六条 国务院建设行政主管部门负责全国经济适用住房指导工作。

省、自治区建设行政主管部门负责本行政区域范围内经济适用住房指导、监督工作。

市、县人民政府建设或房地产行政主管部门(以下简称"经济适用住房主管部门")负责本行政区域内经济适用住房的实施和管理工作。

县级以上人民政府计划(发展和改革)、国土资源、规划、价格行政主管部门和金融机构根据职责分工,负责经济适用住房有关工作。

第七条 市、县人民政府应当在做好市场需求分析和预测的基础上,编制本地区经济适用住房发展规划。

市、县人民政府经济适用住房主管部门应当会同计划、规划、国土资源行政主管部门根据土地利用总体规划、城市总体规划和经济适用住房发展规划,做好项目储备,为逐年滚动开发创造条件。

第八条 市、县人民政府计划主管部门应当会同建设、规划、国土资源行政主管部门依据经济适用住房发展规划和项目储备情况,编制经济适用住房年度建设投资计划和用地计划。经济适用住房建设用地应当纳入当地年度土地供应计划。

中央和国家机关、直属企事业单位及军队的经济适用住房建设,实行属地化管理。其利用自用土地建设经济适用住房,经所属主管部门批准后,纳入当地经济适用住房建设投资计划,统一管理。

第二章 优惠政策

第九条 经济适用住房建设用地,要按照土地利用总体规划和城市总体规划要求,合理布局,实行行政划拨方式供应。严禁以经济适用住房名义取得划拨土地后,改变土地用途,变相搞商品房开发。

第十条 经济适用住房建设和经营中的行政事业性收费,减半征收;经济适用住房项目小区外基础设施建设费用,由政府负担。

第十一条 购买经济适用住房的个人向商业银行申请贷款,除符合《个人住房贷款管理办法》规定外,还应当提供准予购买经济适用住房的证明。个人住房贷款利率执行中国人民银行公布的贷款利率，不得上浮。

经济适用住房建设单位可以在建项目作抵押向商业银行申请住房开发贷款。

第十二条 用于个人购房贷款的住房公积金，可优先向购买经济适用住房的个人发放。

第三章 开发建设

第十三条 经济适用住房开发建设应当按照政府组织协调、企业市场运作的原则，实行项目法人招标，参与招标的房地产开发企业必须具有相应资质、资本金、良好的开发业绩和社会信誉。

第十四条 经济适用住房要严格控制在中小套型，中套住房面积控制在80平方米左右，小套住房面积控制在60平方米左右。市、县人民政府可根据本地区居民的收入和居住水平等因素，合理确定经济适用住房的户型面积和各种户型的比例，并严格进行管理。

第十五条 经济适用住房的规划设计应当坚持标准适度、功能齐全、经济适用、便利节能的原则，并结合全面建设小康社会的目标，优选规划设计方案；经济适用住房建设必须严格执行国家有关技术规范和标准，积极推广应用先进、成熟、适用的新技术、新工艺、新材料、新设备，提高建设水平。

第十六条 经济适用住房建设单位对其开发建设的经济适用住房工程质量负最终责任。

建设单位应当向买受人出具《住宅质量保证书》和《使用说明书》，并承担保修责任。

第四章 价格的确定和公示

第十七条 确定经济适用住房的价格应当以保本微利为原则，其销售基准价格和浮动幅度应当按照《经济适用房价格管理办法》（计价格[2002]2503号）的规定确定；其租金标准由有定价权的价格主管部门会同经济适用住房主管部门在综合考虑建设、管理成本和不高于3%利润的基础上确定。

经济适用住房价格确定后应当向社会公示。

第十八条 经济适用住房销售应当实行明码标价，销售价格不得超过公示的基准价格和浮动幅度，不得在标价之外收取任何未予标明的费用。价格主管部门将依法进行监督管理。

第十九条 经济适用住房实行收费卡制度，各有关部门收取费用时，必须填写价格主管部门核发的交费登记卡。任何单位不得以押金、保证金等名义，变相向经济适用住房建设单位收取费用。

第五章 交易和售后管理

第二十条 符合下列条件的家庭可以申请购买或承租一套经济适用住房：

（一）有当地城镇户口（含符合当地安置条件的军队人员）或市、县人民政府确定的供应对象；

（二）无房或现住房面积低于市、县人民政府规定标准的住房困难家庭；

（三）家庭收入符合市、县人民政府划定的收入线标准；

（四）市、县人民政府规定的其他条件。

第二十一条 市、县人民政府应当根据当地商品住房价格、居民家庭可支配收入、居住水平和家庭人口结构等因素，规定享受购买或承租经济适用住房的条件及面积标准，并向社会公布。

第二十二条 申请人应当持家庭户口本、所在单位或街道办事处出具的收入证明和住房证明以及市、县人民政府规定的其他证明材料，向市、县人民政府经济适用住房主管部门提出申请。

第二十三条 市、县人民政府经济适用住房主管部门应当在规定时间内完成核查。符合条件的，应当公示。公示后有投诉的，由经济适用住房主管部门会同有关部门调查、核实；对无投诉或经调查、核实投诉不实的，在经济适用住房申请表上签署核查意见，并注明可以购买的优惠面积或房价总额标准。

第二十四条 符合条件的家庭，可以持核准文件选购一套与核准面积相对应的经济适用住房。购买面积原则上不得超过核准面积。购买面积在核准面积以内的，按核准的价格购买；购买面积超过核准面积的部分，不得享受政府优惠，由购房人补交差价。超面积部分差价款的处理办法，由市、县人民政府制定并公布。

第二十五条 居民个人购买经济适用住房后，应当按照规定办理权属登记。房屋、土地登记部门在办理权属登记时，应当分别注明经济适用住房、划拨土地。

第二十六条 经济适用住房在取得房屋所有权证和土地使用证一定年限后，方可按市场价上市出售；出售时，应当按照届时同地段普通商品住房与经济适用住房差价的一定比例向政府交纳收益。具体年限和比例由市、县人民政府确定。

个人购买的经济适用住房在未向政府补缴收益前不得用于出租经营。

第二十七条 国家鼓励房地产开发企业建设用于出租的经济适用住房，以政府核定的价格向符合条件的家庭出租。

第二十八条 经济适用住房购买人以市场价出售经济适用住房后，不得再购买经济适用住房；如需换购，必须以届时经济适用住房价格出售给取得经济适用住房资格的家庭后，方可再次申请。

第六章 集资建房和合作建房

第二十九条 集资、合作建房是经济适用住房的组成部分，其建设标准、优惠政策、上市条件、供应对象的审核等均按照经济适用住房的有关规定，严格执行。

集资、合作建房应当纳入当地经济适用住房建设计划和用地计划管理。

第三十条 住房困难户较多的工矿区和困难企业，经市、县人民政府批准，可以在符合土地利用总体规划、城市规划和单位发展计划的前提下，利用单位自用土地进行集资、合作建房。参加集资、合作建房的对象，必须限定在本单位无房户和符合市、县人民政府规定的住房困难家庭。

第三十一条 向职工或社员收取的集资、合作建房款项实行专款管理、专项使用，并接受当地财政和经济适用住房主管部门的监督。

第三十二条 凡已经享受房改政策购房、购买了经济适用住房或参加了集资、合作建房的人员，不得再次参加集资、合作建房。严禁任何单位借集资、合作建房名义，变相搞实物分配或商品房开发。

第三十三条 集资、合作建房单位只允许收取规定的管理费用，不得有利润。

第三十四条 市、县人民政府可以根据当地经济发展水平、住房状况、居民收入、房价等情况，确定是否发展集资、合作建房以及建设规模。

第七章 监督管理

第三十五条 各有关部门应当加强对经济适用住房建设、交易中违法违纪行为的查处：对未经批准、擅自改变经济适用住房或集资、合作建房用地用途的，由土地行政主管部门按有关规定处罚。擅自提高经济适用住房或集资、合作建房销售价格，以及不执行政府价格主管部门制定的经济适用住房租金标准等价格违法行为，由价格主管部门依法进行处罚。擅自向未取得资格的家庭出售、出租经济适用住房或组织未取得资格的家庭集资、合作建房的，由经济适用住房主管部门责令建设单位限期收回；不能收回的,由建设单位补缴同地段经济适用住房或集资、合作建房与商品房价格差,并对建设单位的不良行为进行处罚。

第三十六条 对弄虚作假、隐瞒家庭收入和住房条件,骗购经济适用住房或集资、合作建房的个人,由经济适用住房主管部门追回已购住房或者由购买人按市场价补足购房款,并可提请所在单位对申请人进行行政处分;对出具虚假证明的单位,由经济适用住房主管部门提请有关部门追究单位主要领导的责任。

第八章 附 则

第三十七条 省、自治区、直辖市人民政府经济适用住房主管部门会同计划(发展和改革)、国土资源、价格、金融行政主管部门根据本办法,可以制定实施细则。

第三十八条 本办法由建设部会同国家发展改革委、国土资源部、中国人民银行负责解释。

第三十九条 本办法自通知发布之日起施行。此前已经购买和签订买卖合同或协议的经济适用住房,仍按原有规定执行。

关于规范住房金融业务的通知

(2001年6月19日,银发〔2001〕195号)

各国有商业银行、股份制商业银行、烟台住房储蓄银行;人民银行各分行、营业管理部,省会(首府)城市中心支行,深圳、大连、青岛、厦门、宁波市中心支行:

1998年以来,我国住房金融业务快速发展,对商业银行调整信贷结构,支持城镇居民购房,拉动住房投资,扩大国内需求,推动国民经济发展起到了重要作用。但也出现了部分商业银行放松信贷条件,违规发放住房贷款的情况,甚至出现"零首付"个人住房贷款现象。为整顿住房金融市场秩序,规范住房金融业务,防范住房贷款风险,促进住房金融进一步发展,现就有关要求通知如下:

一、严格审查住房开发贷款发放条件,切实加强住房开发贷款管理。住房开发贷款对象应为具备房地产开发资质、信用等级较高的房地产开发企业,贷款应主要投向适销对路的住宅开发项目,企业自有资金应不低于开发项目总投资的30%,开发项目必须具备"四证"(《国有土地使用证》、《建设用地规划许可证》、《建设工程规划许可证》和《建设工程施工许可证》)。商业银行应对住房开发贷款实行统一科目管理,防止住房开发企业将流动资金贷款用于住房开发项目;要按照开发项目工程进度合理掌握贷款的发放,并通过账户管理等多种手段严格控制住房开发企业销售款项,及时收回住房开发贷款本息;严格审查住房开发企业售房合同及有关业务凭证,坚决制止骗取银行信贷资金的行为。对有欺诈经营行为的住房开发企业,商业银行不得对其发放贷款,其销售在住房办理个人住房贷款也应予以严格控制。

二、强化个人住房贷款管理,严禁发放"零首付"个人住房贷款。中国人民银行重申,商业银行发放个人住房抵押贷款,应严格评估抵押物的实际价值,落实抵押登记手续,贷款额与抵押物实际价值的比例(抵借比)最高不得超过80%,严禁对借款人发放"零首付"个人住房贷款。借款人申请个人住房贷款购买期房的,所购期房必须是多层住宅主体结构封顶、高层住宅完成总投资的三分之二。商业银行应认真分析开发项目及住房开发企业的有关情况,注意防范与期房相关的特定风险。商业银行办理新的个人住房贷款业务品种必须报经中国人民银行批准。

三、规范个人商业用房贷款管理。借款人申请个人商业用房抵押贷款的抵借比不得超过60%,贷款期限最长不超过10年,所购商业用房应为现房。

四、进一步改进住房金融服务。商业银行在防范信贷风险的前提下,应完善贷款审批程序,提高工作效率,拓展信贷业务品种在规定的业务范围内提供多种形式的服务。

五、加强住房金融业务监管。中国人民银行分支行应根据《中华人民共和国中国人民银行法》、《中华人民共和国商业银行法》、《贷款通则》和《个人住房贷款管理办法》等法律、规章和制度,加强对各商业银行住房金融业务的监督,维护正常的业务竞争秩序,对违反法规的行为要及时纠正,并予以处罚。

关于进一步加强房地产信贷业务管理的通知

(2003年6月5日,银发〔2003〕121号)

为进一步落实房地产信贷政策,防范金融风险,促进房地产金融健康发展,现就加强房地产信贷业务管理的要求通知如下:

一、加强房地产开发贷款管理、引导规范贷款投向

房地产开发贷款对象应为具备房地产开发资质、信用等级较高、没有拖欠工程款的房地产开发企业。贷款应重点支持符合中低收入家庭购买能力的住宅项目,对大户型、大面积、高档商品房、别墅等项目应适当限制。

对商品房空置量大、负债率高的房地产开发企业，要严格审批新增房地产开发贷款并重点监控。

各商业银行应严格执行《建设部、国家计委、财政部、国土资源部、中国人民银行、国家税务总局关于加强房地产市场宏观调控，促进房地产市场健康发展的若干意见》（建住房〔2002〕217号），对未取得土地使用权证书、建设用地规划许可证、建设工程规划许可证和施工许可证的项目，不得发放任何形式的贷款。

商业银行对房地产开发企业申请的贷款，只能通过房地产开发贷款科目发放，严禁以房地产开发流动资金贷款及其他形式贷款科目发放。对房地产开发企业已发放的非房地产开发贷款，各商业银行按照只收不放的原则执行。房地产开发企业申请银行贷款，其自有资金（指所有者权益）应不低于开发项目总投资的30%。

商业银行发放的房地产贷款，只能用于本地区的房地产项目，严禁跨地区使用。

二、严格控制土地储备贷款的发放

各商业银行应规范对政府土地储备机构贷款的管理，在《土地储备机构贷款管理办法》颁布前，审慎发放此类贷款。对土地储备机构发放的贷款为抵押贷款，贷款额度不得超过所收购土地评估价值的70%，贷款期限最长不得超过2年。商业银行不得向房地产开发企业发放用于缴付土地出让金的贷款。

三、规范建筑施工企业流动资金贷款用途

商业银行要严格防止建筑施工企业使用银行贷款垫资房地产开发项目。承建房地产建设项目的建筑施工企业只能将获得的流动资金贷款用于购买施工所必需的设备（如塔吊、挖土机、推土机等）。企业将贷款挪作他用的，经办银行应限期追回挪用资金，并向当地其他的商业银行通报该企业违规行为，各商业银行不应再对该企业提供相应的信贷支持。对自有资金低、应收账款多的承建房地产建设项目的建筑施工企业，商业银行应限制对其发放贷款。

四、加强个人住房贷款管理，重点支持中低收入家庭购买住房的需要

商业银行应进一步扩大个人住房贷款的覆盖面，扩大住房贷款的受益群体。为减轻借款人不必要的利息负担，商业银行只能对购买主体结构已封顶住房的个人发放个人住房贷款。对借款人申请个人住房贷款购买第一套自住住房的，首付款比例仍执行20%的规定；对购买第二套以上（含第

二套)住房的，应适当提高首付款比例。

商业银行应将发放的个人住房贷款情况登记在当地人民银行的信贷登记咨询系统，详细记载借款人的借款金额、贷款期限、借款人及其配偶的身份证号码。商业银行在发放个人住房贷款前，应到信贷登记咨询系统进行查询。

五、强化个人商业用房贷款管理

借款人申请个人商业用房贷款的抵借比不得超过60%，贷款期限最长不得超过10年，所购商业用房为竣工验收的房屋。对借款人以"商住两用房"名义申请银行贷款的，商业银行一律按照个人商业用房贷款管理规定执行。

六、充分发挥利率杠杆对个人住房贷款需求的调节作用

对借款人申请个人住房贷款购买房改房或第一套自住住房的(高档商品房、别墅除外)，商业银行按照中国人民银行公布的个人住房贷款利率(不得浮动)执行；购买高档商品房、别墅、商业用房或第二套以上(含第二套)住房的，商业银行按照中国人民银行公布的同期同档次贷款利率执行。

七、加强个人住房公积金委托贷款业务的管理

各商业银行应严格执行《中国人民银行关于加强住房公积金信贷业务管理的通知》(银发［2002］247号)的有关规定，切实加强账户管理，理顺委托关系，对违反规定的有关行为应即刻纠正。住房委托贷款业务仅限于个人住房公积金委托贷款，对使用其他房改资金(包括单位售房款、购房补贴资金、住房维修基金等)委托办理贷款业务的，商业银行一律不得承办。

八、切实加强房地产信贷业务的管理

中国人民银行各分支行应建立房地产信贷业务分析制度，跟踪、调查、分析商业银行房地产信贷执行情况，对违法违规行为要责令商业银行限期改正，并依法给予行政处罚。

请中国人民银行各分行、营业管理部将本通知转发至辖区内各城市商业银行、城乡信用社。

关于审理商品房买卖合同纠纷案件适用法律若干问题的解释

(2003年3月24日最高人民法院审判委员会第1267次会议通过，最高人民法院［2003］7号发布，2003年6月1日起施行)

为正确、及时审理商品房买卖合同纠纷案件，根据《中华人民共和国民法通则》、《中华人民共和国合同法》、《中华人民共和国城市房地产管理法》、《中华人民共和国担保法》等相关法律，结合民事审判实践，制定本

解释。

第一条 本解释所称的商品房买卖合同,是指房地产开发企业(以下统称为出卖人)将尚未建成或者已竣工的房屋向社会销售并转移房屋所有权于买受人,买受人支付价款的合同。

第二条 出卖人未取得商品房预售许可证明,与买受人订立的商品房预售合同,应当认定无效,但是在起诉前取得商品房预售许可证明的,可以认定有效。

第三条 商品房的销售广告和宣传资料为要约邀请,但是出卖人就商品房开发规划范围内的房屋及相关设施所作的说明和允诺具体确定,并对商品房买卖合同的订立以及房屋价格的确定有重大影响的,应当视为要约。该说明和允诺即使未载入商品房买卖合同,亦应当视为合同内容,当事人违反的,应当承担违约责任。

第四条 出卖人通过认购、订购、预订等方式向买受人收受定金作为订立商品房买卖合同担保的,如果因当事人一方原因未能订立商品房买卖合同,应当按照法律关于定金的规定处理;因不可归责于当事人双方的事由,导致商品房买卖合同未能订立的,出卖人应当将定金返还买受人。

第五条 商品房的认购、订购、预订等协议具备《商品房销售管理办法》第十六条规定的商品房买卖合同的主要内容,并且出卖人已经按照约定收受购房款的,该协议应当认定为商品房买卖合同。

第六条 当事人以商品房预售合同未按照法律、行政法规规定办理登记备案手续为由,请求确认合同无效的,不予支持。

当事人约定以办理登记备案手续为商品房预售合同生效条件的,从其约定,但当事人一方已经履行主要义务,对方接受的除外。

第七条 拆迁人与被拆迁人按照所有权调换形式订立拆迁补偿安置协议,明确约定拆迁人以位置、用途特定的房屋对被拆迁人予以补偿安置,如果拆迁人将该补偿安置房屋另行出卖给第三人,被拆迁人请求优先取得补偿安置房屋的,应予支持。

被拆迁人请求解除拆迁补偿安置协议的,按照本解释第八条的规定处理。

第八条 具有下列情形之一,导致商品房买卖合同目的不能实现的,无法取得房屋的买受人可以请求解除合同、返还已付购房款及利息、赔偿损失,并可以请求出卖人承担不超过已付购房款一倍的赔偿责任:

(一)商品房买卖合同订立后,出卖人未告知买受人又将该房屋抵押给第三人；

（二）商品房买卖合同订立后，出卖人又将该房屋出卖给第三人。

第九条 出卖人订立商品房买卖合同时，具有下列情形之一，导致合同无效或者被撤销、解除的，买受人可以请求返还已付购房款及利息、赔偿损失，并可以请求出卖人承担不超过已付购房款一倍的赔偿责任：

（一）故意隐瞒没有取得商品房预售许可证明的事实或者提供虚假商品房预售许可证明；

（二）故意隐瞒所售房屋已经抵押的事实；

（三）故意隐瞒所售房屋已经出卖给第三人或者为拆迁补偿安置房屋的事实。

第十条 买受人以出卖人与第三人恶意串通，另行订立商品房买卖合同并将房屋交付使用，导致其无法取得房屋为由，请求确认出卖人与第三人订立的商品房买卖合同无效的，应予支持。

第十一条 对房屋的转移占有，视为房屋的交付使用，但当事人另有约定的除外。

房屋毁损、灭失的风险，在交付使用前由出卖人承担，交付使用后由买受人承担；买受人接到出卖人的书面交房通知，无正当理由拒绝接收的，房屋毁损、灭失的风险自书面交房通知确定的交付使用之日起由买受人承担，但法律另有规定或者当事人另有约定的除外。

第十二条 因房屋主体结构质量不合格不能交付使用，或者房屋交付使用后，房屋主体结构质量经核验确属不合格，买受人请求解除合同和赔偿损失的，应予支持。

第十三条 因房屋质量问题严重影响正常居住使用，买受人请求解除合同和赔偿损失的，应予支持。

交付使用的房屋存在质量问题，在保修期内，出卖人应当承担修复责任；出卖人拒绝修复或者在合理期限内拖延修复的，买受人可以自行或者委托他人修复。修复费用及修复期间造成的其他损失由出卖人承担。

第十四条 出卖人交付使用的房屋套内建筑面积或者建筑面积与商品房买卖合同约定面积不符，合同有约定的，按照约定处理；合同没有约定或者约定不明确的，按照以下原则处理：

（一）面积误差比绝对值在3%以内（含3%），按照合同约定的价格据实结算，买受人请求解除合同的，不予支持；

（二）面积误差比绝对值超出3%，买受人请求解除合同、返还已付购房款及利息的,应予支持。买受人同意继续履行合同,房屋实际面积大于合同约定面积的,面积误差比在3%以内(含3%)部分的房价款由买受人按照约定的价格补足,面积误差比超出3%部分的房价款由出卖人承担,所有权归买受人;房屋实际面积小于合同约定面积的,面积误差比在3%以内(含3%)部分的房价款及利息由出卖人返还买受人,面积误差比超过3%部分的房价款由出卖人双倍返还买受人。

第十五条 根据《合同法》第九十四条的规定,出卖人迟延交付房屋或者买受人迟延支付购房款,经催告后在三个月的合理期限内仍未履行,当事人一方请求解除合同的,应予支持,但当事人另有约定的除外。

法律没有规定或者当事人没有约定,经对方当事人催告后,解除权行使的合理期限为三个月。对方当事人没有催告的,解除权应当在解除权发生之日起一年内行使;逾期不行使的,解除权消灭。

第十六条 当事人以约定的违约金过高为由请求减少的,应当以违约金超过造成的损失30%为标准适当减少;当事人以约定的违约金低于造成的损失为由请求增加的,应当以违约造成的损失确定违约金数额。

第十七条 商品房买卖合同没有约定违约金数额或者损失赔偿额计算方法,违约金数额或者损失赔偿额可以参照以下标准确定:

逾期付款的,按照未付购房款总额,参照中国人民银行规定的金融机构计收逾期贷款利息的标准计算。

逾期交付使用房屋的,按照逾期交付使用房屋期间有关主管部门公布或者有资格的房地产评估机构评定的同地段同类房屋租金标准确定。

第十八条 由于出卖人的原因,买受人在下列期限届满未能取得房屋权属证书的,除当事人有特殊约定外,出卖人应当承担违约责任:

(一)商品房买卖合同约定的办理房屋所有权登记的期限;

(二)商品房买卖合同的标的物为尚未建成房屋的,自房屋交付使用之日起90日;

(三)商品房买卖合同的标的物为已竣工房屋的,自合同订立之日起90日。

合同没有约定违约金或者损失数额难以确定的,可以按照已付购房款总额,参照中国人民银行规定的金融机构计收逾期贷款利息的标准计算。

第十九条 商品房买卖合同约定或者《城市房地产开发经营管理条例》第三十三条规定的办理房屋所有权登记的期限届满后超过一年,由于出卖人的原因,导致买受人无法办理房屋所有权登记,买受人请求解除合同和赔偿损失的，应予支持。

第二十条 出卖人与包销人订立商品房包销合同，约定出卖人将其开发建设的房屋交由包销人以出卖人的名义销售的，包销期满未销售的房屋，由包销人按照合同约定的包销价格购买，但当事人另有约定的除外。

第二十一条 出卖人自行销售已经约定由包销人包销的房屋，包销人请求出卖人赔偿损失的，应予支持，但当事人另有约定的除外。

第二十二条 对于买受人因商品房买卖合同与出卖人发生的纠纷，人民法院应当通知包销人参加诉讼；出卖人、包销人和买受人对各自的权利义务有明确约定的，按照约定的内容确定各方的诉讼地位。

第二十三条 商品房买卖合同约定，买受人以担保贷款方式付款、因当事人一方原因未能订立商品房担保贷款合同并导致商品房买卖合同不能继续履行的，对方当事人可以请求解除合同和赔偿损失。因不可归责于当事人双方的事由未能订立商品房担保贷款合同并导致商品房买卖合同不能继续履行的，当事人可以请求解除合同，出卖人应当将收受的购房款本金及其利息或者定金返还买受人。

第二十四条 因商品房买卖合同被确认无效或者被撤销、解除，致使商品房担保贷款合同的目的无法实现，当事人请求解除商品房担保贷款合同的，应予支持。

第二十五条 以担保贷款为付款方式的商品房买卖合同的当事人一方请求确认商品房买卖合同无效或者撤销、解除合同的，如果担保权人作为有独立请求权第三人提出诉讼请求，应当与商品房担保贷款合同纠纷合并审；未提出诉讼请求的，仅处理商品房买卖合同纠纷。担保权人就商品房担保贷款合同纠纷另行起诉的，可以与商品房买卖合同纠纷合并审理。

商品房买卖合同被确认无效或者被撤销、解除后，商品房担保贷款合同也被解除的、出卖人应当将收受的购房贷款和购房款的本金及利息分别返还担保权人和买受人。

第二十六条 买受人未按照商品房担保贷款合同的约定偿还贷款，亦未与担保权人办理商品房抵押登记手续，担保权人起诉买受人，请求处分商品房买卖合同项下买受人合同权利的，应当通知出卖人参加诉讼；担保权人同时起诉出卖人时，如果出卖人为商品房担保贷款合同提供保证的，应当列为共同被告。

第二十七条 买受人未按照商品房担保贷款合同的约定偿还贷款，但是已经取得房屋权属证书并与担保权人办理了商品房抵押登记手续，抵押权人请求买受人偿还贷款或者就抵押的房屋优先受偿的,不应当追加出卖人为当事人,但出卖人提供保证的除外。

第二十八条 本解释自 2003 年 6 月 1 日起施行。

《中华人民共和国城市房地产管理法》施行后订立的商品房买卖合同发生的纠纷案件,本解释公布施行后尚在一审、二审阶段的,适用本解释。

《中华人民共和国城市房地产管理法》施行后订立的商品房买卖合同发生的纠纷案件,在本解释公布施行前已经终审,当事人申请再审或者按照审判监督程序决定再审的,不适用本解释。

《中华人民共和国城市房地产管理法》施行前发生的商品房买卖行为,适用当时的法律、法规和《最高人民法院〈关于审理房地产管理法施行前房地产开发经营案件若干问题的解答〉》。

商品房销售面积计算及公用建筑面积分摊规则(试行)

(1995 年 9 月 8 日,建房[1995]第 517 号,1995 年 12 月 1 日起施行)

第一条 根据国家有关技术标准,制定《商品房销售面积计算及公用建筑面积分摊规则》(试行)。

第二条 本规则适用于商品房的销售和产权登记。

第三条 商品房销售以建筑面积为面积计算单位。建筑面积应按国家现行《建筑面积计算规则》进行计算。

第四条 商品房整栋销售,商品房的销售面积即为整栋商品房的建筑面积(地下室作为人防工程的,应从整栋商品房的建筑面积中扣除)。

第五条 商品房按"套"或"单元"出售,商品房的销售面积即为购房者所购买的套内或单元内建筑面积(以下简称套内建筑面积)与应分摊的公用建筑面积之和。

商品房销售面积=套内建筑面积+分摊的公用建筑面积

第六条 套内建筑面积由以下三部分组成:

1. 套(单元)内的使用面积;
2. 套内墙体面积;
3. 阳台建筑面积。

第七条 套内建筑面积各部分的计算原则如下:

1. 套(单元)内的使用面积

住宅按《住宅建筑设计规范》(GBJ 96—86)规定的方法计算。其他建筑,按照专用建筑设计规范规定的方法或参照《住宅建筑设计规范》计算。

2. 套内墙体面积

商品房各套(单元)内使用空间周围的维护或承重墙体,有共用墙及非共用墙两种。

商品房各套(单元)之间的分隔墙、套(单元)与公用建筑空间之间的分隔墙以及外墙(包括内墙)均为共用墙,共用墙墙体水平投影面积的一半计入套内墙体面积。

非共用墙墙体水平投影面积全部计入套内墙体面积。

3. 阳台建筑面积

按国家现行《建筑面积计算规则》进行计算。

4. 套内建筑面积的计算公式为:

套内建筑面积＝套内使用面积＋套内墙体面积＋阳台建筑面积

第八条 公用建筑面积由以下两部分组成:

1. 电梯井、楼梯间、垃圾道、变电室、设备间、公共门厅和过道、地下室、值班警卫室以及其他功能上为整栋建筑服务的公共用房和管理用房建筑面积。

2. 套(单元)与公用建筑空间之间的分隔墙以及外墙(包括山墙)墙体水平投影面积的一半。

第九条 公用建筑面积计算原则

凡已作为独立使用空间销售或出租的地下室、车棚等,不应计入公用建筑面积部分。作为人防工程的地下室也不计入公用建筑面积。

公用建筑面积按以下方法计算:

整栋建筑物的建筑面积扣除整栋建筑物各套(单元)套内建筑面积之和,并扣除已作为独立使用空间销售或出租的地下室、车棚及人防工程等建筑面积,即为整栋建筑物的公用建筑面积。

第十条 公用建筑面积分摊系数计算

将整栋建筑物的公用建筑面积除以整栋建筑物的各套套内建筑面积之和,得到建筑物的公用建筑面积分摊系数。

公用建筑面积分摊系数＝公用建筑面积/套内建筑面积之和

第十一条 公用建筑面积分摊计算

各套(单元)的套内建筑面积乘以公用建筑面积分摊系数,得到购房者应合理分摊的公用建筑面积。

分摊的公用建筑面积＝公用建筑面积分摊系数×套内建筑面积

第十二条 其他房屋的买卖和房地产权属登记,可参照本规则执行。

第十三条 本规则由建设部解释。

第十四条 本规则自 1995 年 12 月 1 日起施行。

房屋建筑工程和市政基础设施工程竣工验收暂行规定

(建建〔2000〕142 号，2000 年 6 月 30 日起施行)

第一条 为规范房屋建筑工程和市政基础设施工程的竣工验收，保证工程质量，根据《中华人民共和国建筑法》和《建设工程质量管理条例》，制订本规定。

第二条 凡在中华人民共和国境内新建、扩建、改建的各类房屋建筑工程和市政基础设施工程的竣工验收(以下简称工程竣工验收)，应当遵守本规定。

第三条 国务院建设行政主管部门负责全国工程竣工验收的监督管理工作。

县级以上地方人民政府建设行政主管部门负责本行政区域内工程竣工验收的监督管理工作。

第四条 工程竣工验收工作，由建设单位负责组织实施。

县级以上地方人民政府建设行政主管部门应当委托工程质量监督机构对工程竣工验收实施监督。

第五条 工程符合下列要求方可进行竣工验收：

(一) 完成工程设计和合同约定的各项内容。

(二) 施工单位在工程完工后对工程质量进行了检查，确认工程质量符合有关法律、法规和工程建设强制性标准，符合设计文件及合同要求，并提出工程竣工报告。工程竣工报告应经项目经理和施工单位有关负责人审核签字。

(三) 对于委托监理的工程项目，监理单位对工程进行了质量评估，具有完整的监理资料，并提出工程质量评估报告。工程质量评估报告应经总监理工程师和监理单位有关负责人审核签字。

(四) 勘察、设计单位对勘察、设计文件及施工过程中由设计单位签署的设计变更通知书进行了检查，并提出质量检查报告。质量检查报告应经该项目勘察、设计负责人和勘察、设计单位有关负责人审核签字。

(五) 有完整的技术档案和施工管理资料。

(六) 有工程使用的主要建筑材料、建筑构配件和设备的进场试验报告。

(七) 建设单位已按合同约定支付工程款。

（八）有施工单位签署的工程质量保修书。

（九）城乡规划行政主管部门对工程是否符合规划设计要求进行检查，并出具认可文件。

（十）有公安消防、环保等部门出具的认可文件或者准许使用文件。

（十一）建设行政主管部门及其委托的工程质量监督机构等有关部门责令整改的问题全部整改完毕。

第六条 工程竣工验收应当按以下程序进行：

（一）工程完工后，施工单位向建设单位提交工程竣工报告，申请工程竣工验收。实行监理的工程，工程竣工报告须经总监理工程师签署意见。

（二）建设单位收到工程竣工报告后，对符合竣工验收要求的工程，组织勘察、设计、施工、监理等单位和其他有关方面的专家组成验收组，制定验收方案。

（三）建设单位应当在工程竣工验收7个工作日前将验收的时间、地点及验收组名单书面通知负责监督该工程的工程质量监督机构。

（四）建设单位组织工程竣工验收。

1. 建设、勘察、设计、施工、监理单位分别汇报工程合同履约情况和在工程建设各个环节执行法律、法规和工程建设强制性标准的情况；

2. 审阅建设、勘察、设计、施工、监理单位的工程档案资料；

3. 实地查验工程质量；

4. 对工程勘察、设计、施工、设备安装质量和各管理环节等方面作出全面评价，形成经验收组人员签署的工程竣工验收意见。

参与工程竣工验收的建设、勘察、设计、施工、监理等各方不能形成一致意见时，应当协商提出解决的方法，待意见一致后，重新组织工程竣工验收。

第七条 工程竣工验收合格后，建设单位应当及时提出工程竣工验收报告。工程竣工验收报告主要包括工程概况，建设单位执行基本建设程序情况，对工程勘察、设计、施工、监理等方面的评价，工程竣工验收时间、程序、内容和组织形式，工程竣工验收意见等内容。

工程竣工验收报告还应附有下列文件：

（一）施工许可证。

（二）施工图设计文件审查意见。

（三）本规定第五条(二)、(三)、(四)、(九)、(十)项规定的文件。

（四）验收组人员签署的工程竣工验收意见。

（五）市政基础设施工程应附有质量检测和功能性试验资料。

（六）施工单位签署的工程质量保修书。

（七）法规、规章规定的其他有关文件。

第八条 负责监督该工程的工程质量监督机构应当对工程竣工验收的组织形式、验收程序、执行验收标准等情况进行现场监督，发现有违反建设工程质量管理规定行为的，责令改正，并将对工程竣工验收的监督情况作为工程质量监督报告的重要内容。

第九条 建设单位应当自工程竣工验收合格之日起15日内，依照《房屋建筑工程和市政基础设施工程竣工验收备案管理暂行办法》的规定，向工程所在地的县级以上地方人民政府建设行政主管部门备案。

第十条 抢险救灾工程、临时性房屋建筑工程和农民自建低层住宅工程，不适用本规定。

第十一条 军事建设工程的管理，按照中央军事委员会的有关规定执行。

第十二条 省、自治区、直辖市人民政府建设行政主管部门可以根据本规定制定实施细则。

第十三条 本规定由国务院建设行政主管部门负责解释。

第十四条 本规定自发布之日起施行。

商品住宅实行住宅质量保证书和住宅使用说明书制度的规定

（1998年5月12日，建设部发布，1998年9月1日起实施）

各省、自治区、直辖市建委（建设厅），计划单列市建委，北京市政管委，上海市住宅局，深圳市国土规划局、住宅局：

为了保障住房消费者的权益，加强商品住宅售后服务管理，促进住宅销售，决定在房地产开发企业的商品房销售中实行《住宅质量保证书》和《住宅使用说明书》制度。现将《商品住宅实行住宅质量保证书和住宅使用说明书制度的规定》印发你们，请遵照执行，并就有关事项通知如下：

一、各级建设行政（房地产）主管部门要认真组织实施《住宅质量保证书》和《住宅使用说明书》制度，加强房地产开发企业的管理，在商品住宅销售中明确质量责任，确保商品住宅质量。

二、房地产开发企业要结合《住宅质量保证书》和《住宅使用说明书》的实行，建立和完善企业内部的质量管理制度，加强对施工及材料、构配件和设备采购的管理，使用优质产品，并明确与设计、施工、监理、材料、构配件、设备供应等相关单位的质量责任。

三、《住宅质量保证书》和《住宅使用说明书》由房地产开发企业自行印制,各地建设和房地产管理部门可以根据实际情况制定《住宅质量保证书》的样本。商品住宅实行住宅质量保证书和住宅使用说明书制度的规定。

第一条 为加强商品住宅质量管理,确保商品住宅售后服务质量和水平,维护商品住宅消费者的合法权益,制定本规定。

第二条 本规定适用于房地产开发企业出售的商品住宅。

第三条 房地产开发企业在向用户交付销售的新建商品住宅时,必须提供《住宅质量保证书》和《住宅使用说明书》。《住宅质量保证书》可以作为商品房购销合同的补充约定。

第四条 《住宅质量保证书》是房地产开发企业对销售的商品住宅承担质量责任的法律文件,房地产开发企业应当按《住宅质量保证书》的约定,承担保修责任。商品住宅售出后,委托物业管理公司等单位维修的,应在《住宅质量保证书》中明示所委托的单位。

第五条 《住宅质量保证书》应当包括以下内容:

1. 工程质量监督部门核验的质量等级;
2. 地基基础和主体结构在合理使用寿命年限内承担保修;
3. 正常使用情况下各部位、部件保修内容与保修期:屋面防水 3 年;墙面、厨房和卫生间地面、地下室、管道渗漏 1 年;墙面、顶棚抹灰层脱落 1 年;地面空鼓开裂、大面积起砂 1 年;门窗翘裂、五金件损坏 1 年;管道堵塞 2 个月;供热、供冷系统和设备 1 个采暖期或供冷期;卫生洁具 1 年;灯具、电器开关 6 个月;其他部位、部件的保修期限,由房地产开发企业与用户自行约定;
4. 用户报修的单位,答复和处理的时限。

第六条 住宅保修期从开发企业将竣工验收的住宅交付用户使用之日起计算,保修期限不应低于本规定第五条规定的期限。房地产开发企业可以延长保修期。国家对住宅工程质量保修期另有规定的,保修期限按照国家规定执行。

第七条 房地产开发企业向用户交付商品住宅时,应当有交付验收手续,并由用户对住宅设备、设施的正常运行签字认可。用户验收后自行添置、改动的设施、设备,由用户自行承担维修责任。

第八条 《住宅使用说明书》应当对住宅的结构、性能和各部位(部件)的类型、性能、标准等作出说明,并提出使用注意事项,一般应当包含以下内容：

1. 开发单位、设计单位、施工单位，委托监理的应注明监理单位；
2. 结构类型；
3. 装修、装饰注意事项；
4. 上水、下水、电、燃气、热力、通讯、消防等设施配置的说明；
5. 有关设备、设施安装预留位置的说明和安装注意事项；
6. 门、窗类型，使用注意事项；
7. 配电负荷；
8. 承重墙、保温墙、防水层、阳台等部位注意事项的说明；
9. 其他需说明的问题。

第九条 住宅中配置的设备、设施，生产厂家另有使用说明书的，应附于《住宅使用说明书》中。

第十条 《住宅质量保证书》和《住宅使用说明书》应在住宅交付用户的同时提供给用户。

第十一条 《住宅质量保证书》和《住宅使用说明书》以购买者购买的套（幢）发放。每套（幢）住宅均应附有各自的《住宅质量保证书》和《住宅使用说明书》。

第十二条 房地产开发企业在《住宅使用说明书》中对住户合理使用住宅应有提示。因用户使用不当或擅自改动结构、设备位置和不当装修等造成的质量问题，开发企业不承担保修责任；因住户使用不当或擅自改动结构，造成房屋质量受损或其他用户损失，由责任人承担相应责任。

第十三条 其他住宅和非住宅的商品房屋，可参照本规定执行。

第十四条 本规定由建设部负责解释。

第十五条 本规定从 1998 年 9 月 1 日起实施。

参考文献

1. 雷兰. 商品房买卖纠纷及案例解析 [M]. 北京科学出版社，2005.
2. 曹建华. 房地产中介经营与管理实务全书 [M]. 金版电子出版公司，2005.
3. 陈贻健，涂识，李兵，刘玉国. 遇事找法——房屋租赁. 中国法制出版社，2004.
4. 郭映红. 房屋买卖租赁维权350问 [M]. 湖南科学技术出版社，2004.
5. 李杰. 房地产纠纷法律顾问 [M]. 西安：陕西人民出版社，2001.
6. 李显冬. 房地产纠纷法律解决指南 [M]. 机械工业出版社，2004.
7. 刘凝，赵梦主编. 郑燕，唱一鸣编著. 房屋买卖法律自助 [M]. 北京：北京出版社，2005.
8. 刘筱桐. 房地产行业法律法规条文释义与违法纠纷应对方法及案例分析实务全书 [M]. 当代中国音像出版社，2005.
9. 牛克主编. 北京市高级人民法院法制宣传处编著. 房屋买卖、租赁、装修、拆迁中的陷阱防范与纠纷处理 [M]. 北京：中国民主法制出版社，2003.
10. 王申申. 房地产纠纷评判依据及典型案例评析全书 [M]. 中国城市出版社，2002.
11. 维吉佟. 中华人民共和国房地产政策法规汇编 [M]. 中国知识出版社，2005.
12. 徐占发. 实用建设与房地产法规 [M]. 中国建材工业出版社，2003.
13. 杨锡常. 房地产企业文案制作标准范本 [M]. 光明日报出版社，2006.
14. 张明林. 最新房地产投诉与非正常投诉应对方法与处理技巧应用指南 [M]. 中国科技文化出版社，2006.

此外还参考了中国住宅与房地产信息网（http：//www.realestate.gov.cn）、金黔在线（http：//www.gog.com.cn）、中贤伟业网（http：//

www.zxwy.net)、深圳市房地产信息网（http://szhome.com)、新华网（http://house.21cn.com/)、搜房网（http://home.bbs.soufun.com)、焦点房地产网（http://house.focus.cn）、法易行（http://www.fayixing.com)、亿万居（http://www.10000ju.cn)、桂林房产网（http://guilinhouse.net)、商都网（http://home.shangdu.com)、天津房地产网（www.real-estate.tu.cn)、烟台房地产网（http://www.ythouse.com)、广西建材网（http://www.gxjc.cn)、一网（www.hy007.cn)、亿房网（http://www.fdc.com.cn)、星期九（http://www.week9.com）、人民网（www.people.com.cn)、91理想网（http://www.lx.com)、顺驰置业网（http://www.sunco.cn/)、中国工程建设信息网（http://www.cein.gov.cn)、北京住房公积金网（http://www.bjgjj.gov.cn)、新浪房产（http://house.sina.com.cn)等网络资料，以及北京现代商报、房地产时报、江西日报等报刊资料，在此对这些资料的作者一并表示感谢。